Meu sincero agradecimento a **Michele Galluf** *pela cuidadosa revisão e pelas valiosas sugestões durante a edição da versão em português brasileiro.*

Published by
Big Enough Productions
www.bigenough.co.uk/books

15 COISAS QUE A ESCOLA NÃO TE ENSINA

O QUE NOS ENSINAM NÃO É O QUE REALMENTE DEVERÍAMOS SABER

MARCO CABRIOLU

Copyright © 2025 por Marco Cabriolu

Direitos Autorais

Todos os direitos reservados. Nenhuma parte deste livro pode ser reproduzida, copiada, distribuída, transmitida ou armazenada em qualquer formato, seja digital, sonoro ou impresso, sem a prévia autorização por escrito do editor ou do detentor dos direitos autorais. A divulgação não autorizada desta publicação é estritamente proibida.

Limitação de Responsabilidade

A precisão e a integridade das informações contidas neste livro foram cuidadosamente verificadas; no entanto, o autor e o editor não assumem qualquer responsabilidade por eventuais erros, omissões ou interpretações equivocadas. O uso das informações fornecidas é inteiramente por conta e risco do leitor. O editor e o autor não poderão, em hipótese alguma, ser responsabilizados por quaisquer danos, perdas ou consequências decorrentes, direta ou indiretamente, do uso do conteúdo deste livro.

Nota Legal

Este livro é protegido por direitos autorais e destina-se exclusivamente ao uso pessoal. É proibido modificar, distribuir, vender, citar ou parafrasear qualquer parte do conteúdo sem a autorização por escrito do autor ou do titular dos direitos. Qualquer violação será processada conforme as disposições legais vigentes.

Aviso de Responsabilidade

O conteúdo deste livro é fornecido exclusivamente para fins informativos, educacionais e de entretenimento. Embora tenham sido tomadas medidas para garantir a precisão das informações, nenhuma garantia, expressa ou implícita, é fornecida. As opiniões expressas pelo autor não substituem aconselhamentos jurídicos, financeiros ou profissionais. Recomenda-se que os leitores consultem especialistas qualificados antes de tomar qualquer decisão com base nas informações aqui contidas.

Para direitos e permissões, entre em contato com:

Big Enough Productions Ltd.

71-75 Shelton Street Covent Garden

Londres - Reino Unido WC2H 9JQ

publishing@bigenough.co.uk

"O dinheiro que se tem é o instrumento da liberdade; o dinheiro que se tenta obter é o instrumento da escravidão."

JEAN-JACQUES ROUSSEAU

ÍNDICE

Prefácio	9
Introdução	11
Dúvidas, Erros, Acertos e Lições de Vida	17
1. Como pensar	23
2. A importância de viajar	37
3. Os fundamentos do sucesso	57
4. Como construir uma carreira	85
5. Como criar um negócio	103
6. Como ser um bom parceiro	127
7. Como se comunicar bem	147
8. Como criar um Impacto	171
9. Como administrar o tempo	203
10. Como negociar	223
11. Como vender	243
12. Como administrar dinheiro	263
13. Como investir dinheiro	277
14. Como obter liberdade econômica	303
15. Como lidar com o fracasso	323
Conclusão	351

PREFÁCIO

Este livro não oferece uma fórmula mágica para ficar rico, nem pretende te dar conselhos milagrosos sobre como investir seu dinheiro e garantir o sucesso. O que você encontrará aqui é, na verdade, uma maneira diferente de enxergar as coisas em comparação com aquilo que foi ensinado durante os anos de escola, um novo ponto de vista que pode abrir seus olhos e te ajudar a ir além das crenças habituais.

Ao longo da leitura deste livro, você perceberá que certos conceitos são retomados em capítulos diferentes. Essa é uma escolha intencional: acredito firmemente que a repetição ajuda a fixar melhor as ideias principais na sua mente, tornando-as mais fáceis de lembrar e aplicar.

Cada capítulo é independente e pode ser lido separadamente. Estruturei o livro dessa forma justamente para te dar a liberdade de explorar os temas na ordem que preferir. Assim, você poderá saltar de uma seção para outra sem dificuldade, voltar ou avançar, escolhendo livremente o caminho de leitura que mais te agrada.

Este livro não constitui um conselho financeiro nem uma recomendação de investimento. Todas as informações compartilhadas têm caráter exclusivamente informativo e educativo, baseadas na minha experiência pessoal e em observações acumuladas ao longo dos anos.

Decisões financeiras e de investimento sempre envolvem riscos e devem ser tomadas com consciência, após a devida pesquisa e, se necessário, com o apoio de profissionais qualificados.

O objetivo deste livro é te ajudar a desenvolver uma mentalidade empreendedora e estratégica, oferecendo reflexões sobre como lidar com o dinheiro, os investimentos e a construção de renda. No entanto, cada decisão financeira é pessoal e deve ser avaliada conforme suas próprias necessidades, objetivos e competências.

INTRODUÇÃO

Desde os primeiros anos da escola, eu sempre me perguntava se aquilo que estava aprendendo seria realmente útil na vida real. Lembro-me de estar sentado na carteira, enquanto o professor explicava trigonometria ou a sintaxe do latim, e minha mente vagava: *Será que tudo isso realmente vai me servir para construir um futuro?*

Acredito que a maioria das pessoas já teve essa mesma dúvida. Por que na escola nos ensinam a resolver equações complexas, decorar datas de eventos históricos, recitar poesias... mas não nos explicam como ganhar e administrar dinheiro, como abrir um negócio, como criar riqueza ou simplesmente como enfrentar o mundo lá fora?

Sempre tive uma abordagem um pouco diferente. Aprendi a ler aos quatro anos e, um ano depois, já escrevia pequenos textos, graças à minha mãe, professora do ensino fundamental, que percebeu desde cedo minha inclinação para a criatividade. Ela nunca me obrigou a seguir um caminho rígido, mas me incentivou a explorar. Dava-me uma folha em branco e um desafio: criar uma história do zero, por exemplo, a partir de um lugar e dois personagens. Foi assim que começou minha paixão pela escrita criativa.

Mas não era só a escrita que me estimulava. Aos seis anos, quando parentes e amigos nos visitavam, eu andava por aí com meu caderninho onde anotava todos os meus projetos. Lembro até hoje do dia em que mostrei a um tio muito querido, que era técnico em edificações, meu projeto de um avião biplano com hélice a pedal. Eu havia imaginado e desenhado aquele avião em todos os detalhes e ele não riu de mim — pelo contrário — me encorajou, deu conselhos valiosos sobre proporções e medidas. E pouco tempo depois, com a ajuda do meu avô, aquele biplano ganhou forma, feito com tábuas de madeira e peças de uma bicicleta velha. Nem sempre os meus projetos funcionavam como eu havia imaginado, mas cada erro era uma lição. Aprendi que criatividade sem ação é só uma ilusão. Se você quer construir algo de verdade, precisa botar a mão na massa, testar, errar e corrigir o rumo.

Ao crescer, percebi uma coisa: o mundo lá fora não recompensa os sonhadores — pelo menos, não aqueles cujos sonhos permanecem apenas dentro da cabeça.

Durante minha infância, como muitos da minha idade, eu vivia num mundo criado pela minha imaginação, onde tudo era possível e a fantasia era o combustível de cada ideia. Mas, ao crescer, vi muitas pessoas deixarem de sonhar, presas às expectativas da sociedade, que impõe caminhos pré-determinados a serem seguidos. Hoje, observo os jovens e noto como a curiosidade deles parece ter diminuído. Já não fazem perguntas por simples vontade de entender; aceitam tudo de forma passiva, como se o que lhes é ensinado fosse uma verdade absoluta, sem espaço para alternativas.

Muitas vezes, eu me sentia um idiota por fazer tantas perguntas em sala de aula; às vezes por real interesse na matéria, outras porque, por natureza, sempre duvidei de tudo e nunca aceitei nada sem questionar. Só mais tarde percebi que fazer perguntas era importante e me ajudava a lembrar melhor das aulas. Bastava ler uma ou duas vezes as páginas indicadas e eu já estava pronto. Eu não tinha uma memória extraordinária, mas fazia conexões, buscava entender o porquê das coisas.

Mas o que eu me perguntava com frequência era: *Será que preciso mesmo saber fazer contas com radicais ou traduzir textos do latim? O pensamento de Kant vai me ajudar a pagar as contas? A trigonometria será útil para ganhar a vida? Estudar história da arte, decorar A Silvia de Leopardi ou*

INTRODUÇÃO

Os Túmulos de Foscolo, fazer versão em prosa da Divina Comédia de Dante Alighieri... isso tudo, será mesmo essencial?

Tudo o que aprendemos na escola pode não parecer necessário no momento em que estudamos, mas, de forma indireta, acaba sendo útil em algum ponto da vida. Todas as respostas para essas perguntas só chegaram mais tarde, quando entrei no mercado de trabalho.

Do latim à história da arte, da filosofia a tantas outras matérias, todas contribuíram, de algum modo, para moldar meu pensamento, me deram uma base de conhecimento sobre o mundo, sobre o que me cerca, me ajudaram a apreciar o que vejo. No meu caso, que atuo principalmente em uma área artística como o cinema, a poesia, a arte e a cultura geral são fontes constantes de inspiração para mim e para o meu trabalho.

Mas de tudo o que aprendemos na escola, muito pouco é prático — e, quando saímos de lá, temos que nos virar sozinhos. Só mais tarde percebemos que a escola não nos preparou para os verdadeiros desafios da vida.

Ninguém jamais nos ensinou como ganhar dinheiro de forma independente, como gerenciar nossas finanças para evitar dificuldades, como abrir um negócio e fazê-lo prosperar, ou como investir de forma inteligente para que o dinheiro trabalhe para nós. Ninguém nos ensinou a importância de saber lidar com pessoas, negociar, vender ou se comunicar de maneira eficaz. E, no entanto, essas são as habilidades essenciais para enfrentar o mundo real — habilidades que nunca foram sequer mencionadas na escola.

Ao concluir o ensino obrigatório, nos vemos confusos, perdidos, pressionados a fazer escolhas enquanto o relógio corre. Precisamos decidir qual curso universitário seguir numa fase da vida em que ainda estamos cheios de dúvidas e não temos maturidade para assumir uma responsabilidade tão grande. Dizem que essa escolha definirá nosso futuro — ou pelo menos é isso que nos contam. Mas quantos realmente concluirão a universidade? Quantos conseguirão trabalhar na área para a qual tanto estudaram?

Sempre nos disseram: *"Faça uma faculdade e encontrará um ótimo emprego!"* Mas será mesmo? Porque os fatos e as estatísticas contam outra história.

Milhares de formados não conseguem emprego na área de formação; jovens forçados a aceitar trabalhos mal remunerados, mesmo com diploma universitário; um sistema que forma empregados, mas não ensina a ser independente.

Ter um diploma não significa, necessariamente, ser mais inteligente.

Frequentemente confundimos cultura com inteligência. A inteligência se mede pela capacidade de raciocinar, de conectar causas e efeitos com base no que se conhece — ou aprendendo o que é necessário saber. Cultura, por sua vez, representa um conjunto de conhecimentos que, na maioria das vezes, depende apenas de uma boa memória.

Se olharmos para o mundo dos negócios, veremos que muitos dos empreendedores de maior sucesso nunca se formaram. Steve Jobs, cofundador da Apple, abandonou a universidade após alguns meses; Richard Branson, fundador do Virgin Group, nunca concluiu o ensino médio; Mark Zuckerberg deixou Harvard para se dedicar ao Facebook; Amancio Ortega, o visionário por trás da Zara, largou a escola aos 14 anos... e a lista continua. Há até empreendedores que mal cursaram o ensino fundamental e conseguiram construir impérios econômicos, provando que o sucesso não depende de um pedaço de papel, mas da capacidade de pensar de forma inovadora e agir com determinação.

Não me entenda mal: não estou dizendo que estudar é inútil. Estou dizendo que não é suficiente.

A escola nos prepara para sermos engrenagens de um sistema, mas não nos ensina a criar o nosso próprio sistema. E esse é o verdadeiro problema.

A escola não oferece uma alternativa a tudo isso. Não é possível garantir a própria subsistência apenas citando Dante Alighieri ou recitando um soneto de William Shakespeare.

Houve um tempo em que não existiam supermercados, mercearias ou shoppings. Se você quisesse comer, precisava aprender a caçar. Se queria um teto, tinha que construí-lo com as próprias mãos. Não havia lojas de caça e pesca na cidade, nem depósitos de ferramentas. Você tinha que criá-las a partir das matérias-primas oferecidas pela natureza.

INTRODUÇÃO

O conhecimento necessário para sobreviver não era aprendido nos bancos escolares, mas transmitido pelos mais velhos. Os jovens aprendiam observando, vivenciando, errando e se corrigindo, até se tornarem suficientemente hábeis para não dependerem mais de ninguém.

Hoje enchem nossa cabeça de informações teóricas — mas será que realmente sabemos como encarar a vida por conta própria? Independência não se conquista apenas com um diploma, mas com a habilidade de ganhar e administrar seu dinheiro, entender o sistema tributário para não ser vítima dele, investir com consciência, construir uma carreira e tomar decisões estratégicas. Nenhuma dessas competências é ensinada nas escolas. E assim, chegamos ao mercado de trabalho com um diploma na mão e um oceano de incertezas diante de nós.

Este livro nasce de uma reflexão sobre esse paradoxo. Sobre o que nos ensinam e o que deveríamos, de fato, saber. Porque, no fim das contas, sobreviver não significa apenas conseguir comida, mas saber viver num mundo que, se você não aprender a dominá-lo, acabará te dominando.

Quero, portanto, compartilhar **15 lições fundamentais** que a escola não nos ensina e que, na minha opinião, são essenciais para enfrentar a vida e o mercado de trabalho — oferecendo ideias práticas e motivadoras a quem deseja realizar seu próprio projeto, construir sua riqueza de forma independente, a quem está pronto para mudar de perspectiva e começar a pensar como empreendedor. Meu objetivo é motivar os leitores a serem financeiramente independentes e construírem uma base sólida para o longo prazo. Não se trata apenas de ganhar dinheiro, mas de aprender a fazer o dinheiro trabalhar por você.

Se você quer continuar acreditando que a escola já tem todas as respostas, então este livro não é para você.

Mas se está pronto para enxergar as coisas de um novo ponto de vista e construir seu sucesso na vida e no trabalho, então vamos começar essa jornada juntos.

DÚVIDAS, ERROS, ACERTOS E LIÇÕES DE VIDA

Gosto de me definir como um empreendedor criativo, mas, na verdade, sou apenas alguém que transformou suas paixões em um caminho para trilhar todos os dias. Cresci em uma família italiana como tantas outras, com uma mãe professora e um pai analista químico. Duas pessoas maravilhosas, mas que não tinham nenhuma experiência em empreendedorismo para me transmitir. Eu não tinha modelos a seguir, nem manuais para estudar. Só tinha muita curiosidade e uma vontade incontrolável de criar algo meu.

Sempre tive um grande interesse pelo mundo dos negócios. Aos sete anos, eu me divertia montando verdadeiras barraquinhas de vendas na esquina da minha rua. Pegava gibis, revistas antigas, lembrancinhas, brinquedos e objetos esquecidos mas em bom estado — qualquer coisa que não servisse mais em casa ou na casa dos meus avós — colocava um preço e tentava vender para quem passasse por ali.

Não fazia isso apenas por brincadeira — embora fosse, sim, um jogo para mim — mas porque gostava da ideia de ganhar algum dinheiro. Minha avó materna me deu meu primeiro cofrinho, e eu queria enchê-lo. Com aquelas pequenas quantias, eu podia comprar peças de reposição para minha bicicleta, ir até a mercearia da rua principal para comprar um sorvete e chicletes de morango, ou comprar figurinhas para completar o álbum de futebol.

Eu era um pequeno vendedor, e sem perceber, já tinha entendido um princípio fundamental dos negócios: vender em pacotes era mais lucrativo e mais rápido. Então, quando encontrava um cliente — ou melhor, alguém gentil o suficiente para apoiar meu jogo de pequeno empreendedor — eu oferecia um pacote vantajoso, explicando como era mais conveniente comprar vários itens juntos. Mas a minha melhor sacada foram os *envelopes surpresa*. Fiquei fascinado com a ideia de explorar a curiosidade de outras crianças e percebi rapidamente que o desconhecido vendia melhor do que o conhecido. Então, eu montava envelopes com adesivos, figurinhas, brinquedos pequenos e objetos curiosos. O mistério tornava a compra mais empolgante, e em pouco tempo os envelopes surpresa se tornaram meu produto mais vendido — e com maior margem de lucro.

Aquela brincadeira começou a gerar resultados concretos. Sem saber, eu já estava aprendendo conceitos de marketing, estratégia de vendas e precificação que seriam úteis muitos anos depois. Pensar nisso hoje me faz sorrir.

Mais adiante, quando comecei a tocar bateria, percebi que minha cidade e os arredores estavam cheios de bandas e, claro, de bateristas. Logo entendi que precisaria me virar sozinho: trocar peles dos tambores, consertar ferragens, reparar pratos trincados… até repintar baterias para dar uma nova vida a elas.

Com o tempo, cada vez mais amigos bateristas começaram a me pedir para arrumar seus instrumentos e, quase sem perceber, encontrei outra forma de ganhar um dinheiro extra. Entre um show e outro (que na época pagavam muito pouco ou nada), tive uma ideia: por que não comprar baterias usadas, restaurá-las e revendê-las?

Assim, junto ao meu amigo baterista Williams, que mandava bem com tintas e acabamentos, transformei meu garage em um pequeno ateliê de restauração. Comprava baterias usadas que, depois de consertadas e repintadas, eram revendidas recondicionadas. E funcionava de verdade!

Cada vez que descobria uma nova oportunidade de ganhar algum dinheiro, era como uma brincadeira para mim. Não se tratava apenas de lucrar, mas de experimentar, entender como as coisas funcionavam, testar novos caminhos. E, acima de tudo, não deixar nenhuma ideia passar em branco.

Quando me formei no ensino médio, quase todos os meus colegas já sabiam exatamente qual faculdade escolher. Medicina, direito, engenharia... tinham um plano claro. Eu, por outro lado, não. Nenhum desses caminhos parecia feito para mim. Só sabia que minha paixão era a música. Comecei a tocar bateria aos onze anos, e com o passar do tempo meu sonho ficou nítido: eu queria ser músico, viajar pelo mundo e transformar minha paixão em profissão.

Para meus pais, essa ideia era inaceitável. Para eles, o caminho certo era outro: aprender um "ofício de verdade" e conseguir um emprego estável. Mas, no fundo, eu sabia que aquele não era meu caminho. Então decidi deixar minha terra, a Sardenha, e partir para Nova York. Não tinha um plano definido, mas tinha certeza de que falar inglês abriria novas portas.

Em Nova York, frequentei uma escola particular de inglês com foco em negócios, enquanto continuava estudando bateria em uma escola de música. Durante o curso de inglês, nos pediram para escolher uma área para fazer estágio. Uma das opções era um internship em uma agência de casting para cinema e TV. Aceitei sem pensar duas vezes. Essa escolha mudou o rumo da minha vida.

Após essa experiência, voltei para a Itália com uma nova visão de futuro. Queria criar algo meu. Não frequentei escolas de cinema, nem cursos de roteiro ou direção. Aprendi na prática, observando, experimentando, errando e tentando de novo. Sem experiência, sem capital e com uma ideia ainda indefinida, aos vinte anos decidi fundar minha primeira empresa, oferecendo serviços para cinema e publicidade justamente ali, na minha querida Sardenha, onde nasci e cresci.

Muitos me chamaram de louco: naquela ilha, cinema não era negócio. Para mim, era como uma tela em branco esperando para ser pintada. Eu via uma terra virgem, um mercado a ser construído do zero, uma oportunidade.

Assim, na garagem da minha família, com um computador, uma pequena filmadora, uma câmera fotográfica e uma conexão à internet, comecei. Criei um banco de dados com mais de mil locações e um arquivo de casting com cerca de dois mil figurantes e artistas variados, comecei a contatar empresas e, contra todas as probabilidades, os primeiros trabalhos chegaram. Meu negócio estava em andamento. Mas, como costuma acontecer, o sucesso inicial trouxe novos desafios.

Esse tipo de negócio funcionava apenas nos meses quentes; nos períodos de baixa estação, a receita era escassa. Então decidi diversificar e aceitei a proposta de fundar uma empresa de gestão de centros esportivos com dois sócios. Foi um desastre. Eu era o único realmente envolvido, enquanto os outros dois pouco se dedicavam à sociedade. A empresa não decolou e, com ela, perdi tempo e dinheiro. Mas aprendi uma lição fundamental: nunca faça negócios com quem não compartilha da sua visão.

Fiquei com a conta no vermelho e os débitos se acumulavam. Sentia-me preso em um túnel sem saída. Até que, um dia, olhando algumas fotos tiradas em Nova York, parei em uma de Times Square. Aqueles enormes telões publicitários acenderam uma lâmpada na minha mente: por que não levar essa ideia para minha cidade?

Comecei a pesquisar e encontrei uma empresa na Puglia que fabricava painéis de LED controláveis remotamente. Entrei em contato para saber preços e especificações. O custo era altíssimo, o equivalente a um apartamento na periferia. Mas em vez de pensar "não posso pagar isso", me perguntei: "como posso pagar isso?". Comecei a vender, em pré-venda, espaços publicitários para os comerciantes da cidade e, em menos de um mês, consegui arrecadar dinheiro suficiente para dar o sinal e iniciar o projeto. Em pouco tempo, havia criado uma nova fonte de renda.

Essa experiência me ensinou que o sucesso depende, em grande parte, da forma como pensamos e reagimos às dificuldades. A partir dali, comecei a enxergar oportunidades de negócio em todo lugar. Ao longo dos anos, desenvolvi diversos projetos empreendedores: desde a criação de um cartão de compras interativo, passando pelo primeiro outlet de roupas da Sardenha, até um festival de cinema online que vendi para um cliente americano, e muito mais. Escrevi, dirigi e colaborei na produção de comerciais para mais de 50 marcas internacionais, e trabalhei com talentos do mundo todo.

Vivi em vários países e trabalhar com produções estrangeiras me permitiu colaborar com criativos de renome internacional. Até hoje, escrevi mais de 40 histórias e roteiros originais, 3 formatos de TV internacionais e os plots de 5 séries de televisão. Trabalho como produtor e diretor, construindo uma rede que transita entre cinema, publicidade e televisão.

Mas se tem algo que compreendi acima de tudo é o seguinte: riqueza não está apenas no dinheiro, mas na mentalidade. Ao longo dos anos, aprendi a transformar cada erro em uma oportunidade e a capitalizar em cima daquilo que sempre amei fazer. A escrita se tornou um dos meus maiores ativos, investindo em propriedade intelectual como recurso para o futuro.

Minha vida é um emaranhado contínuo de música, filmes, publicidade, livros e ideias empreendedoras. Cada paixão que tive, cada interesse que cultivei, se transformou, quase naturalmente, em um projeto concreto. Nos últimos anos, me aproximei também da escrita de livros, desejando explorar mais uma forma de me expressar, comunicar e compartilhar.

Hoje decidi me concentrar apenas no que realmente me dá prazer, dedicando meu tempo ao que amo e transmitindo aquilo que aprendi ao longo dessa primeira parte intensa e fascinante da minha jornada. E se eu te dissesse quantas ideias de negócio passam pela minha cabeça todos os dias, bom… acho que nem 10 vidas seriam suficientes para colocá-las todas em prática. E é por isso que estou aqui, pronto para compartilhar com você um pouco da minha experiência, com a esperança de que possa te inspirar a seguir aquilo que realmente te faz feliz.

Este livro nasce do desejo de compartilhar o que aprendi ao longo do meu caminho. Não importa de onde você comece, nem quantos obstáculos encontrará pelo caminho: o que importa é como você pensa, reage e transforma as dificuldades em oportunidades de crescimento.

Se tem uma coisa que posso te dizer com certeza, é esta: o sucesso não é questão de sorte, mas de mentalidade e ação.

Há quem faz as coisas acontecerem e quem apenas assiste enquanto elas acontecem. Cabe a você decidir de que lado quer estar.

Torne-se protagonista da sua vida e assuma o controle!

1 COMO PENSAR

Tudo o que somos vem da forma como pensamos. Nossos pensamentos não são apenas impulsos mentais — são forças poderosas que moldam nossa realidade. Cada experiência que vivemos, cada conquista que alcançamos, nasce primeiro em nossa mente. Isso significa que a qualidade da nossa vida está diretamente ligada à qualidade dos nossos pensamentos.

Muitos acreditam que a vida é determinada pelo acaso ou por circunstâncias externas, mas a verdade é que nossa percepção do mundo é o resultado direto do nosso diálogo interno. Se acreditamos que estamos destinados ao fracasso, agiremos inconscientemente de maneira a confirmar essa crença. Por outro lado, se acreditamos que podemos ter sucesso, começamos a tomar decisões e ações que nos levam exatamente nessa direção.

Um exemplo clássico é o de duas pessoas que enfrentam o mesmo desafio: uma o vê como uma oportunidade de crescimento, a outra como um obstáculo intransponível. A experiência de cada uma será radicalmente diferente, não por causa da situação em si, mas por conta da atitude mental com que a enfrentam.

Pensamentos positivos nos dão energia, confiança e determinação. Alimentam nossa motivação e nos ajudam a superar as dificuldades.

Quando acreditamos em nossas capacidades e cultivamos uma mentalidade otimista, criamos um estado mental propício ao sucesso.

Já os pensamentos negativos geram medo, insegurança e bloqueios mentais. Fazem com que duvidemos de nós mesmos e nos impedem de enxergar oportunidades. Se repetimos constantemente frases como "Não sou bom o suficiente" ou "Nunca vou conseguir", estamos programando nossa mente para o fracasso.

COMO CULTIVAR UMA MENTALIDADE VENCEDORA

1. **Torne-se consciente dos seus pensamentos** – O primeiro passo para mudar sua mentalidade é reconhecer os pensamentos negativos. Preste atenção à forma como fala consigo mesmo e substitua cada pensamento limitante por uma afirmação fortalecedora.
2. **Visualize o sucesso** – Imagine-se alcançando seus objetivos. A visualização cria na mente um modelo que facilita a ação concreta.
3. **Cerque-se de positividade** – As pessoas com quem você passa mais tempo influenciam sua mentalidade. Escolha estar com quem te inspira e motiva.
4. **Substitua o medo pela confiança** – Sempre que sentir uma dúvida surgir, lembre-se de que você tem a capacidade de enfrentar qualquer desafio. Coragem não é ausência de medo, mas a decisão de agir apesar dele.
5. **Pratique a gratidão** – Ser grato pelo que já se tem muda o foco da mente do que falta para o que já está presente, aumentando a sensação de abundância e bem-estar.

COMO PENSAR NO DINHEIRO DE FORMA DIFERENTE

Desde pequenos, muitos de nós ouvimos frases como "Não podemos pagar isso" ou "Dinheiro não nasce em árvore", o que cria uma mentalidade de escassez e limitação. Essas ideias se enraízam em nosso pensamento e moldam nossa relação com o dinheiro, levando-nos a acreditar que há limites intransponíveis para nossas possibilidades financeiras. Mas se quisermos realmente alcançar o sucesso financeiro, precisamos aprender a pensar de forma diferente.

Na minha experiência como empreendedor, percebi que a chave não é focar no que falta, mas sim em como preencher esse vazio. Uma leitura muito interessante sobre esse tema é *"Pai Rico, Pai Pobre"* de Robert Kiyosaki, que enfatiza a importância de fazer a pergunta certa: em vez de dizer "Não posso pagar", devemos nos perguntar "Como posso pagar?". Uma simples mudança de perspectiva pode abrir um mundo de oportunidades.

MENTALIDADE DE ESCASSEZ VS. MENTALIDADE DE ABUNDÂNCIA

Essa diferença de linguagem muda tudo. Dizer *"Não posso pagar"* fecha nossa mente. É um ponto final, um bloqueio que nos impede de buscar soluções. O cérebro para de trabalhar, para de pensar de forma criativa.

Ao contrário, quando nos perguntamos *"Como posso pagar?"*, ativamos o cérebro de forma diferente. Não é mais um muro nos bloqueando, mas uma porta que se abre para infinitas possibilidades. É assim que começamos a encontrar novos caminhos, novas ideias, novas soluções.

Vou te dar um exemplo concreto. Quando voltei para a Sardenha após viver em Nova York, queria abrir meu negócio na área de produção cinematográfica e publicitária. Tinha grandes ideias, mas nenhum capital. Se eu tivesse pensado *"Não posso pagar por isso"*, provavelmente teria desistido de tudo. Em vez disso, me perguntei: *"Como posso iniciar esse negócio sem dinheiro?"*

Comecei a buscar soluções alternativas: usei os equipamentos que já tinha, com a ajuda dos meus pais transformei a garagem da nossa casa em um escritório, criei um arquivo de locações com milhares de fotos para atrair clientes. Em pouco tempo, os primeiros trabalhos começaram a surgir. Não era uma questão de possibilidade, e sim de mentalidade.

O PODER DAS PERGUNTAS CERTAS

Se você quer transformar sua relação com o dinheiro e com as oportunidades, precisa aprender a fazer as perguntas certas.

Se você se concentra no que te falta, só encontrará confirmações para os seus limites. Mas se começar a focar nas soluções, seu cérebro encontrará novos caminhos.

Aqui vão algumas perguntas que podem fazer toda a diferença:

- Em vez de dizer *"Não tenho dinheiro suficiente para começar um negócio"*, pergunte: *"Como posso encontrar os recursos para iniciar meu projeto?"*
- Em vez de dizer *"Não posso comprar aquela casa"*, pergunte: *"Como posso criar um plano financeiro para adquiri-la?"*
- Em vez de dizer *"Nunca vou ganhar o suficiente"*, pergunte: *"Quais habilidades posso desenvolver para aumentar minha renda?"*

Todo grande sucesso nasce de uma boa pergunta feita no momento certo. E a resposta? Sempre está dentro de nós — basta procurá-la com a mentalidade certa.

APLICAR ESSA MENTALIDADE NO DIA A DIA

Mudar a forma de pensar sobre dinheiro e oportunidades não acontece do dia para a noite, mas sim com pequenos passos diários. Aqui vão algumas dicas práticas que funcionaram comigo:

1. **Mude seu vocabulário** – Toda vez que estiver prestes a dizer *"Não posso pagar por isso"*, pare e reformule: *"Como posso pagar por isso?"*
2. **Escreva as soluções** – Mantenha um diário com as ideias que surgem quando você se faz perguntas construtivas. Muitas vezes, os melhores insights nascem de uma simples reflexão.
3. **Desenvolva habilidades financeiras** – Aprenda a

administrar o dinheiro de forma estratégica. Estude investimentos, negócios e gestão de recursos.
4. **Cerque-se de pessoas com mentalidade vencedora** – Evite quem só vê problemas e conviva com quem enxerga oportunidades. A energia das pessoas ao seu redor influencia diretamente o seu mindset.
5. **Torne a criatividade financeira um hábito** – Não espere ficar "rico" para pensar como uma pessoa de sucesso. Comece agora mesmo a buscar soluções, independentemente da sua situação atual.

A LIÇÃO MAIS IMPORTANTE

Quando decidi instalar o primeiro painel de LED publicitário na minha cidade, eu não tinha dinheiro para isso. Mas, em vez de pensar "Não posso pagar por isso", me perguntei: *"Como posso pagar por isso?"*. A resposta foi simples: encontrar clientes antes mesmo de ter o produto.

Então saí pela cidade, conversei com dezenas de comerciantes e ofereci a eles espaços publicitários em um painel que ainda nem existia. Em um mês, já havia arrecadado dinheiro suficiente para pagar a entrada e iniciar a instalação.

Se eu tivesse dito *"Não posso pagar por isso"*, aquele painel jamais teria existido. No entanto, em menos de dois meses, eu não só tinha um novo negócio, como também havia criado uma rede de clientes que depois me confiariam outros trabalhos publicitários.

O sucesso financeiro não depende apenas de quanto você ganha, mas, principalmente, de como você pensa sobre o dinheiro.

Toda vez que surgir dentro de você a frase *"Não posso pagar por isso"*, pare. Reformule. Pergunte-se: *"Como posso pagar por isso?"*. É nessa simples mudança de perspectiva que se escondem as soluções capazes de transformar sua vida.

Lembre-se: o dinheiro nunca é o verdadeiro limite. O verdadeiro limite é a forma como você escolhe pensar.

O PODER DA MENTALIDADE

Você já reparou que, quando foca em algo — um problema, um desejo ou um objetivo — parece que tudo ao seu redor começa a refletir isso? Não é mágica, é simplesmente o modo como nossa mente funciona. É o que muitos chamam de **Lei da Atração**, um princípio segundo o qual nossos pensamentos e emoções influenciam as experiências que vivemos.

Pessoalmente, sempre acreditei que a mentalidade é uma das ferramentas mais poderosas que temos. Não foi um livro que me revelou esse conceito, mas sim a minha própria experiência. Ainda assim, quando li *"Peça e Será Atendido"* de Esther e Jerry Hicks, encontrei diversas confirmações daquilo que eu já havia observado na minha vida.

COMO FUNCIONA A LEI DA ATRAÇÃO?

A Lei da Atração se baseia em três princípios fundamentais:

1. **Os pensamentos geram energia** – Cada pensamento afeta nossa realidade. Pensamentos positivos atraem experiências positivas; já os negativos diminuem nossa frequência e nos colocam diante de situações difíceis.
2. **A atenção amplia a realidade** – Quanto mais nos concentramos em algo, mais isso se manifesta em nossa vida. Se nos fixarmos na falta de dinheiro, continuaremos sem ele. Mas, se focarmos na abundância, começaremos a enxergar oportunidades de crescimento financeiro.
3. **As emoções são o motor da atração** – Não basta apenas pensar positivo, é preciso sentir-se positivo. As emoções são o verdadeiro catalisador do nosso destino.

DA TEORIA À PRÁTICA: APLICANDO A LEI DA ATRAÇÃO

Ter consciência desses princípios não é suficiente: é necessário colocá-los em prática. Aqui estão alguns passos fundamentais que apliquei na minha vida:

1. Defina claramente o que você deseja

Se você não tem uma visão clara do que quer, como pode alcançar? Quando comecei meu primeiro negócio, tinha uma ideia vaga: queria trabalhar com cinema e publicidade. Mas foi só quando defini objetivos específicos — criar um banco de locações, atrair produções internacionais, construir uma rede de clientes — que as oportunidades começaram a aparecer.

Exercício Prático: escreva seus objetivos em detalhes. Em vez de dizer "Quero mais dinheiro", diga: "Quero ganhar R$ 10.000 por mês até o final do ano fazendo um trabalho que eu amo".

2. Visualize seu sucesso todos os dias

Todas as manhãs, antes de começar o dia, eu imaginava que já havia alcançado meus objetivos. Quando queria instalar meu primeiro painel publicitário de LED, visualizava ele ligado, com os anúncios passando e as pessoas olhando. Isso me dava uma motivação enorme para agir.

Exercício Prático: dedique de 5 a 10 minutos por dia para visualizar seu sucesso. Imagine os detalhes: como você se sente, o que vê, quem está com você. Quanto mais fizer isso, mais seu cérebro vai trabalhar nessa direção.

3. Use afirmações positivas

O que você diz a si mesmo tem um impacto enorme na sua realidade. Aprendi a substituir frases como "Nunca vou conseguir" por "Vou encontrar uma solução".

Algumas afirmações que você pode usar:

- "Sou capaz de alcançar qualquer objetivo."
- "Atraio abundância e oportunidades para minha vida."
- "Estou cercado de pessoas positivas e bem-sucedidas."

Exercício Prático: repita essas frases toda manhã e toda noite, com convicção e emoção.

4. Substitua pensamentos negativos por positivos

Nosso cérebro tende a se fixar nas preocupações. Uma vez, durante um período difícil, eu pensava constantemente: *"E se tudo der errado?"*. Esse pensamento me paralisava. Precisei reeducar minha mente, trocando por: *"O que posso fazer hoje para melhorar minha situação?"*.

Exercício Prático: toda vez que perceber um pensamento negativo, pare e reformule em positivo. Em vez de "Nunca vou conseguir", diga: "A cada dia fico mais forte e mais preparado".

5. Pratique a gratidão

Um dos instrumentos mais poderosos para atrair coisas boas é a gratidão. Quando me concentro no que já tenho, em vez do que me falta, minha perspectiva muda completamente.

Exercício Prático: todos os dias, escreva pelo menos três coisas pelas quais você é grato. Isso muda o foco da escassez para a abundância.

6. Aja em alinhamento com seus desejos

Não basta pensar e esperar. É preciso agir. Quando quis expandir meu negócio, não me limitei a sonhar: procurei clientes, estudei estratégias de marketing, assumi riscos calculados.

Exercício Prático: se você quer mudar de emprego, comece a enviar currículos, aprimorar suas habilidades e se conectar com pessoas do setor. O universo responde a quem está pronto para receber.

SUPERANDO DÚVIDAS E BLOQUEIOS MENTAIS

Muitas pessoas questionam a Lei da Atração porque não veem resultados imediatos. Mas o segredo está na constância. Se você cultivou uma mentalidade de escassez por anos, não pode esperar mudar tudo em um dia. É preciso tempo para reprogramar o subconsciente e alinhar-se com a vibração do sucesso.

Se encontrar obstáculos, pergunte-se:

- Eu realmente acredito no que desejo?
- Estou agindo em alinhamento com meus objetivos?
- Estou deixando o medo ou a dúvida sabotarem meu crescimento?

Quando comecei a investir no setor publicitário, eu não tinha experiência. Mas, em vez de focar nos riscos, escolhi focar nas oportunidades. Estudei, conversei com especialistas, dei pequenos passos. E, no fim, os resultados vieram. Não foi sorte, foi a combinação de mentalidade correta e ação.

A Lei da Atração não é mágica — é um princípio baseado em como pensamos e agimos. Se cultivarmos pensamentos de sucesso, agirmos com confiança e mantivermos uma atitude positiva, atrairemos para nossas vidas tudo aquilo que desejamos.

Lembre-se: O maior poder que temos é a nossa mente. Usemos esse poder da maneira certa para criar a vida que desejamos.

PENSAR E AGIR COMO UM MILIONÁRIO: O OBJETIVO É SER RICO, NÃO PARECER

Muitas pessoas sonham em se tornar ricas, mas quantas realmente focam em construir riqueza, em vez de apenas parecerem ricas? A diferença entre quem constrói um patrimônio sólido e quem vive de aparências está totalmente na mentalidade e nas ações do dia a dia.

Os verdadeiros milionários não se limitam a ostentar luxo — eles constroem sua fortuna com estratégias financeiras inteligentes, investimentos bem pensados e um mindset voltado para o crescimento. O segredo não está em ganhar cifras astronômicas, mas em adotar hábitos e decisões que levam à verdadeira liberdade financeira.

No início da minha jornada empreendedora, passei por um período difícil. Os obstáculos pareciam infinitos e me perguntava se havia feito a escolha certa. Sentia que não tinha controle da minha situação e a frustração só aumentava.

Foi então que meu querido amigo Davide me deu um livro que me marcou profundamente: *"O Milionário Instantâneo"* de Mark Fisher. Mais do que um manual de finanças, é uma história que ensina como pensam as pessoas bem-sucedidas. A maior lição que aprendi? Riqueza não é apenas uma questão de dinheiro, mas de mentalidade, atitude e ação. Se você quer ser rico, precisa primeiro pensar e agir como tal.

O primeiro passo para enriquecer é eliminar crenças limitantes.

Muitas pessoas crescem acreditando que ganhar dinheiro é difícil, que riqueza é só para poucos privilegiados. Essa mentalidade de escassez as paralisa e impede que enxerguem oportunidades.

Já os milionários pensam de forma totalmente diferente:

- Acreditam que a riqueza é abundante e acessível a quem estiver disposto a se esforçar.
- Focam nas oportunidades em vez dos problemas.
- Enxergam os obstáculos como desafios superáveis.
- Investem constantemente em educação e crescimento pessoal.

Exercício Prático: Observe seus pensamentos sobre dinheiro. Você costuma dizer "Não posso pagar por isso" ou "Ficar rico é impossível"? Tente mudar seu diálogo interno com afirmações como:

- *"Como posso aumentar minha renda?"*
- *"O dinheiro é abundante e posso atrair essa abundância para minha vida."*

HÁBITOS QUE LEVAM À RIQUEZA

Pensar grande é o primeiro passo, mas sem ação, continua sendo apenas um sonho. Milionários não esperam pelo momento perfeito: eles agem, experimentam e aprendem com os erros.

Aqui estão alguns dos hábitos essenciais:

1. Assumir a responsabilidade pelas próprias finanças

Um milionário não deixa que o destino ou as circunstâncias decidam por ele. Ele assume o controle do seu dinheiro, o administra com atenção e traça estratégias para fazê-lo crescer.

- Aprende a economizar e investir com inteligência.
- Evita dívidas desnecessárias e gastos supérfluos.
- Planeja objetivos financeiros claros e acompanha o progresso.

2. Investir em si mesmo e na própria educação

A riqueza não aparece por acaso — ela é fruto de habilidades e conhecimentos aplicados com sabedoria. Milionários dedicam tempo e recursos ao seu desenvolvimento pessoal.

- Leem livros sobre finanças, negócios e desenvolvimento pessoal.
- Participam de cursos e seminários para aprimorar suas competências.
- Buscam mentores e modelos de sucesso para se inspirar.

Exercício Prático: Dedique pelo menos 30 minutos por dia à leitura de livros sobre educação financeira e investimentos. Às vezes, um único livro pode mudar sua vida.

3. Criar múltiplas fontes de renda

Depender de um único salário é arriscado. Milionários diversificam suas fontes de renda para aumentar a segurança financeira e acelerar o crescimento do patrimônio.

- Criam negócios e atividades paralelas.
- Investem em imóveis, ações ou outras oportunidades.
- Desenvolvem produtos ou serviços que geram renda passiva.

4. Assumir riscos calculados

O sucesso financeiro exige coragem e visão. Milionários não têm medo de correr riscos, mas o fazem com inteligência.

- Analisam cuidadosamente cada decisão antes de agir.
- Estão dispostos a falhar e aprender com os erros.
- Veem o risco como uma oportunidade de crescimento, não como ameaça.

Exercício Prático: Identifique uma área da sua vida onde você evitou tomar riscos por medo de falhar. Dê um pequeno passo nessa direção, avaliando bem o risco — mas sem deixar que o medo te paralise.

5. Cercar-se de pessoas bem-sucedidas

O ambiente ao nosso redor influencia fortemente nosso modo de pensar e agir. Milionários escolhem com atenção as pessoas com quem convivem.

- Convivem com indivíduos motivados, ambiciosos e voltados ao sucesso.
- Evitam pessoas negativas que só veem obstáculos.
- Constroem uma rede de contatos que os inspira e ajuda a crescer.

Exercício Prático: Faça uma lista das cinco pessoas com quem você mais convive. Elas te impulsionam a crescer ou te mantêm preso na zona de conforto?

O ERRO A EVITAR

Muitas pessoas se endividam para comprar carros de luxo, roupas de grife e acessórios caros, achando que aparência é sinônimo de sucesso. Na realidade, os verdadeiros milionários investem primeiro na construção da riqueza, e só depois no luxo.

Diferença entre parecer rico e ser rico:

- **Comprar coisas para impressionar** os outros vs Investir para crescer o patrimônio.
- **Viver acima das suas possibilidades** vs Viver abaixo das possibilidades enquanto constrói riqueza.
- **Gastar com passivos** (carros, moda, viagens luxuosas) vs Gastar com ativos (investimentos, educação, negócios).

Regra de ouro: construa riqueza primeiro, depois aproveite. Nunca o contrário!

Lembre-se: O objetivo não é parecer rico, é *ser* rico de verdade. E isso é possível para qualquer um que esteja disposto a desenvolver os hábitos certos e perseverar ao longo do tempo.

EM RESUMO

Ficar rico não é uma questão de sorte, mas de mentalidade e ação. Pensar como um milionário significa acreditar nas suas capacidades e adotar uma visão de abundância. Agir como um milionário significa tomar decisões inteligentes, investir em si mesmo, criar múltiplas fontes de renda e manter disciplina financeira.

2 A IMPORTÂNCIA DE VIAJAR

Viajar é uma das experiências mais ricas e transformadoras que podemos viver. Ela nos abre as portas para novos mundos, nos permite vivenciar culturas diferentes e nos dá a oportunidade de descobrir partes de nós mesmos que nem sabíamos que existiam.

Vamos analisar por que viajar é tão importante para se inspirar, viver, experimentar, observar, documentar, refletir, compartilhar — e prepare-se para embarcar em uma jornada que pode mudar a sua vida.

Viajar não é apenas uma experiência de lazer, mas uma poderosa ferramenta para expandir a mente, ampliar perspectivas e gerar novas ideias. Cada lugar que visitamos, cada pessoa que conhecemos e cada cultura que exploramos nos oferece estímulos, insights e oportunidades que jamais consideraríamos se permanecêssemos presos à nossa zona de conforto.

Desde minhas primeiras viagens ao exterior, descobri que o mundo está repleto de modelos de negócio, abordagens profissionais e mentalidades que podem ser adaptadas e transformadas em oportunidades de sucesso. Muitas das melhores ideias que tive surgiram observando o que acontecia fora do meu contexto habitual.

A VIAGEM COMO FONTE DE CRIATIVIDADE E INOVAÇÃO

Mudar de cenário é um catalisador para a criatividade.
Por que viajar estimula novas ideias?

- Coloca você diante de culturas e formas de pensar diferentes.
- Tira você da rotina diária, permitindo enxergar as coisas com novos olhos.
- Expõe você a modelos de negócios, estratégias e tendências inovadoras que podem ser adaptadas à sua realidade.
- Obriga você a lidar com imprevistos e novas situações, estimulando sua capacidade de resolução de problemas e resiliência.

Exemplos Práticos: *Richard Branson teve a ideia da Virgin Airlines após uma experiência negativa com uma companhia aérea durante uma viagem pelo Caribe. Em vez de reclamar, viu uma oportunidade: alugou um avião, vendeu passagens para os outros passageiros também presos como ele — e transformou um problema em um negócio.*

Howard Schultz, fundador da Starbucks, se inspirou para criar uma nova experiência de cafeteria após visitar os bares italianos, onde o café não era apenas uma bebida, mas um momento de convivência e cultura. Transformou esse conceito em uma marca global ao adaptar a cultura do café italiano para os Estados Unidos.

Exercício Prático: Reflita sobre uma experiência de viagem que mudou sua perspectiva. Como você poderia aplicar isso ao seu negócio ou à sua vida pessoal?

OBSERVAR E ADAPTAR: TRAZER IDEIAS DE SUCESSO PARA SEU PAÍS

Não é preciso reinventar a roda: muitas ideias de sucesso surgiram da adaptação de modelos já existentes.

Como identificar ideias de negócios no exterior e adaptá-las ao seu mercado local?

- **Observe o que está funcionando em outros países**: Quais são as tendências emergentes em cidades inovadoras como Nova York, Londres, Tóquio ou Berlim?
- **Analise como as pessoas vivem e consomem produtos**: Você nota diferenças significativas em relação ao seu país?
- **Foque em necessidades não atendidas**: Existe um produto ou serviço lá fora que poderia ter sucesso no seu mercado local?
- **Estude a adaptabilidade da ideia**: Essa solução pode ser replicada? É culturalmente aceitável? Pode ser melhorada para o seu público?

Exemplos Práticos: *O conceito de Escape Room, nascido na Ásia como uma experiência interativa com enigmas, foi adaptado na Europa e nos EUA com formatos inovadores — e se tornou uma das formas de entretenimento mais populares dos últimos anos.*

Glovo e Deliveroo adaptaram o modelo de entrega de comida sob demanda, comum nos EUA, à realidade europeia, moldando-o aos hábitos de consumo locais.

Exercício Prático: Pense em uma ideia de negócio que você viu em outro país e que poderia funcionar no seu. Como você poderia adaptá-la para ser eficaz no seu mercado?

VIAGENS COMO OPORTUNIDADE DE NETWORKING E CRESCIMENTO PROFISSIONAL

Viajar não é apenas observar, mas também se conectar com as pessoas certas.

Onde encontrar oportunidades de networking durante uma viagem?

- **Conferências e feiras internacionais:** eventos de setor são perfeitos para conhecer investidores, parceiros e inovadores.
- **Espaços de coworking globais:** ambientes compartilhados onde profissionais e empreendedores trocam ideias e criam colaborações.
- **Eventos locais e grupos de networking:** meetups, workshops e encontros que oferecem insights valiosos sobre o mercado local.
- **Universidades e aceleradoras de startups:** lugares ideais para descobrir ideias inovadoras e talentos.

Exemplo Prático: *Muitos empreendedores criaram parcerias estratégicas participando de eventos como o Web Summit, o CES de Las Vegas ou o American Film Market, onde nascem conexões globais com potencial para se transformarem em grandes oportunidades.*

Exercício Prático: Planeje uma viagem com o objetivo de participar de um evento de networking ou visitar um ecossistema empreendedor inovador.

EXPLORAR SEM JULGAMENTOS: APRENDER COM OUTRAS CULTURAS

Às vezes, a maior lição não está em um modelo de negócio, mas em uma mentalidade diferente.

O que você pode aprender com culturas diferentes?

- **O senso de comunidade asiático:** empresas japonesas e

chinesas valorizam o trabalho em equipe e o crescimento coletivo.
- **A inovação americana:** uma abordagem ousada e experimental aos negócios.
- **O equilíbrio entre vida e trabalho escandinavo:** foco no bem-estar pessoal para melhorar a produtividade.
- **A hospitalidade mediterrânea:** atenção às relações humanas e ao atendimento ao cliente.

Exemplo Prático: *Na Dinamarca, o conceito de 'hygge' (bem-estar e aconchego) tornou-se uma tendência global que influenciou áreas como design, turismo e estilo de vida.*

Exercício Prático: Reflita sobre um valor cultural que você observou em outro país e pense em como aplicá-lo no seu negócio ou estilo de vida.

COLOCAR EM PRÁTICA AS LIÇÕES APRENDIDAS NAS VIAGENS

Viajar inspira, mas a inspiração precisa virar ação.
Como transformar uma experiência de viagem em algo concreto?

- Escreva um diário de viagem com ideias de negócios ou reflexões pessoais.
- Faça uma lista de contatos e mantenha o relacionamento com as pessoas que conheceu.
- Defina um novo hábito ou estratégia que pode ser integrada ao seu trabalho ou à sua rotina.
- Se viu uma ideia de negócio promissora, comece a testá-la em pequena escala no seu mercado.

Exemplo Prático: *Após uma viagem à Ásia, muitos empreendedores trouxeram o conceito de bubble tea para a Europa, transformando-o em uma tendência crescente.*

Exercício Prático: Escreva três coisas que você aprendeu em viagens e como pode aplicá-las para melhorar sua carreira ou seu negócio.

VIAJAR É MUITO MAIS DO QUE VISITAR LUGARES NOVOS

- Observe o que funciona fora e pense em como adaptar isso à sua realidade.
- Use a viagem para fazer networking e construir conexões valiosas.
- Estude as diferenças culturais e aprenda novas estratégias de negócios e estilo de vida.
- Transforme a inspiração em ação: registre ideias, experimente e teste novas possibilidades.

Lembre-se: O mundo está repleto de ideias, inovações e oportunidades de crescimento. Basta estar atento para enxergá-las.

VIAJAR PARA CRESCER, INOVAR E CRIAR OPORTUNIDADES

Como vimos, viajar é muito mais do que se deslocar de um lugar a outro: é uma experiência que pode transformar sua visão de mundo, expandir sua criatividade e oferecer novas perspectivas pessoais e profissionais. Cada viagem é uma chance de experimentar, aprender, conectar-se e se inspirar com novas culturas e estilos de vida. Muitas vezes, é justamente em uma viagem que nascem as ideias mais inovadoras — seja no campo dos negócios, seja no desenvolvimento pessoal.

Vamos ver agora como viajar com consciência pode te ajudar a desenvolver novas competências, sair da zona de conforto e até encontrar oportunidades de negócio que você pode adaptar e implementar no seu país.

VIAJE COM UMA MENTE ABERTA: NÃO SEJA APENAS TURISTA, VIVA A VIAGEM

A viagem mais significativa não é aquela em que você está com a câmera na mão, mas aquela que você vive com a mente aberta.

Como transformar uma viagem em uma experiência de crescimento:

- Mergulhe na cultura local: Participe de tradições, descubra os hábitos do dia a dia e viva o país como um morador.
- Experimente a culinária local: A comida é uma expressão cultural essencial — prove pratos típicos e conheça sua história.
- Interaja com os locais: Descubra seus pontos de vista, experiências de vida e sonhos.
- Aprenda algo novo: Línguas, artes tradicionais, esportes típicos — toda cultura tem algo único a te ensinar.

Exemplo Prático: *Anthony Bourdain não se limitava a comer nos restaurantes famosos — ele sentava com as pessoas comuns para ouvir suas histórias e entender a cultura por meio da comida.*

Exercício Prático: Qual hábito local você descobriu em uma viagem e que poderia integrar à sua vida diária?

A VIAGEM COMO FERRAMENTA PARA SAIR DA ZONA DE CONFORTO

Nada nos transforma mais do que um desafio em um ambiente desconhecido.

Estratégias para se empurrar além dos próprios limites:

- Viaje sozinho pelo menos uma vez: Isso vai te tornar mais independente e confiante.
- Experimente um estilo de vida diferente: Viva por algumas semanas ou meses em uma cidade com costumes muito diferentes dos seus.

- Encare imprevistos como oportunidades: Toda dificuldade na estrada pode se tornar um grande aprendizado.

Exemplo Prático: *Elizabeth Gilbert, no livro Comer, Rezar, Amar, usou a viagem para descobrir novos estilos de vida e encontrar seu equilíbrio interior.*

Exercício Prático: Qual experiência fora da sua zona de conforto você poderia viver na sua próxima viagem?

APRENDENDO NOVAS HABILIDADES POR MEIO DA VIAGEM

Toda cultura tem algo único a oferecer.
Exemplos de habilidades que você pode aprender viajando:

- Aprender a cozinhar pratos típicos.
- Praticar artes marciais ou esportes locais.
- Aprender técnicas de meditação ou bem-estar.
- Explorar novas tecnologias ou modelos de negócios.

Exemplo Prático: *Muitos empreendedores digitais descobriram o conceito de trabalho remoto viajando por países como a Tailândia, onde a cultura nômade digital já está consolidada.*

Exercício Prático: Escolha um destino e busque uma atividade local que você poderia aprender para enriquecer sua experiência.

VIAJAR PARA CAUSAR IMPACTO E DEIXAR UMA MARCA

Viajar não é apenas receber experiências — é também entregar valor.
Como tornar a viagem significativa:

- Participe de projetos de voluntariado ou impacto social.
- Compartilhe seu conhecimento com a comunidade local.
- Apoie o turismo sustentável e a economia local.

Exemplo Prático: *Muitos viajantes encontraram propósito no turismo experiencial, como o voluntariado na África ou o apoio a projetos educacionais na América do Sul.*

Exercício Prático: Qual é uma forma pela qual você poderia contribuir com um lugar que visita?

Viajar é muito mais do que conhecer novos lugares.

- Viva cada viagem com uma mente aberta e curiosa.
- Saia da sua zona de conforto e experimente o novo.
- Observe tendências e ideias de negócios que você pode adaptar.
- Faça networking e construa conexões globais.
- Aprenda novas habilidades e aplique o que aprendeu na sua vida.

Lembre-se: Viajar pode mudar sua perspectiva, seus negócios e a sua vida.

APRENDER A OBSERVAR: OLHAR NÃO BASTA, É PRECISO ENXERGAR

A observação é uma das habilidades mais subestimadas — e, ainda assim, é uma das mais poderosas para compreender o mundo, melhorar sua capacidade de aprendizado e descobrir novas oportunidades. Não basta apenas olhar: observar é captar os detalhes, entender as dinâmicas e ler nas entrelinhas o que acontece ao nosso redor.

Seja viajando, fazendo negócios ou aprimorando relacionamentos pessoais, aprender a observar pode transformar a forma como você interpreta o mundo e toma decisões.

Há uma grande diferença entre olhar para algo e realmente observar.

Como desenvolver a capacidade de observação:

- **Diminua o ritmo:** A pressa é inimiga da observação. Pare e analise o ambiente ao seu redor.
- **Tenha uma mentalidade curiosa:** Pergunte-se por que algo é feito de determinada forma e tente entender o contexto.
- **Use todos os sentidos:** Não dependa só da visão — preste atenção aos sons, cheiros, sensações táteis.
- **Observe hábitos e comportamentos:** Como as pessoas interagem? Quais padrões se repetem?
- **Treine-se para notar detalhes ocultos:** O que muda em um ambiente de um dia para o outro? Quais elementos revelam mais sobre a cultura local?

Exemplo Prático: *Muitos escritores se inspiram ao observar atentamente as pessoas em locais públicos, captando gestos, expressões e detalhes que tornam suas histórias mais autênticas.*

Exercício Prático: Na sua próxima saída, escolha um lugar movimentado e observe as pessoas por 10 minutos. Quais detalhes você percebe que normalmente passariam despercebidos?

A OBSERVAÇÃO COMO FERRAMENTA DE CRESCIMENTO PESSOAL

Observar os outros nos ajuda a entender melhor a nós mesmos.
Como a observação pode melhorar sua vida:

- **Ajuda a tomar decisões melhores:** Notar detalhes e comportamentos permite avaliar melhor situações e pessoas.
- **Aumenta sua inteligência emocional:** Ao observar expressões e linguagem corporal, você aprende a interpretar melhor as emoções dos outros.
- **Torna você mais empático:** Compreender hábitos e culturas diferentes amplia sua capacidade de se relacionar com os outros.
- **Permite antecipar problemas e soluções:** Notar sinais sutis

antes que se tornem problemas é uma habilidade essencial em qualquer área.

Exemplo Prático: *Muitos empreendedores de sucesso observam atentamente seus clientes nas lojas ou nas redes sociais para entender exatamente do que precisam e como melhorar seus produtos.*

Exercício Prático: Ouça uma conversa (sem interromper) e tente captar não só as palavras, mas também o tom de voz e a linguagem corporal.

OBSERVAR O MUNDO PARA DESCOBRIR NOVAS OPORTUNIDADES

Muitas grandes ideias nascem simplesmente ao observar o que falta ou o que pode ser melhorado.

Como encontrar inspiração por meio da observação:

- **Observe mercados internacionais:** Existe um produto ou serviço que poderia funcionar no seu país?
- **Note problemas cotidianos:** As melhores invenções resolvem pequenos incômodos do dia a dia. Quais ineficiências você nota na sua rotina ou na dos outros?
- **Analise as tendências:** O que está mudando no comportamento das pessoas? Quais novas necessidades estão surgindo?
- **Ouça o feedback das pessoas:** Clientes frequentemente expressam problemas e desejos que podem se transformar em grandes ideias.

Exemplo Prático: *Sara Blakely percebeu que muitas mulheres tinham dificuldade em encontrar roupas modeladoras confortáveis e criou a Spanx, tornando-se bilionária com sua intuição.*

Exercício Prático: No seu dia a dia, identifique pelo menos um problema comum que poderia ser resolvido com um produto ou serviço inovador.

MELHORAR OS NEGÓCIOS E A COMUNICAÇÃO POR MEIO DA OBSERVAÇÃO

Saber observar é essencial também no mundo dos negócios e nas relações interpessoais.

Como usar a observação no campo profissional:

- **Estude a concorrência:** O que eles estão fazendo diferente ou melhor do que você?
- **Analise as reações dos clientes aos seus produtos ou serviços:** Observe como os usam, ouça suas opiniões, anote as dificuldades.
- **Preste atenção aos sinais não verbais nas conversas:** Muitas vezes, o corpo fala mais que as palavras.
- **Aprimore seu storytelling:** Pessoas se conectam com histórias autênticas e bem contadas. Observar e compreender o público ajuda a contar histórias mais impactantes.

Exemplo Prático: *Os profissionais mais atentos sabem que o verdadeiro sucesso não está apenas em vender, mas em entender o comportamento e as necessidades das pessoas para oferecer soluções personalizadas e melhorar a experiência do cliente.*

Exercício Prático: Se você tem um negócio, passe um dia observando o comportamento dos seus clientes ou usuários e anote pelo menos três coisas que podem ser melhoradas.

AFINAR A MENTE PARA PERCEBER ATÉ MESMO AS PEQUENAS MUDANÇAS

Quem observa com atenção é capaz de notar detalhes que os outros ignoram.

Exercícios para desenvolver uma mente mais atenta aos detalhes:

- **Tome notas diariamente:** Escrever o que você observou fortalece sua capacidade de atenção.
- **Mude de perspectiva:** Observe um local familiar como se fosse a primeira vez que o vê.
- **Treine sua memória visual:** Após visitar um lugar novo, tente lembrar o maior número possível de detalhes.
- **Faça perguntas abertas às pessoas:** Ouvir com atenção ajuda a entender melhor suas necessidades e pontos de vista.

Exemplo Prático: *Um detetive experiente nota pequenos detalhes que outros ignoram — como mudanças sutis no ambiente ou incongruências no comportamento —, habilidades que o ajudam a resolver casos complexos.*

Exercício Prático: Na próxima vez que entrar em um ambiente novo, tente memorizar o máximo de detalhes possível e depois verifique o que realmente ficou na sua memória.

Aprender a observar é uma habilidade fundamental que pode transformar sua vida, carreira e relacionamentos.

- Observe de forma consciente, utilizando todos os seus sentidos.
- Use a observação para entender melhor a si mesmo e aos outros.
- Faça dela uma ferramenta para identificar ideias e oportunidades de negócio.
- Aprimore sua capacidade de captar detalhes para melhorar sua comunicação e sua tomada de decisões.

Lembre-se: O mundo está cheio de informações valiosas — tudo o que você precisa é aprender a enxergar com outros olhos.

DOCUMENTAR, REFLETIR E COMPARTILHAR: DANDO VALOR ÀS PRÓPRIAS EXPERIÊNCIAS

Viajar, explorar e observar o mundo são experiências incrivelmente enriquecedoras, mas o que as torna ainda mais valiosas é a capacidade de documentá-las, refletir sobre elas e compartilhá-las com os outros. Escrever, gravar e dividir essas vivências ajuda a dar sentido aos momentos vividos, permite lembrar de detalhes que seriam facilmente esquecidos e oferece inspiração e conhecimento a outras pessoas.

Vamos ver como documentar nossas experiências de forma eficaz, refletir sobre o que vivemos e transmitir nossa mensagem ao mundo sem perder a autenticidade.

Documentar: por que registrar suas experiências é importante?

A gente não viaja apenas para ver, mas também para lembrar e aprender.

Benefícios de documentar suas experiências:

- **Memória de longo prazo:** Emoções e detalhes se apagam com o tempo. Escrever ajuda a manter viva a lembrança.
- **Clareza mental:** Colocar as experiências no papel ajuda a refletir e a dar sentido aos acontecimentos.
- **Fonte de ideias e criatividade:** Um diário de viagem pode se tornar uma mina de inspiração para projetos futuros.
- **Oportunidade de compartilhar com os outros:** As histórias que contamos podem inspirar e ajudar outras pessoas a viverem experiências semelhantes.

Exemplo Prático: *Exploradores como Marco Polo registravam minuciosamente cada detalhe de suas viagens, descrevendo não apenas os lugares, mas também culturas, costumes e emoções vividas. Graças a esses registros, gerações futuras puderam conhecer mundos distantes e se inspirar para novas descobertas.*

Exercício Prático: Se você nunca fez isso, comece um diário de viagem. Não é necessário escrever todos os dias — basta anotar os momentos mais significativos ou as emoções vividas.

REFLETIR: TRANSFORMAR EXPERIÊNCIAS EM APRENDIZADO

Não basta viver uma experiência, é preciso compreender o valor e os aprendizados que ela traz.

Como refletir sobre suas experiências:

- **Faça perguntas significativas:** O que aprendi com essa viagem? O que mais me marcou? Quais emoções ela despertou em mim?
- **Analise suas mudanças pessoais:** Como mudei após essa experiência? Quais crenças foram desafiadas?
- **Reconheça os momentos de crescimento:** Que desafios enfrentei e como os superei?

Exemplo Prático: *Depois de uma viagem à Índia, Steve Jobs refletiu sobre a simplicidade e a essência, conceitos que depois influenciaram o design minimalista dos produtos da Apple.*

Após passar um período em um lugar com uma cultura completamente diferente, muitas pessoas percebem o quão relativas são suas próprias visões e hábitos. Essa consciência ajuda a ser mais aberto, flexível e capaz de se adaptar a novas situações.

Exercício Prático: Após uma experiência marcante, escreva três coisas que você aprendeu e como isso pode influenciar o seu futuro.

COMPARTILHAR: TRANSMITIR EXPERIÊNCIAS SEM PERDER A AUTENTICIDADE

Compartilhar é poderoso, mas deve ser feito com consciência.

Como compartilhar de forma eficaz:

- **Seja autêntico:** Não tente impressionar os outros — conte suas experiências como realmente foram.
- **Use uma linguagem envolvente:** Descreva não só os fatos, mas também as emoções e sensações.
- **Encontre seu estilo pessoal:** Pode ser um diário, um blog, um podcast ou redes sociais — escolha o meio que mais combina com você.
- **Ofereça valor:** Compartilhe dicas, aprendizados e reflexões que possam ser úteis para quem lê.

Exemplo Prático: *Ernest Hemingway usava suas viagens e vivências como inspiração para seus romances, transformando a realidade em narrativa sem perder a autenticidade.*

Exercício Prático: Escreva um breve post ou artigo sobre uma experiência marcante. Tente transmitir sua essência com sinceridade.

O PAPEL DA TECNOLOGIA: REDES SOCIAIS E COMPARTILHAMENTO CONSCIENTE

As redes sociais são plataformas poderosas para compartilhar, mas é importante usá-las com inteligência.

Estratégias para um compartilhamento equilibrado:

- **Viva o momento antes de compartilhá-lo:** Curta a experiência sem a pressão de postar imediatamente.
- **Não busque a perfeição:** Os conteúdos mais autênticos e espontâneos geralmente têm mais impacto do que os excessivamente produzidos.
- **Seja seletivo:** Nem tudo precisa ser compartilhado. Escolha momentos que realmente tenham significado para você e para quem acompanha.
- **Interaja com sua audiência:** Compartilhar também é ouvir. Responda aos comentários, crie diálogo e troque experiências.

Exemplo Prático: *Muitos contadores de histórias digitais construíram comunidades ao redor do compartilhamento de experiências reais, mostrando os bastidores das suas jornadas e oferecendo dicas práticas em vez de imagens perfeitas.*

Exercício Prático: Passe um dia sem compartilhar nada nas redes sociais e viva o momento só para você. Depois, escreva sobre como se sentiu e se isso mudou sua percepção da experiência.

CONTAR PARA INSPIRAR: O PODER DAS HISTÓRIAS

Histórias são a forma mais poderosa de transmitir uma mensagem.
Como contar uma história que marque as pessoas:

- **Crie uma narrativa clara:** Comece com o contexto, desenvolva o momento chave e conclua com uma reflexão.
- **Use detalhes sensoriais:** Descreva cores, sons, cheiros e emoções para fazer o leitor se sentir dentro da história.
- **Adicione uma mensagem:** Toda boa história deixa algo para quem ouve ou lê.

Exemplo Prático: *Brandon Stanton criou o Humans of New York coletando histórias reais de pessoas comuns, provando o poder da narrativa em criar conexões profundas.*

Exercício Prático: Conte uma experiência que mudou sua vida em menos de 300 palavras, buscando torná-la envolvente e significativa.

Documentar, refletir e compartilhar não é apenas relatar uma experiência — é dar a ela significado e dividi-lo com o mundo.

- Escreva ou grave para eternizar memórias e dar valor a elas com o tempo.
- Reflita sobre as experiências para extrair aprendizados e novas perspectivas.

- Compartilhe com autenticidade, com o objetivo de inspirar e criar conexões.
- Use a tecnologia com consciência — sem permitir que ela distraia do momento presente.

Lembre-se: As experiências se tornam mais poderosas quando são compreendidas e compartilhadas.

EM RESUMO

Viajar é uma experiência que nos enriquece e nos transforma profundamente. Permite que descubramos partes de nós mesmos que nem sabíamos que existiam e nos convida a enxergar a vida com novos olhos. Viajar para se inspirar, viver, experimentar, observar, documentar, refletir e compartilhar é uma chave para o sucesso na vida. Através das viagens, podemos encontrar inspiração, alimentar nossa criatividade e descobrir nossas paixões. Viver cada momento de forma plena nos ajuda a aprender, sair da zona de conforto e enfrentar os desafios que a vida coloca em nosso caminho.

A observação atenta do que nos rodeia nos permite captar detalhes, histórias e nuances que, de outro modo, passaríamos despercebidos. Isso nos ajuda a nos conhecer melhor e a entender mais profundamente o mundo.

Documentar nossas experiências por meio de um diário de bordo ou de um blog nos permite refletir sobre o que vivemos, relembrar momentos significativos e compartilhar nossas histórias com os outros.

Compartilhar nossas experiências de viagem inspira outras pessoas a embarcar em suas próprias jornadas e viver com mais intensidade. Utilizar as redes sociais nos permite dividir fotos, pensamentos e emoções — mas é igualmente importante viver o momento, sem se deixar distrair demais pela tecnologia.

Quando viajamos, temos a chance de descobrir a beleza do mundo — e também a que existe dentro de nós. Cada viagem é uma oportunidade de crescer, aprender e se transformar. Permite-nos escapar da rotina, explorar novos horizontes e abrir a mente a ideias e perspectivas diferentes.

A IMPORTÂNCIA DE VIAJAR

Viajar nos ensina sobre flexibilidade e adaptação. Nos ensina a abraçar mudanças, a enxergar oportunidades e a valorizar o que temos. É uma fonte inesgotável de inspiração, conhecimento e transformação.

Viajar para se inspirar, viver, experimentar, observar, documentar, refletir e compartilhar é um caminho direto para alcançar o sucesso na vida. Abre portas para novos mundos, enriquece nossa jornada e nos impulsiona a viver com propósito e intensidade. Não perca a oportunidade de embarcar na sua própria viagem e descobrir tudo o que o espera.

3 OS FUNDAMENTOS DO SUCESSO

Vamos conhecer melhor os fundamentos essenciais para alcançar o sucesso na vida por meio da paixão, da saída da zona de conforto, da constância, da ação, da reflexão, da inovação e da resolução de problemas. Prepare-se para descobrir o poder que essas qualidades podem ter na transformação da sua vida.

A paixão é o combustível que alimenta nossos sonhos. Quando nos sentimos verdadeiramente envolvidos com algo, o trabalho deixa de ser um sacrifício e se torna uma oportunidade de crescer, aprender e evoluir. Não é por acaso que todas as pessoas bem-sucedidas têm algo em comum: amam o que fazem.

Mas como encontrar sua paixão? E, mais importante ainda, como transformá-la em algo concreto que possa melhorar sua vida — e, quem sabe, gerar renda?

COMO DESCOBRIR SUA PAIXÃO?

Há quem nasça com uma vocação clara, e há quem precise buscar, testar e experimentar até encontrar aquela centelha.

Eu, por exemplo, sempre soube que era atraído pela criatividade e pelo empreendedorismo, mas levou um tempo até entender como canalizar essa energia em algo prático.

Perguntas que podem te ajudar a descobrir sua paixão:

- O que você faria mesmo sem ser pago?
- Quais atividades te fazem sentir vivo e cheio de energia?
- Sobre o que você fala com entusiasmo?
- O que te faz perder a noção do tempo?

Exemplo Prático: *Percebi que, sempre que falava sobre ideias de negócios, meu entusiasmo aumentava. Entendi que não era apenas interesse, era paixão de verdade.*

Exercício Prático: Escreva uma lista com atividades que te empolgam e que você faria mesmo sem ganhar nada por isso.

TRANSFORMAR A PAIXÃO EM UM PROJETO DE VIDA

Ter uma paixão é maravilhoso, mas sem um plano, ela permanece apenas um hobby.

Se você realmente quer que ela se torne algo maior, precisa encontrar uma forma de transformá-la em algo produtivo.

Como fazer isso?

- **Estude o setor da sua paixão** — Leia livros, faça cursos, aprenda com os melhores.
- **Encontre uma forma de aplicá-la no mundo real** — Pode se tornar um trabalho, um negócio ou até um hobby rentável.
- **Experimente sem medo de errar** — O primeiro passo é sempre tentar.

Exemplo Prático: *Se minha paixão é o fitness, posso começar compartilhando minha jornada nas redes sociais, obter certificações e, quem sabe, abrir meu próprio negócio no setor.*

Exercício Prático: Identifique uma forma de integrar sua paixão à sua rotina de maneira produtiva.

SUPERAR DIFICULDADES E MANTER O FOCO

Mesmo seguindo nossa paixão, os obstáculos são inevitáveis.

A diferença entre quem chega lá e quem desiste está na capacidade de manter o foco apesar das dificuldades.

Estratégias para manter a motivação:

- **Lembre-se do motivo pelo qual começou** — Mantenha sua visão em mente.
- **Cerque-se de pessoas que te apoiam** — Evite quem te desanima.
- **Aceite o fracasso como parte do processo** — Cada erro é uma lição de crescimento.

Exemplo Prático: *Se sou apaixonado por música, mas tenho dificuldade em me destacar, lembro que todo grande artista começou de baixo e teve que superar críticas e fracassos.*

Exercício Prático: Escreva uma frase motivacional para reler sempre que encontrar um obstáculo no seu caminho.

A PAIXÃO COMO DIFERENCIAL

Quem tem paixão pelo que faz já se destaca dos demais.

O entusiasmo e a dedicação ficam visíveis em cada projeto e tornam a pessoa mais atraente, tanto profissional quanto pessoalmente.

Como usar a paixão para se destacar?

- **Seja autêntico** — A paixão não pode ser fingida. Seja você mesmo.
- **Agregue valor com sua singularidade** — Faça as coisas do seu jeito, com seu estilo.

- **Torne-se uma referência** — Compartilhe seu conhecimento e inspire outras pessoas.

Exemplo Prático: *Se sou apaixonado por culinária e crio um blog com receitas inovadoras, minha paixão vai transparecer no conteúdo e atrair um público fiel.*

Exercício Prático: Identifique uma forma pela qual sua paixão pode te tornar único no seu setor.

A CONEXÃO ENTRE PAIXÃO E SUCESSO

As pessoas mais bem-sucedidas do mundo têm algo em comum: são apaixonadas pelo que fazem.

A paixão fornece a energia necessária para evoluir, inovar e enfrentar desafios.

O que essas pessoas têm em comum?

- Não trabalham apenas por dinheiro, mas para realizar algo significativo.
- Enfrentam dificuldades com determinação porque amam o que fazem.
- Transmitem energia e inspiram os outros.

Exemplo Prático: *Steve Jobs era obcecado pela perfeição de seus produtos porque amava tecnologia e design. Isso o transformou em um visionário.*

Exercício Prático: Escreva o nome de uma pessoa que você admira por sua paixão e analise o que a levou ao sucesso.

Encontre sua paixão, cultive-a todos os dias e use-a como alavanca para construir o futuro que você deseja.

Lembre-se: A paixão é a força que pode transformar uma vida comum em algo extraordinário. Não é apenas uma emoção, mas um motor que, se cultivado, pode te levar a resultados inimagináveis.

ZONA DE CONFORTO: O PRIMEIRO PASSO RUMO AO SUCESSO É SAIR DELA

A zona de conforto é aquele espaço mental onde nos sentimos seguros. Sem riscos, sem imprevistos — tudo sob controle. Um refúgio perfeito... ou quase. O problema? Ficar nela por muito tempo paralisa seu crescimento pessoal e profissional.

Houve momentos em que me senti preso a uma rotina que me fazia sentir seguro, mas também estagnado. Tinha medo de tentar algo novo, de falhar, de me sentir deslocado. Depois percebi que toda grande oportunidade vive fora da zona de conforto. É ali que começa a verdadeira transformação.

POR QUE SAIR DA ZONA DE CONFORTO É ESSENCIAL?

Permanecer em um ambiente previsível tem um custo alto. Talvez não o percebamos de imediato, mas com o tempo, ele nos rouba o crescimento e as oportunidades.

Como a zona de conforto pode te limitar:

- **Bloqueia o crescimento pessoal** — Sem desafios, não há desenvolvimento de novas habilidades.
- **Te prende à rotina** — Previsibilidade em excesso leva ao tédio e à estagnação.
- **Reduz as oportunidades** — As melhores chances geralmente vêm de situações novas e inesperadas.

Benefícios de sair da zona de conforto:

- **Aumento da autoconfiança** — Cada obstáculo superado fortalece sua autoestima.
- **Expansão de oportunidades** — Novas experiências e contatos podem abrir caminhos inesperados.
- **Adaptabilidade** — O mundo muda rápido. Quem se adapta melhor, prospera.

Exemplo Prático: *Tinha pavor de falar em público. Evitava sempre. Um dia, aceitei fazer uma apresentação. Estava nervoso, cometi erros, mas recebi elogios. Descobri que a única forma de superar o medo é enfrentando-o.*

Exercício Prático: Escreva algo que você sempre quis fazer, mas evitou por medo ou insegurança. Qual é o primeiro pequeno passo que você pode dar para enfrentá-lo?

COMO RECONHECER QUANDO VOCÊ ESTÁ PRESO NA ZONA DE CONFORTO?

Muitas vezes, nem percebemos que estamos presos à nossa rotina.
Aqui vão alguns sinais de alerta:

- Você repete sempre as mesmas atividades, sem variações.
- Evita desafios por medo de fracassar.
- Sente-se entediado ou insatisfeito, mas continua adiando uma mudança.

Exemplo Prático: *Durante anos, dizia que aprenderia um novo idioma, mas nunca começava. Não era falta de tempo — era medo de me sentir inadequado. Depois, comecei com dez minutos por dia e descobri que bastava pouco para avançar.*

Exercício Prático: Faça uma lista de coisas que você sempre quis fazer, mas adiou. Qual é o verdadeiro motivo por trás de cada adiamento?

ESTRATÉGIAS PRÁTICAS PARA SAIR DA ZONA DE CONFORTO

Você não precisa mudar toda a sua vida de uma vez. O segredo está nos pequenos passos constantes.

Maneiras de expandir sua zona de conforto:

- **Experimente algo novo toda semana** — Um novo hobby, um caminho diferente para o trabalho, uma nova amizade.
- **Cerque-se de pessoas que te desafiam** — Quem te incentiva a crescer será seu melhor aliado.
- **Aceite o fracasso como parte do processo** — Cada erro é um passo à frente, não para trás.

Exemplo Prático: *Evitava conversar com estranhos. Depois, comecei com pequenos passos: trocando palavras com o barista, fazendo uma pergunta para um desconhecido na academia. Hoje, consigo interagir com mais naturalidade e confiança.*

Exercício Prático: Escreva três atividades fora da sua rotina e comprometa-se a realizar pelo menos uma delas esta semana.

O PAPEL DA MENTALIDADE NA TRANSIÇÃO PARA FORA DA ZONA DE CONFORTO

A forma como percebemos a mudança determina nosso nível de sucesso. Se enxergamos o sucesso como uma ameaça, ficamos paralisados. Se o vemos como uma oportunidade, evoluímos.

Mentalidades para desenvolver:

- **Mentalidade de crescimento** — Cada desafio é uma chance de aprender.
- **Resiliência** — O desconforto inicial é normal. Aceite e siga em frente.
- **Abertura ao risco** — Fracassar não é o fim, é parte da jornada.

Exemplo Prático: *Achava que não tinha talento para negócios... até tentar. Fracassei várias vezes, mas cada experiência me ensinou algo valioso.*

Exercício Prático: Toda vez que sentir resistência mental à mudança, escreva um pensamento alternativo positivo.

SUCESSO COMO RESULTADO DA AÇÃO FORA DA ZONA DE CONFORTO

Pessoas bem-sucedidas aceitaram o risco e a incerteza.
O que elas têm em comum:

- Começaram mesmo sem se sentirem 100% prontas.
- Aprenderam a lidar com críticas e fracassos.
- Aceitaram se expor e descobriram novas oportunidades.

Exemplo Prático: *J.K. Rowling escreveu Harry Potter enquanto enfrentava dificuldades financeiras e inúmeros rejeições de editoras. Se o medo tivesse vencido, talvez o mundo nunca conhecesse uma das histórias mais icônicas de todos os tempos.*

Exercício Prático: Escreva o nome de uma pessoa que você admira e analise como ela superou sua zona de conforto para alcançar o sucesso.

Sair da zona de conforto não é se jogar no vazio sem paraquedas — é aceitar novos desafios e enfrentá-los com coragem.
Cada vez que superamos um limite, expandimos nosso potencial e abrimos portas para novas oportunidades.

Lembre-se: O crescimento começa onde termina sua zona de conforto. A mudança pode dar medo — mas o medo é só um sinal de que você está no caminho certo.

A CONSTÂNCIA: O VERDADEIRO SEGREDO DO SUCESSO

Sucesso nunca é fruto do acaso ou de um único momento brilhante. É resultado de um esforço constante — pequenos passos diários, mesmo quando ninguém está assistindo. Aprendi essa lição com o tempo, depois de ver pessoas talentosas desperdiçarem seu potencial por esperar resultados imediatos. Também vi pessoas aparentemente "comuns" alcançarem feitos incríveis, simplesmente porque nunca desistiram.

Muitos acreditam que sucesso depende de talento ou sorte. Na verdade, talento sem disciplina não leva longe, enquanto constância, mesmo sem dons extraordinários, pode levar a resultados extraordinários.

Por que a constância é a chave do sucesso?

- **Supera a motivação passageira** — O entusiasmo inicial passa, mas a disciplina sustenta o progresso.
- **Gera melhoria contínua** — Pequenos esforços diários resultam em grandes conquistas com o tempo.
- **Constrói confiança e credibilidade** — Pessoas constantes são vistas como confiáveis.

Exemplo Prático: *Quando comecei a escrever meu primeiro livro, estava cheio de energia. Um mês depois, a motivação caiu. Pensei em desistir, mas me comprometi a escrever pelo menos 500 palavras por dia. Um ano depois, o livro estava pronto. Não foi talento — foi constância.*

Exercício Prático: Escolha uma habilidade ou meta que deseja melhorar e defina uma ação diária para avançar.

COMO CRIAR O HÁBITO DA CONSTÂNCIA

Constância não é talento; é hábito. E, como qualquer hábito, se constrói com tempo e repetição.

Passos para desenvolver constância:

- **Comece com pequenos passos** — Melhor fazer pouco todo dia do que muito uma vez por mês.
- **Crie uma rotina** — Associe a atividade a um horário específico.
- **Elimine distrações** — Escolha um ambiente que favoreça o foco.

- **Acompanhe seu progresso** — Ver resultados mantém a motivação.

Exemplo Prático: *Sempre dizia que não tinha tempo para ler. Então decidi separar 30 minutos por dia para isso, sem esperar o momento ideal. Depois de seis meses, li vários livros e me senti mais enriquecido. Tudo o que faltava era constância.*

Exercício Prático: Escolha um hábito que deseja desenvolver e determine um horário fixo do dia para praticá-lo sem interrupções.

COMO SUPERAR OS MOMENTOS DIFÍCEIS

Mesmo com disciplina, haverá dias em que você vai querer desistir.

A diferença entre quem chega lá e quem desiste é seguir em frente, apesar das dificuldades.

Estratégias para manter a constância nos momentos difíceis:

- **Lembre-se por que começou** — Reconecte-se com sua visão inicial.
- **Adapte sua abordagem** — Se um método não funciona, mude. Mas não pare.
- **Busque apoio** — Cerque-se de pessoas que te incentivem e te mantenham responsável.
- **Aceite os dias ruins** — Mesmo sem estar no seu melhor, fazer algo é melhor que nada.

Exemplo Prático: *Ao iniciar meu primeiro negócio, houve momentos em que tudo parecia dar errado. Poderia ter desistido, mas me concentrei em pequenos passos diários. No fim, aquela constância me levou ao sucesso.*

Exercício Prático: Crie um plano para lidar com as dificuldades ligadas a uma meta que você está buscando.

O SUCESSO É A SOMA DE PEQUENAS AÇÕES REPETIDAS

Muitas pessoas desistem dos próprios sonhos porque querem resultados imediatos. No entanto, os verdadeiros sucessos são construídos com o tempo.

Exemplos de sucesso graças à constância:

- Atletas de alto nível treinam todos os dias, mesmo quando não estão com vontade.
- Empreendedores de sucesso melhoram seus produtos e estratégias dia após dia.
- Quem atinge a liberdade financeira o faz investindo com constância, não com golpes de sorte.

Exemplo Prático: *Warren Buffett não se tornou bilionário com um único investimento de sorte. Ele construiu sua riqueza com disciplina e investimentos consistentes ao longo do tempo.*

Exercício Prático: Escreva um objetivo de longo prazo e identifique as ações diárias ou semanais necessárias para alcançá-lo.

A CONSTÂNCIA COMO VANTAGEM COMPETITIVA

Vivemos em um mundo onde muitas pessoas começam algo com entusiasmo e desistem pouco tempo depois. Ser constante te tornará automaticamente diferente e mais competitivo do que a maioria.

Como usar a constância como vantagem?

- **Continue mesmo quando os outros desistirem** – A persistência te levará mais longe.
- **Torne-se uma pessoa em quem os outros podem confiar** – Isso fortalece sua reputação.
- **Demonstre confiabilidade e disciplina** – As oportunidades vêm para quem demonstra comprometimento constante.

Exemplo Prático: *Muitos criam um blog ou canal no YouTube e o abandonam após alguns meses. Quem persiste por anos constrói um público de verdade e alcança o sucesso.*

Exercício Prático: Identifique uma área da sua vida onde você pode se destacar simplesmente sendo mais constante do que os outros.

O segredo do sucesso não é começar com entusiasmo, mas continuar mesmo quando ele desaparece. A constância é o que te permite alcançar objetivos, desenvolver novas habilidades e superar a concorrência.

Lembre-se: Não vence a corrida quem corre mais rápido, mas quem continua correndo até o fim.

A AÇÃO: A CHAVE QUE TRANSFORMA SONHOS EM REALIDADE

Ideias sozinhas não bastam. Conheci pessoas com ideias brilhantes, capazes de revolucionar um setor inteiro, mas que nunca realizaram nada. Por quê? Porque nunca agiram. Passavam o tempo planejando, pensando, aperfeiçoando detalhes, esperando o momento perfeito para começar.

O problema é que esse momento perfeito não existe.

O sucesso não acontece de repente – é o resultado da ação constante. Até o projeto mais genial continua sendo apenas uma ideia se não for colocado em prática. Vamos ver agora como vencer a inércia, desenvolver o hábito da ação e enfrentar o medo de errar.

A AÇÃO É MAIS IMPORTANTE QUE A PERFEIÇÃO

Muitos adiam a ação porque querem estar perfeitos antes de começar. Aprendi da forma difícil que a ação é o verdadeiro motor do progresso.

Por que agir logo:

- **A ação traz experiência** – Você não aprende a nadar lendo um livro, tem que entrar na água.
- **A perfeição é uma ilusão** – Esperar estar 100% pronto geralmente significa nunca começar.
- **Fazer é melhor que pensar demais** – O sucesso vem para quem experimenta, erra e melhora no caminho.

Exemplo Prático: *Quando decidi abrir meu primeiro negócio, não tinha todas as respostas. Mas sabia que, se não começasse, ficaria parado. Então lancei o projeto, errei, corrigi, melhorei. Se tivesse esperado pelo plano perfeito, ainda estaria só planejando.*

Exercício Prático: Escolha um objetivo que você tem adiado há muito tempo e dê o primeiro passo hoje. Mesmo que pequeno – mas faça.

SUPERANDO O MEDO DE ERRAR

O maior erro que você pode cometer é não fazer nada por medo de errar. O fracasso não é o fim, mas uma lição valiosa que te aproxima do sucesso.

Como enfrentar o medo de agir:

- **Aceite que os erros fazem parte do caminho** – Todo sucesso é construído sobre fracassos superados.
- **Comece com pequenas ações** – Não precisa dar passos enormes, apenas comece com algo manejável.
- **Mude sua visão sobre o fracasso** – Ele não é uma derrota, mas um passo necessário para melhorar.

Exemplo Prático: *Quando decidi dirigir meu primeiro filme, estava cheio de dúvidas. E se não ficasse bom? E se ninguém gostasse do meu trabalho? Adiei por muito tempo, esperando o orçamento perfeito, o equipamento ideal, o elenco dos sonhos. No fim, me disse: 'Melhor filmar algo imperfeito do que não filmar nada'. Esse primeiro passo foi essencial para transformar uma ideia em realidade.*

Exercício Prático: Escreva um erro que você cometeu no passado e identifique o que aprendeu com ele.

DA INTENÇÃO À AÇÃO: COMO CRIAR UM PLANO EXECUTIVO

Ter um objetivo é essencial, mas sem um plano claro, você corre o risco de ficar paralisado. A ação eficaz nasce de uma estratégia concreta.

Dicas para transformar uma ideia em ação:

- **Defina seu objetivo com clareza** – Quanto mais específico, mais fácil de alcançar.
- **Divida o objetivo em pequenos passos** – Uma grande meta pode parecer impossível, mas pequenos passos a tornam viável.
- **Estabeleça prazos** – Sem uma data limite, você vai adiar indefinidamente.
- **Comece agora com uma tarefa inicial** – Algo simples, para gerar impulso.

Exemplo Prático: *Queria abrir um negócio online, mas continuava adiando. Então decidi dividir o processo: no primeiro dia comprei o domínio, no segundo criei o logo, no terceiro rascunhei o site. Depois de um mês, estava no ar.*

Exercício Prático: Escreva um objetivo importante para você e divida em cinco passos simples que você pode começar agora.

CONSTRUINDO O HÁBITO DA AÇÃO

A ação deve se tornar um hábito, não uma exceção. Quanto mais você age, mais natural se torna agir sem hesitação.

Estratégias para desenvolver o hábito da ação:

- **Faça algo todos os dias, mesmo pequeno** – O importante é não parar.
- **Elimine as desculpas** – Encontre sempre um motivo para agir, não para adiar.
- **Desenvolva uma mentalidade voltada para soluções** – Em vez de focar nos problemas, concentre-se em como superá-los.

Exemplo Prático: *Quando queria melhorar minha forma física, sempre arrumava desculpas. Depois decidi começar com 20 minutos de exercício por dia. Parecia pouco, mas esse pequeno hábito mudou tudo.*

Exercício Prático: Identifique uma atividade que você quer transformar em hábito e defina uma pequena ação diária para começar.

A AÇÃO COMO DIFERENÇA ENTRE QUEM ALCANÇA O SUCESSO E QUEM NÃO

Muitas pessoas têm grandes sonhos, mas poucas agem para realizá-los.

A diferença entre quem tem sucesso e quem fica para trás é simplesmente essa: um age, o outro não.

Vale lembrar as características das pessoas bem-sucedidas:

- Agem antes de se sentirem prontas.
- Sabem que a melhora acontece ao longo do caminho.
- Transformam cada erro em uma oportunidade de crescimento.

Exemplo Prático: *Muitos queriam criar um canal no YouTube, mas esperaram demais. Outros começaram com vídeos ruins, melhorando ao longo do tempo. Hoje estão entre os maiores criadores de conteúdo do mundo e ganham somas significativas de dinheiro.*

Exercício Prático: Escreva três ações que você pode realizar hoje para se aproximar dos seus objetivos.

O sucesso não vem para quem tem as melhores ideias, mas para quem age com constância e determinação. Agir significa superar o medo, aceitar o fracasso e se aprimorar continuamente.

Lembre-se: A ação é a chave que transforma sonhos em realidade. Pare de esperar o momento perfeito e comece agora.

A REFLEXÃO: O SEGREDO PARA CRESCER E EVOLUIR

No mundo acelerado de hoje, muitas vezes somos levados a correr de um objetivo ao outro sem parar para refletir. No entanto, sem reflexão não há crescimento real, pois corremos o risco de repetir os mesmos erros e perder a direção.

A reflexão é o que transforma a experiência em sabedoria. Não é apenas um exercício de memória, mas um hábito estratégico que permite analisar o próprio caminho, avaliar sucessos e fracassos, e promover melhorias constantes.

POR QUE A REFLEXÃO É ESSENCIAL PARA O SUCESSO?

Muitas pessoas trabalham duro, mas nunca param para avaliar se estão indo na direção certa.

Benefícios da reflexão:

- **Melhora o processo de decisão** – Entender o que funcionou no passado ajuda a tomar decisões melhores no futuro.
- **Aumenta o autoconhecimento** – Refletir sobre emoções, reações e comportamentos ajuda a se conhecer melhor.
- **Evita erros repetidos** – Sem reflexão, tendemos a cometer os mesmos erros várias vezes.
- **Ajuda a manter o foco nos objetivos** – Analisar o progresso ajuda a manter o rumo certo.

Exemplo Prático: *Depois de escrever meu primeiro roteiro, percebi como era fundamental revisar cada etapa do processo. Analisei o que funcionava na* *história e o que podia ser melhorado – da estrutura narrativa ao ritmo dos diálogos. Essa reflexão me permitiu encarar projetos futuros com mais consciência e segurança.*

Exercício Prático: Reserve cinco minutos no fim do dia para escrever algo que você fez bem e algo que poderia melhorar.

COMO PRATICAR A REFLEXÃO DE FORMA EFICAZ

Não basta apenas pensar sobre o passado: a reflexão precisa ser estruturada para trazer resultados concretos.

Técnicas para refletir com método:

- **Escrever um diário de reflexão** – Anotar conquistas, dificuldades e lições aprendidas ajuda a organizar os pensamentos.
- **Fazer perguntas direcionadas** – Pergunte-se: O que aprendi hoje? O que poderia ter feito melhor?
- **Usar a regra dos três passos** – 1) Analise um evento, 2) Encontre a lição, 3) Decida como aplicá-la no futuro.
- **Criar momentos de silêncio** – Reservar um tempo sem distrações ajuda a trazer clareza mental.

Exercício Prático: Toda semana, escreva três coisas que você aprendeu e como pode aplicá-las no futuro.

A REFLEXÃO COMO FERRAMENTA DE CRESCIMENTO PESSOAL

A reflexão não serve apenas para melhorar o trabalho, mas também nossa mentalidade e bem-estar.

Como usar a reflexão para o crescimento pessoal:

- **Analisar as próprias emoções** – Compreender nossas reações ajuda a melhorar o gerenciamento do estresse e das relações.

- **Identificar padrões repetitivos** – Se um problema aparece com frequência, a reflexão ajuda a encontrar soluções mais eficazes.
- **Tomar decisões mais conscientes** – Quanto mais refletimos sobre nossas experiências, mais desenvolvemos a sabedoria para decidir melhor.

Exemplo Prático: *Se percebo que sempre que lidero uma equipe acabo sendo perfeccionista demais e querendo controlar tudo, posso refletir sobre como dar mais autonomia aos colaboradores para obter melhores resultados.*

Exercício Prático: Toda noite, escreva um momento do dia em que você sentiu uma emoção forte e analise o que a desencadeou.

EVITANDO A AUTOANÁLISE PARALISANTE

A reflexão só é útil se leva a ações concretas – caso contrário, pode se tornar um obstáculo. Pensar demais pode paralisar.
Como evitar cair na armadilha do overthinking:

- **Defina um tempo limite para refletir** – Ficar pensando demais sobre um erro sem agir não leva a nada.
- **Foque em soluções, não apenas nos problemas** – A reflexão deve gerar melhorias práticas.
- **Aceite que nem tudo tem uma resposta imediata** – Algumas lições são aprendidas com o tempo.

Exemplo Prático: *Depois de um erro no set de filmagem, em vez de ficar dias remoendo, perguntei a mim mesmo: 'O que posso fazer agora para evitar isso na próxima vez?' Essa abordagem me permitiu transformar erros em ferramentas de crescimento.*

Exercício Prático: Se você perceber que está pensando demais em um problema, escreva três ações práticas que pode tomar para enfrentá-lo.

CRIANDO UM HÁBITO DE REFLEXÃO CONSTANTE

Para obter o máximo dos benefícios da reflexão, é preciso torná-la um hábito regular.

Como integrar a reflexão na vida diária:

- Use um diário ou nota digital para registrar pensamentos e progressos.
- Reflita todo fim de semana sobre os sucessos e desafios enfrentados.
- Compartilhe suas reflexões com alguém de confiança para obter novas perspectivas.

Exemplo Prático: *Todo domingo à noite, dedico 10 minutos para escrever o que aprendi durante a semana e o que quero melhorar na próxima. Esse simples exercício me ajudou a crescer tanto pessoal quanto profissionalmente.*

Exercício Prático: Programe um lembrete diário para reservar alguns minutos para sua reflexão pessoal.

A reflexão é uma ferramenta poderosa de crescimento que transforma experiências e erros em oportunidades de melhoria. Quem reflete de forma estratégica tem vantagem sobre quem segue em frente sem analisar o próprio caminho.

Lembre-se: A verdadeira mudança acontece quando aprendemos com nossas experiências. Reflita, aprenda e melhore constantemente.

INOVAÇÃO: O SEGREDO PARA SE DESTACAR E CRESCER

Em um mundo em constante evolução, a inovação é o que diferencia quem se adapta e cresce de quem fica para trás. Não basta seguir as regras do jogo: é preciso reescrevê-las.

Inovar não significa apenas inventar algo totalmente novo, mas encontrar maneiras melhores, mais eficientes e criativas de fazer as coisas. Quem inova não segue os outros – cria novos caminhos, novas soluções e novas oportunidades.

O mundo está sempre mudando. Se você não inova, corre o risco de ficar para trás.

Por que é fundamental inovar?

- **Te diferencia da concorrência** – Se você faz o que todos fazem, terá os mesmos resultados de todos.
- **Permite resolver problemas de forma mais eficaz** – A inovação encontra novas soluções para problemas antigos.
- **Ajuda a aproveitar oportunidades antes dos outros** – As melhores oportunidades surgem para quem está pronto para mudar.

Exemplo Prático: *Quando escrevi meu primeiro roteiro, percebi que minha ideia não se encaixava nos padrões tradicionais do setor. Em vez de me desanimar, adotei uma abordagem inovadora, focando em uma narrativa mais visual e menos convencional. Para testar a eficácia da escolha, organizei uma leitura com amigos e colegas, coletando feedback valioso para aprimorar a história. Resultado? Um roteiro com estilo único que chamou a atenção de produtores e abriu novas portas para mim no setor.*

Exercício Prático: Identifique uma área da sua vida ou do seu trabalho onde você poderia aplicar uma abordagem mais inovadora.

COMO DESENVOLVER UMA MENTALIDADE INOVADORA

A inovação não é só para empreendedores ou cientistas – qualquer pessoa pode desenvolver uma mentalidade criativa e aberta à mudança.

Características de uma pessoa inovadora:

- **Curiosidade infinita** – Sempre se pergunte: "Por que fazemos assim?" e "Como poderíamos fazer melhor?"

- **Abertura ao novo** – Quem rejeita o novo fica preso ao passado.
- **Experimentação constante** – Não tenha medo de tentar coisas novas.
- **Capacidade de conectar ideias diferentes** – As melhores inovações surgem da mistura de conceitos de áreas distintas.

Exemplo Prático: *Quando trabalhei no meu primeiro filme, tinha um orçamento muito limitado, mas encontrei formas inovadoras de filmar cenas espetaculares com poucos recursos. Testei novas técnicas de filmagem, usei luz natural e encontrei locações inusitadas que deram um caráter único ao filme.*

Exercício Prático: Todos os dias, desafie-se a encontrar uma maneira melhor ou mais eficiente de fazer algo na sua rotina.

INOVAÇÃO PRÁTICA: COMO APLICÁ-LA NA VIDA E NOS NEGÓCIOS

Inovação não é apenas teoria: precisa ser aplicada de forma concreta para gerar resultados.

Onde aplicar a inovação?

- **No trabalho** – Automatize tarefas repetitivas, use novas ferramentas digitais, encontre formas mais eficazes de gerenciar o tempo.
- **Nos negócios** – Analise o que os concorrentes estão fazendo e pense em maneiras de fazer melhor ou de forma diferente.
- **Na vida pessoal** – Mude hábitos, encontre novos métodos para ser mais produtivo, explore novas ideias.

Exemplo Prático: *Quando criei uma campanha publicitária para um cliente importante que queria se destacar, decidi quebrar os padrões tradicionais. Em vez de criar um anúncio convencional, imprimi a propaganda de página inteira de cabeça para baixo em uma das revistas que produzia. Isso gerou curiosidade nos leitores, que viravam fisicamente a revista para entender se era um erro. O resultado? A publicidade recebeu muito mais* *atenção do que os anúncios tradicionais, provando que um toque de inovação pode fazer toda a diferença.*

Exercício Prático: Escolha uma área da sua vida ou do seu trabalho em que deseja obter melhorias e escreva três formas de inovar nesse contexto.

SUPERANDO O MEDO DA MUDANÇA

Muitas pessoas resistem à inovação por medo da mudança ou do fracasso.
Como superar o medo de inovar?

- **Aceite que o erro faz parte do processo** – Toda inovação nasce de tentativas e erros.
- **Não espere a perfeição para agir** – A inovação exige experimentação constante.
- **Cerque-se de pessoas abertas à mudança** – As influências certas favorecem a criatividade.

Exercício Prático: Identifique uma situação em que você evitou a mudança por medo e escreva uma ação que pode tomar para enfrentá-la.

CRIANDO UMA VANTAGEM COMPETITIVA COM INOVAÇÃO

As pessoas e empresas mais bem-sucedidas são aquelas que inovam constantemente.

- A Amazon revolucionou o e-commerce com logística avançada.
- A Tesla transformou a indústria automobilística apostando nos carros elétricos antes dos concorrentes.
- Steve Jobs inovou na tecnologia de consumo ao transformar o telefone em um ecossistema digital.

Como usar a inovação para se destacar?

- Observe o mercado e identifique pontos de melhoria.
- Estude o que empresas de sucesso estão fazendo e adapte suas estratégias ao seu contexto.
- Esteja sempre em busca de novas oportunidades, sem medo de experimentar.

Exercício Prático: Escreva uma ideia inovadora que você poderia aplicar no seu trabalho ou em um projeto pessoal.

A inovação não é um luxo, mas uma necessidade para quem quer se destacar e ter sucesso. Não é preciso ser um gênio para inovar: basta ser curioso, aberto ao novo e disposto a testar.

Lembre-se: Não se limite a seguir as regras do jogo. Crie novas regras e transforme suas ideias em realidade.

SOLUÇÃO DE PROBLEMAS: A CHAVE PARA SUPERAR OS DESAFIOS

A vida e o trabalho são cheios de desafios. O sucesso não depende da ausência de problemas, mas da capacidade de enfrentá-los com eficácia. A solução de problemas é uma habilidade essencial que distingue as pessoas de sucesso daquelas que se paralisam diante das dificuldades.

Desenvolver uma abordagem estratégica para resolver problemas permite transformar obstáculos em oportunidades, tomar melhores decisões e superar situações difíceis com confiança e clareza.

A SOLUÇÃO DE PROBLEMAS COMO MENTALIDADE DE SUCESSO

Muitas pessoas veem os problemas como obstáculos intransponíveis. Já quem tem sucesso os encara como desafios a serem resolvidos com criatividade e lógica.

Como mudar sua forma de ver os problemas?

- **Veja o problema como uma oportunidade de crescimento** – Toda dificuldade ensina algo novo.
- **Desenvolva uma mentalidade voltada para soluções** – Foque no que você pode fazer, e não no que está fora do seu controle.
- **Não se deixe dominar pela emoção** – Enfrente os problemas com lógica e calma, sem se deixar levar pelo estresse.

Exemplo Prático: *Muitas vezes, ao escrever um roteiro, me deparo com um problema aparentemente simples, mas complexo: como tornar a história original e envolvente sem um orçamento alto. Em vez de me desanimar, uso as limitações como oportunidade. Escolho poucos cenários, foco em diálogos intensos e na construção da tensão. No fim, isso torna o roteiro muito mais forte e impactante.*

Exercício Prático: Pense em um problema recente e escreva o que você pode aprender com ele para o futuro.

COMO RESOLVER UM PROBLEMA

Resolver problemas não é apenas improvisar: seguir um método claro ajuda a encontrar soluções eficazes.

5 passos para resolver qualquer problema:

1. **Defina o problema** – Qual é a verdadeira causa?
2. **Analise as opções** – Quais soluções possíveis existem?
3. **Avalie riscos e benefícios** – Qual é a mais eficaz e viável?
4. **Aja rapidamente** – Uma boa solução hoje vale mais do que a perfeita amanhã.
5. **Avalie os resultados** – Funcionou? O que pode ser melhorado na próxima vez?

Exemplo Prático: *Se meu negócio está perdendo clientes, posso analisar o feedback, identificar o problema (preço, qualidade, atendimento) e testar estra-*

tégias para recuperá-los. Por exemplo, oferecer um serviço personalizado ou melhorar a comunicação com os clientes.

Exercício Prático: Aplique esses 5 passos a um problema atual que você esteja enfrentando.

PENSAMENTO CRÍTICO VS. PENSAMENTO CRIATIVO NA SOLUÇÃO DE PROBLEMAS

Existem dois principais caminhos para resolver problemas: o pensamento crítico e o pensamento criativo.

Pensamento Crítico:

- Analisa dados e fatos com lógica.
- Avalia prós e contras de forma racional.
- Elimina opções inviáveis e foca em soluções práticas.

Pensamento Criativo:

- Encontra soluções fora do comum.
- Experimenta abordagens inovadoras.
- Usa a intuição e o brainstorming para gerar novas ideias.

Exemplo Prático: *Se um restaurante está com poucos clientes, o pensamento crítico pode analisar o preço e a qualidade do serviço. Já o pensamento criativo pode sugerir um cardápio temático ou eventos especiais para atrair mais público.*

Exercício Prático: Escolha um problema e tente aplicar tanto o pensamento crítico quanto o criativo para gerar soluções diferentes.

COMO SUPERAR DIFICULDADES NA SOLUÇÃO DE PROBLEMAS

Às vezes, mesmo com o melhor método, os problemas parecem impossíveis de resolver. Veja como enfrentar os obstáculos mais comuns.

Estratégias para superar bloqueios:

- **Divida o problema em partes menores** – Resolver aos poucos o torna menos assustador.
- **Mude a perspectiva** – Pergunte-se: "Como alguém de sucesso lidaria com essa situação?"
- **Peça ajuda ou feedback externo** – Um novo ponto de vista pode desbloquear uma solução.
- **Evite a procrastinação** – Adiar não elimina o problema, só o agrava.

Exemplo Prático: *Quando estava produzindo uma campanha publicitária, tive problemas com a logística: o local das filmagens ficou indisponível de última hora. Em vez de entrar em pânico, contatei outras opções, revisei o plano de produção e encontrei uma solução em tempo recorde. O resultado? Um comercial bem-sucedido, apesar das dificuldades.*

Exercício Prático: Escreva um problema complexo e divida-o em 3 a 5 microproblemas mais fáceis de resolver.

A SOLUÇÃO DE PROBLEMAS COMO VANTAGEM COMPETITIVA

No mundo do trabalho e do empreendedorismo, as pessoas mais valorizadas são aquelas que sabem resolver problemas.

Por que ser um solucionador de problemas te torna mais competitivo?

- Empresas querem pessoas que tragam soluções, não reclamações.

- Quem sabe resolver problemas se adapta melhor às mudanças do mercado.
- A solução de problemas é a base da inovação e da liderança.

Exemplo Prático: *Steve Jobs enfrentou o problema das interfaces complicadas nos computadores. Numa época em que os PCs eram difíceis de usar, ele lançou o Macintosh com interface gráfica intuitiva e mouse, revolucionando a indústria e tornando os computadores acessíveis a todos.*

Exercício Prático: Identifique um problema na sua empresa ou setor e escreva uma possível solução inovadora.

A Solução de Problemas é Uma das Habilidades Mais Poderosas Que Você Pode Desenvolver. Quem busca soluções em vez de reclamar sempre terá vantagem sobre os outros.

Lembre-se: Não existem problemas sem solução – apenas problemas que ainda não foram analisados com a abordagem certa.

EM RESUMO

Exploramos os fundamentos essenciais para alcançar o sucesso na vida. A paixão, a saída da zona de conforto, a constância, a ação, a reflexão, a inovação e a solução de problemas são ferramentas poderosas que você pode usar para transformar seus sonhos em realidade. Lembre-se de que o sucesso exige comprometimento, determinação e uma mentalidade aberta à mudança. Esteja pronto para sair da sua zona de conforto, enfrentar os desafios com coragem e inovar constantemente.

Com essas ferramentas ao seu lado, você será capaz de superar qualquer obstáculo e alcançar o sucesso que merece em sua vida.

4 COMO CONSTRUIR UMA CARREIRA

Vamos explorar como superar o medo de pedir, a importância das relações públicas e como transformar oportunidades em lucro. Ao aprender essas habilidades fundamentais, você será capaz de aproveitar ao máximo cada oportunidade que surgir na sua vida.

Muitas pessoas desistem de seus sonhos não por falta de talento ou capacidade, mas porque não têm coragem de pedir. Muitas vezes, somos bloqueados pelo medo da rejeição, da humilhação ou do julgamento alheio. No entanto, pedir é o primeiro passo para conseguir.

Pessoas bem-sucedidas não esperam que as oportunidades caiam do céu: elas as procuram ativamente, fazendo perguntas, pedindo ajuda, negociando condições e criando conexões.

POR QUE PEDIR É FUNDAMENTAL PARA O SUCESSO

Se você não pedir, não vai conseguir.

Por que é essencial aprender a pedir?

- **Abre novas oportunidades** – Muitas portas só se abrem para quem tem coragem de bater.

- **Permite obter apoio e recursos** – Ninguém chega longe totalmente sozinho.
- **Ajuda a negociar melhores condições** – Pedir pode garantir vantagens que, de outra forma, seriam perdidas.
- **Demonstra autoconfiança** – As pessoas respeitam quem sabe expressar suas necessidades com clareza.

Exemplo Prático: *Quando decidi abrir minha primeira empresa de serviços, tinha uma ótima ideia, mas faltava capital. Em vez de deixar isso me parar, pedi ajuda. Meus pais foram os primeiros a me apoiar, mas logo consegui apoio também de colegas do setor, tanto na Itália quanto no exterior, de Roma a Nova York. Além disso, consegui equipamentos emprestados essenciais para iniciar as operações. Se eu não tivesse tido coragem de pedir, meu negócio nunca teria saído do papel.*

Exercício Prático: Escreva três coisas que você gostaria de conquistar e identifique uma pessoa ou contexto em que você poderia pedir por elas.

COMO SUPERAR O MEDO DA REJEIÇÃO

O medo de pedir geralmente vem do receio de receber um "não". Mas a rejeição não é um fracasso – é apenas uma resposta.

- **Aceite que o "não" faz parte do processo** – Cada "não" te aproxima de um "sim".
- **Não leve para o lado pessoal** – Um "não" não define o seu valor.
- **Veja a rejeição como uma lição** – Use cada negativa para melhorar sua próxima abordagem.
- **Pratique pedindo coisas pequenas** – Comece com pedidos simples para ganhar confiança.

Exemplo Prático: *Quando comecei a trabalhar com produção cinematográfica, precisei contatar empresas e patrocinadores em busca de financiamento. No início, cada 'não' parecia devastador. Mas depois percebi que cada* *negativa me ajudava a melhorar: refinava meu pitch, ajustava meu pedido e aprendia a me apresentar com mais convicção. No fim, foram esses 'nãos' que me tornaram mais forte e determinado.*

Exercício Prático: Escreva um episódio em que você evitou fazer um pedido por medo da rejeição e reflita sobre como poderia ter agido de forma diferente.

A ARTE DE PEDIR COM EFICIÊNCIA

Pedir não significa apenas dizer "quero isso". É preciso saber como fazer isso da maneira certa para aumentar as chances de conseguir o que se deseja.

Como fazer pedidos eficazes:

- **Seja claro e específico** – Ninguém lê mentes. Explique exatamente o que você quer.
- **Mostre o valor** – Explique por que seu pedido também é vantajoso para o outro.
- **Peça com confiança** – O modo como você pede influencia na resposta: seja direto e seguro.
- **Esteja preparado para um "não" e saiba reagir** – Pergunte se existem alternativas viáveis.

Exemplo Prático: *Durante a produção de um filme, o diretor precisava filmar em um local exclusivo. Em vez de apenas pedir uma autorização padrão, preparei uma proposta mostrando como a produção traria visibilidade ao local e ofereci retorno de imagem para a marca. O resultado? Conseguimos usar o espaço gratuitamente em troca de algumas cenas promocionais.*

Exercício Prático: Escreva um pedido que você gostaria de fazer e reformule-o de forma mais clara e convincente.

ONDE E QUANDO PEDIR PARA MAXIMIZAR SUAS CHANCES

O momento e o contexto em que você faz um pedido podem influenciar bastante o resultado.

- **Escolha o momento certo** – Um pedido feito na hora errada pode ser ignorado ou recusado.
- **Identifique a pessoa certa** – Fale com quem realmente pode te ajudar.
- **Use o tom e a linguagem adequados** – Adapte sua abordagem ao interlocutor e à situação.

Exemplo Prático: *Certa vez, queria apresentar uma ideia a um grande produtor, mas sabia que ele recebia dezenas de propostas por dia. Estudei o melhor momento para abordá-lo e decidi escrever após um evento de networking, quando ele estava mais relaxado e receptivo. Graças a essa estratégia, consegui sua atenção e uma reunião futura.*

Exercício Prático: Reflita sobre um pedido que você já fez e avalie se o momento e a pessoa eram os mais adequados.

PEDIR COMO HÁBITO: O MÉTODO DOS 100 "NÃOS"

Muitos empreendedores de sucesso utilizam o "método dos 100 nãos", uma técnica que ensina a perder o medo de pedir.
Como funciona?

- **Faça 100 pedidos** em diferentes áreas da vida (trabalho, relações, oportunidades).
- **Anote cada "não" e analise as respostas** para aprimorar sua abordagem.
- **Com o tempo, você verá que receber um "não" não é tão ruim** e começará a receber vários "sims".

Exemplo Prático: *Quando fundei minha editora, enfrentei um enorme desafio: conseguir anunciantes para minhas revistas sem ter um portfólio robusto. Em vez de desistir, entrei em contato com várias empresas pedindo literalmente 'ajuda' e oferecendo serviços publicitários inovadores, com descontos ou projetos-piloto para demonstrar meu valor. Muitos recusaram, mas alguns aceitaram, o que me permitiu construir credibilidade e ganhar experiência. Se eu tivesse parado de pedir após as primeiras recusas, minhas revistas nunca teriam existido.*

Exercício Prático: Comece hoje seu método dos 100 nãos: faça um pedido por dia e registre as respostas.

Pedir é uma habilidade que transforma vidas.

- Não tenha medo de expressar seus desejos.
- Aceite a rejeição como parte do processo.
- Pedir com confiança te aproxima do sucesso.

Lembre-se: Se você não pedir, a resposta será sempre "não". Aprenda a pedir com determinação e descubra quantas portas podem se abrir.

O PODER DAS RELAÇÕES PÚBLICAS: CONSTRUINDO CONEXÕES PARA O SUCESSO

Vivemos em um mundo onde o sucesso não depende apenas de competências e conhecimentos, mas também da qualidade dos nossos relacionamentos.

Relações públicas não são apenas uma estratégia de marketing corporativo, mas uma habilidade essencial para criar oportunidades e abrir portas que, de outro modo, permaneceriam fechadas.

Saber cultivar e gerenciar uma rede de conexões sinceras e estratégicas pode fazer toda a diferença entre uma carreira estagnada e um caminho repleto de possibilidades. Pessoas bem-sucedidas não constroem tudo sozinhas – elas sabem se conectar com as pessoas certas, na hora certa.

POR QUE RELAÇÕES PÚBLICAS SÃO FUNDAMENTAIS?

Relações certas podem abrir mais portas do que competências técnicas.
Veja por que é essencial construir uma rede sólida:

- **Acesso a oportunidades de trabalho e negócios** – Muitos negócios são feitos por feitoindicações e boca a boca.
- **Acesso a informações e recursos valiosos** – Uma boa rede permite encontrar soluções e ideias inovadoras com mais facilidade.
- **Construção de uma reputação forte** – As pessoas confiam mais em quem é conhecido e bem conectado.
- **Apoio e crescimento pessoal** – Ter bons contatos ajuda a superar momentos difíceis com conselhos e apoio de pessoas experientes.

Exemplo Prático: *Quando Jeff Bezos fundou a Amazon, ele não tinha um enorme capital inicial, mas soube construir relacionamentos estratégicos para obter financiamento e suporte logístico. Ele pediu confiança a investidores, colaboradores e parceiros comerciais, provando que uma ideia inovadora precisa de uma rede de pessoas que acreditem no projeto para prosperar. Se ele não tivesse tido coragem de pedir, talvez a Amazon nunca tivesse se tornado o gigante que é hoje.*

Exercício Prático: Faça uma lista de cinco pessoas que você admira no seu setor e pense em formas de se conectar com elas de maneira autêntica.

COMO CRIAR RELAÇÕES AUTÊNTICAS E VALIOSAS

Networking não é apenas conhecer mais pessoas, mas construir conexões reais e duradouras.

- **Ofereça antes de pedir** – Compartilhe valor, apoio ou conselhos antes de esperar algo em troca.

- **Seja genuíno e sincero** – As pessoas percebem autenticidade. Construa relacionamentos verdadeiros, não apenas oportunistas.
- **Mantenha contato** – Uma rede precisa ser nutrida: enviar uma mensagem, compartilhar um conteúdo útil ou parabenizar por conquistas fortalece os laços.
- **Participe de eventos certos** – Conferências, seminários e grupos profissionais são ótimas oportunidades para expandir sua rede.

Exemplo Prático: *Conheci um dos meus colaboradores mais importantes quase por acaso, durante um evento em que começamos a conversar sem expectativas. Não pedi nada – apenas ouvi sua perspectiva e compartilhei minha experiência. Anos depois, aquela conexão virou uma colaboração estratégica que trouxe grandes resultados.*

Exercício Prático: Escreva o nome de três pessoas com quem você gostaria de fortalecer o relacionamento e planeje uma ação para se reconectar com elas.

ESTRATÉGIAS EFICAZES DE NETWORKING

Networking eficaz não é apenas trocar cartões de visita – é construir relacionamentos úteis e mútuos.

- **Faça perguntas e ouça ativamente** – Demonstrar interesse genuíno fortalece as conexões.
- **Participe de eventos com um objetivo claro** – Saber o que você quer facilita encontrar as pessoas certas.
- **Use as redes sociais estrategicamente** – LinkedIn e grupos profissionais são ótimas ferramentas para ampliar seu network.
- **Siga a regra do 24/7/30** – Após conhecer alguém, envie uma mensagem em até 24 horas, retome o contato em até 7 dias e mantenha o relacionamento ativo pelos próximos 30 dias.

Exemplo Prático: *Sempre que participo de festivais de cinema ou mercados de filmes, em vez de apenas trocar contatos, envio mensagens personalizadas de acompanhamento para cada pessoa que conheci. Isso me permite construir relacionamentos reais que, ao longo do tempo, podem se transformar em colaborações importantes.*

Exercício Prático: Prepare uma breve apresentação pessoal de 30 segundos (elevator pitch) que você possa usar ao conhecer novas pessoas.

EVITANDO ERROS COMUNS EM RELAÇÕES PÚBLICAS

Construir um bom network exige tempo e estratégia. Evite esses erros comuns:

- **Estar interessado apenas no que pode obter** – Relacionamentos devem ser recíprocos.
- **Não manter o contato após o primeiro encontro** – Relacionamentos precisam ser cultivados.
- **Não adaptar sua mensagem ao contexto** – Falar apenas sobre si mesmo não cria conexão real.
- **Subestimar o poder da gentileza e do respeito** – As pessoas lembram de quem as trata com atenção.

Exemplo Prático: *Richard Branson, fundador da Virgin, construiu seu império não só com ideias inovadoras, mas cultivando relacionamentos estratégicos. Ele sempre manteve contato pessoal com quem conhecia, fortalecendo os laços e criando oportunidades. Sua capacidade de se conectar com parceiros, investidores e funcionários transformou a Virgin em uma marca global.*

Exercício Prático: Escreva o nome de uma pessoa que conheceu recentemente e envie uma mensagem para fortalecer essa conexão.

TRANSFORMANDO NETWORKING EM OPORTUNIDADES CONCRETAS

Um network forte não é só uma lista de contatos, mas uma rede de pessoas dispostas a colaborar.

- Identifique pessoas-chave que possam te ajudar a crescer.
- Gere valor para sua rede, compartilhando informações e conectando pessoas.
- Aproveite cada conexão como uma chance de aprendizado.
- Não espere precisar de ajuda para começar a construir relacionamentos.

Exemplo Prático: *Conexões autênticas podem mudar o rumo de uma carreira. Um colega me apresentou a um produtor que buscava alguém com o meu perfil. Esse encontro, que começou como uma simples troca de ideias, tornou-se uma colaboração decisiva na minha trajetória. Se eu não tivesse cultivado relações verdadeiras, talvez essa oportunidade nunca tivesse surgido.*

Exercício Prático: Pense em uma oportunidade que gostaria de conquistar e reflita sobre qual contato pode te ajudar a realizá-la.

Para simplificar:

- Seu network é seu capital social.
- Quanto mais conexões autênticas você cria, mais oportunidades surgem.
- Investir em relacionamentos traz benefícios duradouros em todas as áreas da vida.

Lembre-se: O sucesso raramente é uma jornada solitária. As pessoas certas ao seu lado fazem toda a diferença.

CRIAR SUAS PRÓPRIAS OPORTUNIDADES

Muita gente passa a vida esperando o momento certo, a chance perfeita ou a sorte bater na porta. Mas quem tem sucesso não espera: cria suas próprias oportunidades.

Iniciativa, criatividade e a habilidade de enxergar potencial onde outros veem apenas obstáculos são as chaves para transformar situações comuns em grandes oportunidades. O mundo pertence a quem vê oportunidades onde os outros só enxergam problemas.

O sucesso raramente é fruto do acaso. Oportunidades surgem para quem as busca ativamente.

- Pessoas de sucesso não esperaram o momento perfeito – elas o criaram.
- Toda dificuldade esconde uma oportunidade para quem está preparado.
- O primeiro passo para criar uma oportunidade é agir – sem esperar pelas condições ideais.

Exemplo Prático: *Sara Blakely, fundadora da Spanx, transformou uma ideia simples em um império bilionário. Com apenas US$ 5.000 e nenhuma experiência na indústria têxtil, ela criou um produto inovador e insistiu até conseguir uma reunião com os executivos da Neiman Marcus. Sua determinação e atitude proativa a levaram a se tornar a bilionária mais jovem do mundo segundo a Forbes.*

Exercício Prático: Escreva três situações em que você demorou demais para agir e reflita sobre como poderia tê-las transformado em oportunidades.

DESENVOLVENDO UMA MENTALIDADE PROATIVA

Oportunidades não surgem do nada – é preciso ter a mentalidade certa para reconhecê-las e aproveitá-las.

- Mude sua perspectiva: em vez de pensar "não posso", pergunte-se "como posso?".
- Mantenha-se curioso e aberto a novas possibilidades.
- Transforme problemas em oportunidades de crescimento e inovação.

Exemplo Prático: *Ingvar Kamprad, fundador da IKEA, revolucionou o setor de móveis ao identificar uma oportunidade de mercado: oferecer móveis com design a preços acessíveis. Ele introduziu o conceito de móveis desmontáveis e fáceis de transportar, tornando o design acessível para todos.*

Exercício Prático: Sempre que enfrentar um obstáculo, escreva três formas de transformá-lo em uma oportunidade.

COMO RECONHECER OPORTUNIDADES OCULTAS

As oportunidades nem sempre são óbvias – muitas vezes, vêm disfarçadas de desafios.

- Observe necessidades não atendidas no seu setor ou comunidade.
- Esteja atento às tendências emergentes e mudanças no mercado.
- Ouça as pessoas – suas frustrações e desejos podem revelar boas ideias ou novos negócios.

Exemplo Prático: *O Airbnb surgiu da ideia de dois jovens que, sem dinheiro para pagar o aluguel, alugaram um colchão inflável na sala. Eles transformaram uma dificuldade pessoal em uma oportunidade que revolucionou o setor de turismo.*

Exercício Prático: Escreva três problemas que você percebe no seu dia a dia e pense em soluções criativas para resolvê-los.

CRIANDO OPORTUNIDADES ATRAVÉS DO NETWORKING

Muitas das melhores oportunidades não vêm sozinhas – vêm das pessoas ao seu redor.

- Participe de eventos, seminários e encontros do seu setor.
- Crie conexões verdadeiras com pessoas que compartilham dos seus interesses.
- Não tenha medo de pedir: os contatos certos podem abrir grandes portas.

Exemplo Prático: *Steven Spielberg começou sua carreira invadindo os estúdios da Universal Pictures e fazendo amizade com produtores. Foi assim que ele conseguiu suas primeiras grandes oportunidades no cinema.*

Exercício Prático: Faça uma lista com cinco pessoas que poderiam ajudar no seu caminho e pense em uma forma de entrar em contato com elas.

AGIR AGORA: O MOMENTO CERTO É ESTE

O maior erro que você pode cometer é adiar. Cada dia sem ação é uma oportunidade desperdiçada.

- Não espere pelo 'momento perfeito' – ele não existe.
- Dê pequenos passos todos os dias rumo aos seus objetivos.
- Experimente, erre, aprenda e tente de novo – a ação é a chave do progresso.

Exemplo Prático: *Jeff Bezos deixou um emprego seguro para fundar a Amazon em sua garagem. Se tivesse esperado o momento perfeito, talvez hoje a gigante do e-commerce nem existisse.*

Exercício Prático: Escreva uma ação imediata que você pode fazer hoje mesmo para se aproximar de uma das suas oportunidades.

As oportunidades não aparecem do nada – você é quem precisa criá-las.

- Desenvolva uma mentalidade proativa.
- Aprenda a reconhecer oportunidades escondidas.
- Cerque-se de pessoas que impulsionam o seu crescimento.
- Não adie: aja agora.

Lembre-se: O futuro pertence a quem não espera, mas cria. Aproveite as oportunidades ao seu redor!

TRANSFORMAR OPORTUNIDADES EM LUCRO: DA IDEIA À AÇÃO

Identificar uma oportunidade é um passo fundamental, mas não basta reconhecer o potencial de uma ideia ou conexão — é preciso saber como transformá-la em um resultado concreto e lucrativo.

Muitas pessoas percebem oportunidades de crescimento e ganhos, mas não sabem como aproveitá-las. O verdadeiro sucesso acontece quando conseguimos transformar nosso networking, nossas ideias e nossos recursos em lucro real.

DA OPORTUNIDADE AO LUCRO: O PROCESSO EM 4 ETAPAS

Nem toda oportunidade leva automaticamente ao sucesso. É necessário um método para transformá-la em valor real:

1. **Identifique o valor da oportunidade** – O que a torna única? Que problema ela resolve?
2. **Defina um plano de ação** – Quais passos você deve seguir para aproveitá-la ao máximo?
3. **Monetize sua ideia ou conexão** – Qual é o modelo de negócio ou a estratégia de ganho?

4. **Meça e otimize** – Acompanhe os resultados e melhore o processo com o tempo.

Exemplo Prático: *Um fotógrafo conhece um influenciador em um evento de networking. Em vez de apenas trocar contatos, oferece uma sessão de fotos gratuita para mostrar seu trabalho. O influenciador, satisfeito, começa a recomendá-lo a outros, transformando uma conexão em um fluxo constante de clientes.*

Exercício Prático: Escolha uma oportunidade recente que você identificou e escreva os quatro passos para transformá-la em lucro.

CONHECER MUITAS PESSOAS NÃO BASTA

É essencial saber como transformar contatos em oportunidades de negócio, sem cair no oportunismo ou confundir networking profissional com amizades pessoais.

- **Construa relações estratégicas** – Foque em conexões com valor mútuo e profissional.
- **Crie uma oferta clara e valiosa** – Mostre aos seus contatos como você pode ajudá-los de forma específica.
- **Seja proativo em propor colaborações** – Não espere ser solicitado; ofereça seu valor de forma genuína.
- **Mantenha o contato** – Muitas oportunidades se concretizam após diversas interações.

Exemplo Prático: *Um empreendedor conhece um potencial cliente em um evento. No dia seguinte, envia um e-mail com uma ideia concreta de como pode ajudá-lo, oferecendo uma consultoria gratuita inicial. Essa abordagem proativa aumenta as chances de fechar negócio sem parecer interesseiro.*

Exercício Prático: Pense em três contatos profissionais recentes e escreva uma ação para transformá-los em oportunidades reais e mútuas.

ENCONTRANDO O MODELO DE MONETIZAÇÃO IDEAL

Ter uma ideia ou contato não é suficiente — é preciso saber como torná-los financeiramente viáveis.

- **Venda direta** – Ofereça produtos ou serviços pagos com base na oportunidade.
- **Parcerias estratégicas** – Encontre parceiros para desenvolver e monetizar ideias juntos.
- **Criação de valor de longo prazo** – Construa fontes de renda recorrente (assinaturas, royalties, afiliados).
- **Automatização do lucro** – Crie modelos escaláveis que funcionem sem intervenção constante.

Exemplo Prático: *Um especialista em fitness cria um curso online em vez de atender apenas clientes individuais. Isso permite escalar seu negócio e gerar renda passiva, transformando conhecimento em lucro sustentável.*

Exercício Prático: Pegue uma oportunidade que identificou e escolha um modelo de monetização para aproveitá-la ao máximo.

RESILIÊNCIA: O SEGREDO PARA SUPERAR AS DIFICULDADES

Nem toda oportunidade se transforma em lucro imediato. É aí que entram a resiliência e a adaptabilidade.

- **Aceite os fracassos como parte do processo** – Cada erro é uma chance de aprendizado.
- **Adapte sua estratégia** – Se algo não funcionar, mude de abordagem em vez de desistir.
- **Mantenha o foco nos resultados** – Disciplina e constância são fundamentais.

Exemplo Prático: *Jeff Bezos começou vendendo apenas livros na*

Amazon. Ao perceber que o modelo funcionava, expandiu a oferta. Se tivesse parado na ideia inicial, a Amazon não seria o gigante que é hoje.

Exercício Prático: Descreva um momento em que falhou ao tentar lucrar com uma oportunidade e reflita sobre o que poderia ter feito diferente.

CRIANDO UM SISTEMA CONTÍNUO DE CONVERSÃO DE OPORTUNIDADES

O sucesso não depende de uma única oportunidade, mas da capacidade de repetir o processo constantemente.

- **Crie um fluxo constante de oportunidades** – Expanda seu network e esteja sempre atento a novas possibilidades.
- **Estabeleça um sistema para monetização** – Automatize processos e crie estratégias escaláveis.
- **Aprimore continuamente seu método** – Analise os resultados e otimize com o tempo.

Exemplo Prático: *Elon Musk não parou no PayPal. Usou o capital conquistado para lançar a Tesla e a SpaceX, aplicando a mesma mentalidade empreendedora para criar novas fontes de lucro.*

Exercício Prático: Crie um checklist de ações para garantir que cada oportunidade seja aproveitada ao máximo e possa ser replicada.

Identificar uma oportunidade é só o primeiro passo. O verdadeiro sucesso está em transformá-la em lucro real.

- Desenvolva um método claro para converter oportunidades em ações.
- Monetize ideias com modelos sustentáveis.
- Não tenha medo de errar — melhore sempre.
- Crie um sistema replicável para maximizar resultados ao longo do tempo.

Lembre-se: O mundo está cheio de oportunidades, mas só quem sabe aproveitá-las de verdade colhe resultados.

EM RESUMO

Exploramos como superar o medo de pedir, a importância das relações públicas, a criação de oportunidades e sua conversão em lucro.

Lembre-se: o sucesso não acontece por acaso. Ele é fruto de esforço constante, mentalidade aberta e ações direcionadas. Não tenha medo de pedir, pois é por meio da comunicação que surgem novas possibilidades.

As relações públicas são essenciais para construir uma rede de apoio e conexões que podem abrir portas inesperadas. Não espere passivamente pelas oportunidades — seja proativo, crie, identifique e aproveite cada uma que surgir.

O verdadeiro sucesso vem da capacidade de transformar e monetizar oportunidades com determinação, disciplina e ação coerente. Lembre-se: Todo mundo tem potencial para ter sucesso, mas é preciso dedicação constante e coragem para enfrentar os desafios.

Não deixe o medo ou a insegurança te impedirem. Seja ousado, confiante e esteja disposto a se lançar. Trabalhe duro, mantenha a mente aberta e aprenda com os obstáculos que encontrar no caminho.

5 COMO CRIAR UM NEGÓCIO

Sabemos que todo grande sucesso nasce de uma ideia. No entanto, nem toda ideia está destinada a dar certo.

Muitas vezes, me entusiasmei com ideias que pareciam brilhantes, apenas para perceber depois que não havia mercado para elas, ou que eu não tinha as competências certas para executá-las. É frustrante, mas é uma etapa necessária.

Escolher a ideia certa não é apenas questão de intuição — exige paixão, experiência e uma análise concreta do mercado.

Vamos ver como avaliar e selecionar a ideia certa, reduzindo o risco de fracasso e aumentando as chances de sucesso.

A IMPORTÂNCIA DE COMEÇAR PELA SUA PAIXÃO

Fazer algo que você ama não é só mais prazeroso — isso também aumenta sua resiliência diante das dificuldades.

Perguntas para identificar sua paixão:

- Quais atividades te entusiasmam a ponto de perder a noção do tempo?

- Sobre quais assuntos você lê, estuda e se informa com facilidade?
- Se você não tivesse limitações de tempo ou dinheiro, o que estaria fazendo?

Por que a paixão é importante:

- Te motiva nos momentos difíceis.
- Te ajuda a se destacar da concorrência por meio do entusiasmo e da autenticidade.
- Te torna mais disposto a investir tempo e energia no aprendizado e no aprimoramento.

Exemplo Prático: *Steve Jobs não se limitava a criar computadores: ele era apaixonado por design, tecnologia e experiência do usuário — e combinou essas paixões para revolucionar o setor.*

Exercício Prático: Escreva suas três maiores paixões e pense em como elas poderiam se transformar em um negócio.

AVALIAR SUAS COMPETÊNCIAS E PONTOS FORTES

Paixão não basta — é preciso também ter competências para transformar uma ideia em projeto sustentável.

Como avaliar suas habilidades:

- Em que você é bom e sobre o que as pessoas te pedem conselhos?
- Quais experiências de vida ou profissionais te deram habilidades valiosas?
- Que competências você pode aprender facilmente com estudo e prática?

Competências-chave a desenvolver:

- **Técnicas:** Habilidades específicas do setor em que deseja atuar.
- **Interpessoais:** Liderança, gestão de tempo, comunicação, resolução de problemas.
- **Digitais:** Quase todo negócio hoje precisa de presença online sólida.

Exemplo Prático: *Um grande chef pode ter paixão pela cozinha, mas para abrir um restaurante de sucesso, precisa também aprender gestão de negócios e marketing.*

Exercício Prático: Faça uma lista com suas principais competências e identifique quais são úteis para sua ideia de negócio.

ANALISAR O MERCADO E A DEMANDA REAL

Uma ideia só é válida se resolver uma necessidade real do mercado. Se ninguém estiver disposto a pagar por seu produto ou serviço, não é um negócio viável.

Passos para analisar o mercado:

- **Estude as tendências**: Quais setores estão crescendo? Há novas tecnologias ou hábitos emergentes?
- **Identifique demandas não atendidas**: Que problemas ainda não têm soluções eficazes?
- **Analise a concorrência**: Quem já atua nesse setor? Como você pode se diferenciar?
- **Valide o interesse do público**: Use enquetes, teste um MVP (Produto Viável Mínimo) ou ferramentas de análise de demanda.

Exemplo Prático: *A Netflix percebeu que o público queria conteúdo sob demanda, superando o modelo antigo de locadoras e revolucionando a indústria do entretenimento.*

Exercício Prático: Escolha um setor que te interesse e identifique três problemas que você poderia resolver com um produto ou serviço inovador.

TESTAR A IDEIA ANTES DE FAZER GRANDES INVESTIMENTOS

Muitos negócios fracassam por investir demais em ideias ainda não validadas.

Formas de testar uma ideia com baixo custo:

- **Crie um protótipo ou MVP:** Versão reduzida do produto para avaliar o interesse.
- **Lance uma landing page:** Uma página com proposta clara e botão de pré-venda ou inscrição.
- **Use redes sociais:** Publique conteúdos e observe a reação do público.
- **Faça pré-vendas ou crowdfunding:** Valide a demanda e levante capital inicial.

Exemplo Prático: *O Dropbox testou sua ideia com um simples vídeo explicativo, antes mesmo de desenvolver o software. Resultado? Milhares de inscritos e validação do mercado.*

Exercício Prático: Pense em como testar sua ideia com um orçamento mínimo antes de fazer grandes investimentos.

ENCONTRAR O EQUILÍBRIO ENTRE PAIXÃO, COMPETÊNCIAS E DEMANDA DE MERCADO

A ideia perfeita está na intersecção entre paixão, habilidades e oportunidade de mercado.

Modelo dos três círculos:

1. **Paixão:** Algo que te entusiasma e motiva.
2. **Competência:** Algo em que você é (ou pode se tornar) bom.
3. **Mercado:** Existe demanda real para isso?

Exemplo Prático: *Se você ama fotografia, tem experiência com criação visual e percebe que o mercado precisa de imagens de qualidade para publicidade digital, pode abrir um negócio de fotografia para marcas e empresas.*

Exercício Prático: Desenhe três círculos: um para paixões, outro para competências, e outro para mercado. Encontre a área de interseção ideal para sua ideia.

Escolher a ideia certa é o primeiro passo para um negócio de sucesso.

- Identifique suas paixões para manter-se motivado.
- Avalie e desenvolva as competências necessárias.
- Estude o mercado para confirmar a demanda.
- Teste a ideia antes de investir pesado.
- Encontre o equilíbrio entre paixão, habilidades e mercado.

Lembre-se: Uma ideia sozinha não basta. É preciso uma estratégia clara e uma visão sólida.

A VACA ROXA

Vivemos em um mundo saturado de produtos, serviços e propagandas. Se você quer ter sucesso, não basta ser bom — você precisa ser extraordinário.

Desde meus primeiros projetos, percebi que o mercado não recompensa apenas os bons. Se quiser se destacar, precisa encontrar uma forma de se diferenciar, de ser notado em meio a tantas ofertas similares. É aí que entra o conceito da *"Vaca Roxa"*, de Seth Godin.

Imagine dirigir por uma estrada e ver centenas de vacas marrons e brancas. Depois de um tempo, você para de notá-las. Mas e se aparecesse uma vaca roxa? Impossível ignorá-la. Esse é o ponto: no mundo dos negócios, você precisa ser a Vaca Roxa — o elemento que quebra padrões e deixa uma marca.

O QUE É A VACA ROXA E POR QUE ELA É TÃO PODEROSA?

As pessoas ignoram o que é comum e previsível. Para se destacar, é preciso oferecer algo surpreendente e inesperado.

A Vaca Roxa é:

- Um produto ou serviço que quebra os padrões.
- Uma ideia tão diferente que atrai atenção imediata.
- Algo que as pessoas querem compartilhar com outras.

Exemplo Prático: *A LEGO redefiniu o conceito de brinquedo, transformando blocos simples em uma experiência criativa e interativa, envolvendo crianças e adultos, e criando uma comunidade global apaixonada por inovação.*

Exercício Prático: Olhe para o seu setor e pergunte-se: o que você pode fazer de completamente diferente dos outros?

IDENTIFICANDO SEU FATOR DIFERENCIADOR

Todo negócio tem um ponto único de força. O desafio é descobri-lo e comunicá-lo de forma eficaz.

Como encontrar sua Vaca Roxa:

- **O que realmente te torna diferente?** (Não apenas melhor — diferente).
- **Que problema você resolve de uma maneira que ninguém mais resolve?**
- **Seu produto tem algo surpreendente ou inesperado?**
- **Você está desafiando uma norma do seu setor?**

Exemplo Prático: *A Dyson revolucionou o mercado de aspiradores ao eliminar o saco e usar tecnologia ciclônica, transformando um eletrodoméstico comum em um ícone de design e inovação.*

Exercício Prático: Escreva três elementos que tornam seu produto ou serviço radicalmente diferente da concorrência.

CRIAR UMA NARRATIVA QUE REFORCE SUA DIFERENÇA

Ser uma Vaca Roxa não basta: é preciso contar sua história de forma envolvente.

Estratégias para comunicar sua diferença:

- **Conte uma boa história**: Por que você existe? Qual é sua missão?
- **Tenha uma mensagem clara e direta**: O público deve entender rápido o que te torna especial.
- **Gere emoção**: As pessoas lembram do que as faz sentir algo.
- **Use prova social**: Depoimentos, reviews e cases reforçam sua proposta única.

Exemplo Prático: *O Airbnb não criou apenas uma alternativa aos hotéis — contou uma história de conexão entre pessoas, experiências únicas e uma nova forma de viajar.*

Exercício Prático: Escreva uma frase que conte, de forma clara e marcante, por que sua marca é única.

SER OUSADO: A CORAGEM DE SER DIFERENTE

Muitas pessoas têm medo de se diferenciar demais. Mas no mercado atual, ser "normal" é ser invisível.

Lições para criar sua Vaca Roxa:

- **Ser diferente atrai críticas** — e tudo bem.
- **Inovar é arriscado, mas o conformismo é fatal.**
- **Não basta ser original** — é preciso ser relevante. A originalidade precisa resolver um problema real ou atender um desejo profundo.

Exemplo Prático: *A Nintendo optou por não competir diretamente com Sony e Microsoft. Criou consoles como o Wii, redefinindo a forma como as pessoas jogam videogames.*

Exercício Prático: Pense em um aspecto do seu negócio onde você pode ser mais ousado e corajoso ao se diferenciar.

ADAPTAR-SE E INOVAR CONSTANTEMENTE

Ser uma Vaca Roxa hoje não garante que você continuará sendo amanhã. O mercado muda, e a diferenciação precisa evoluir.

Estratégias para manter sua singularidade viva:

- **Monitore os feedbacks e ajuste seu produto.**
- **Continue inovando e aprimorando sua oferta.**
- **Nunca pare de testar novas ideias para permanecer relevante.**

Exemplo Prático: *A Netflix começou como um serviço de aluguel de DVDs, mas seguiu inovando até se tornar o gigante do streaming que é hoje.*

Exercício Prático: Defina uma ação que você pode implementar nos próximos meses para manter sua marca inovadora e surpreendente.

Ser uma Vaca Roxa significa ser único, ousado e extraordinário em um mundo cheio de opções comuns.

- Identifique seu diferencial e use-o para se destacar.
- Crie uma narrativa forte para comunicar sua singularidade.
- Não tenha medo de ser diferente: o verdadeiro destaque vem da coragem de quebrar padrões.
- Inove constantemente para estar sempre um passo à frente.

Lembre-se: As pessoas esquecem o que é comum, mas se lembram para sempre de experiências extraordinárias.

COMO DAR VIDA À IDEIA VENCEDORA

Uma ideia, por mais brilhante que seja, não basta. O sucesso não vem de um "golpe de gênio", mas da capacidade de transformar uma intuição em um projeto real.

Muitos empreendedores fracassam não por falta de ideias, mas por não saberem como desenvolvê-las e testá-las. O processo de criação de uma ideia vencedora exige estratégia, validação e adaptação contínua.

Vamos ver como estruturar esse caminho — do brainstorming inicial à execução concreta — minimizando riscos e maximizando as chances de sucesso.

GERAR MUITAS IDEIAS: EXPANDINDO O PENSAMENTO CRIATIVO

O primeiro passo é não se apegar à primeira ideia que surgir. A criatividade nasce da exploração.

Estratégias para gerar ideias inovadoras:

- **Brainstorming sem filtros:** Anote tudo que vier à cabeça, sem julgamentos.
- **Associações criativas:** Combine conceitos de diferentes áreas para gerar novas perspectivas.
- **Analise problemas existentes:** As melhores ideias geralmente resolvem problemas reais.
- **Estude outros setores:** A inspiração pode vir de áreas totalmente distintas da sua.

Exemplo Prático: *O Spotify revolucionou a indústria musical ao resolver o problema da pirataria digital, oferecendo um serviço de streaming acessível, legal e vantajoso tanto para usuários quanto para artistas.*

Exercício Prático: Escreva ao menos 10 ideias de negócios ou projetos, sem eliminá-las de imediato.

AVALIAR E SELECIONAR A MELHOR IDEIA

Nem todas as ideias têm o mesmo potencial. É preciso analisá-las com critério.

Critérios para escolher uma ideia vencedora:

- **Viabilidade:** É possível realizá-la com os recursos disponíveis?
- **Originalidade:** É algo novo ou uma melhoria significativa do que já existe?
- **Demanda de mercado:** Existe um público disposto a pagar por isso?
- **Escalabilidade:** Tem potencial para crescer e gerar lucros sustentáveis?

Exemplo Prático: *O Airbnb detectou um problema: hotéis eram caros e impessoais. Transformaram a ideia de hospitalidade em uma experiência mais autêntica, permitindo que qualquer um alugasse sua casa.*

Exercício Prático: Pegue sua lista de ideias e analise com esses critérios. Quais parecem mais promissoras?

REFINAR E DESENVOLVER A IDEIA

Depois de escolher a ideia com mais potencial, é hora de estruturá-la.

Como melhorar a ideia antes do lançamento:

- **Identifique os detalhes críticos**: Quem é seu público? Qual o preço ideal? Quais os custos envolvidos?
- **Estude a concorrência**: O que os outros fazem? Como você pode se diferenciar?
- **Desenhe um modelo de negócio**: Qual será sua principal fonte de receita?

Exemplo Prático: *A Netflix começou como aluguel de DVDs pelo* *correio, mas rapidamente adaptou seu modelo para streaming, mantendo sua relevância.*

Exercício Prático: Escreva um mini plano estratégico respondendo: Quem? O quê? Como? Por quê? Quando?

TESTAR A IDEIA COM UM PROTÓTIPO OU MVP (PRODUTO VIÁVEL MÍNIMO)

Não espere pela perfeição. Lance uma versão simplificada para validar sua ideia.

Formas de testar sem grandes investimentos:

- **Landing page de teste:** Crie uma página com descrição clara do produto e opção de inscrição.
- **Protótipo básico:** Uma versão simples para que usuários testem e opinem.
- **Pré-lançamento:** Faça crowdfunding ou pré-vendas para validar a demanda.
- **Focus group ou beta testers:** Peça que um grupo seleto use o produto e dê feedback.

Exemplo Prático: *Antes de desenvolver sua plataforma de compartilhamento de viagens, a Uber começou com um MVP (Produto Mínimo Viável) simples, que permitia aos usuários solicitar um carro preto via SMS. Esse teste inicial confirmou a demanda antes de investir em um aplicativo em grande escala.*

Exercício Prático: Defina como você poderia testar sua ideia sem criar o produto final imediatamente.

RENOVAR E ADAPTAR A IDEIA COM BASE EM FEEDBACK

O sucesso não é linear — é preciso saber adaptar-se com base em dados e reações reais.
Como ajustar sua ideia:

- **Escute os primeiros usuários:** Quais pontos fortes e fracos eles identificam?
- **Melhore de forma progressiva:** Altere o que não funciona, sem perder o foco original.
- **Não tema mudar de direção:** Se os dados mostrarem que outra abordagem funciona melhor, seja flexível.

Exemplo Prático: *O Instagram começou como um app complexo chamado Burbn. Ao analisar o uso, os fundadores perceberam que a função mais valorizada era a de compartilhar fotos. Eles removeram o resto e criaram a rede social de fotos que conhecemos hoje.*

Exercício Prático: Analise os pontos críticos da sua ideia e pense em possíveis alternativas para melhorá-la.

Dar vida a uma ideia vencedora não é um ato único, mas um processo.

- Gere várias ideias para ter boas opções.
- Selecione a melhor considerando viabilidade, originalidade e demanda.
- Estruture um plano de ação claro.
- Teste a ideia com um MVP.
- Aprimore com base no feedback, sem medo de mudar.

Lembre-se: Não existe ideia perfeita na primeira tentativa. O verdadeiro sucesso vem de quem sabe se adaptar e melhorar continuamente.

CRIAR UM PLANO DE NEGÓCIOS: O MAPA PARA O SUCESSO

Uma ideia empreendedora, por mais brilhante que seja, não vira negócio sem um bom planejamento.

O **Plano de Negócios** é o documento que transforma um conceito em um projeto real, sustentável e viável para financiamento. É essencial para atrair investidores, conseguir crédito e planejar o crescimento da empresa.

POR QUE O PLANO DE NEGÓCIOS É TÃO IMPORTANTE?

Muitos empreendedores subestimam seu valor, mas sem ele, é como navegar no escuro.

Principais vantagens de um plano bem estruturado:

- **Clareza e visão estratégica:** Ajuda a definir metas, estratégias e ações práticas.
- **Captação de recursos:** Investidores e bancos precisam ver dados concretos.
- **Gestão de riscos:** Permite antecipar problemas e traçar soluções.
- **Guia operacional:** Serve como mapa para iniciar e escalar o negócio.

Exemplos Práticos: *O Spotify conquistou investidores com um plano que mostrava a transformação no consumo de música, propondo um modelo de assinatura inovador que revolucionou o setor.*

O Airbnb atraiu investimentos com um plano que resolvia o problema da hospedagem acessível e autêntica. Com uma estratégia clara e escalável, tornou-se uma das maiores plataformas de reservas do mundo.

Exercício Prático: Reflita sobre como um Plano de Negócios pode fortalecer sua ideia e dar clareza à sua estratégia.

OS ELEMENTOS-CHAVE DE UM PLANO DE NEGÓCIOS VENCEDOR

Um Plano de Negócios eficaz deve ser claro, convincente e baseado em dados concretos.

Seções fundamentais:

1. Resumo Executivo (síntese do Plano de Negócios)

- Uma visão concisa do negócio, sua missão e o valor que oferece.
- Deve atrair a atenção dos investidores em poucas linhas.
- **Erro a evitar:** Ser vago demais. Os investidores querem saber exatamente do que se trata o seu negócio e por que ele deve ter sucesso.

2. Descrição do Negócio e da Visão

- Qual problema você resolve?
- Quais são seus objetivos de curto e longo prazo?
- Qual é a sua proposta de valor única?
- **Erro a evitar:** Subestimar a importância da visão de longo prazo. Uma ideia promissora hoje pode não ter futuro se não for escalável.

3. Análise de Mercado e Concorrência

- Quem são seus clientes-alvo?
- Qual é o tamanho do mercado?
- Quem são seus principais concorrentes?
- Qual é sua vantagem competitiva?
- **Erro a evitar:** Ignorar a concorrência. Acreditar que não há concorrência é um erro grave: sempre existe uma solução alternativa para o cliente.

4. Modelo de Negócio (como você gera lucro)

- Quais são suas fontes de receita?
- Quais são seus principais custos?
- Qual estratégia de preços você adotará?
- **Erro a evitar:** Não ter um modelo de receita claro. Se o seu plano não explica como o negócio vai lucrar, nenhum investidor o levará a sério.

5. Estratégia de Marketing e Vendas

- Como você alcançará seu público-alvo?
- Quais canais você usará para se promover?
- Quais serão suas estratégias de aquisição de clientes?
- **Erro a evitar:** Acreditar que o produto se venderá sozinho. Sem uma boa estratégia de marketing, até o melhor produto pode fracassar.

6. Plano Operacional e Logística

- Quais são as atividades-chave para o funcionamento do negócio?
- Quais ferramentas, tecnologias ou fornecedores você usará?
- Qual será a equipe necessária para gerenciar a operação?
- **Erro a evitar:** Não ter uma estratégia operacional clara. Investidores querem saber como você vai entregar seu produto ou serviço.

7. Plano Financeiro e Previsões Econômicas

- De quanto capital inicial você precisa?
- Quais são suas previsões de receita e despesas para os primeiros 3 a 5 anos?
- Quando você atingirá o ponto de equilíbrio (break-even)?
- Qual é o potencial de crescimento do negócio?
- **Erro a evitar:** Previsões financeiras excessivamente otimistas. Investidores preferem números realistas com dados concretos para apoiar.

COMO USAR O PLANO DE NEGÓCIOS PARA CAPTAR INVESTIMENTOS COM SUCESSO

Investidores não financiam ideias vagas. Eles querem ver números e uma estratégia clara.

O que torna seu Plano de Negócios atraente para investidores:

- Um mercado em crescimento e um problema real a ser resolvido.
- Uma equipe competente com experiência sólida.
- Um modelo de negócio escalável.
- Projeções financeiras críveis.

Erro a evitar: Não conhecer seus próprios números. Se você não souber responder perguntas sobre suas finanças, perderá credibilidade.

CROWDFUNDING: INICIE SEU NEGÓCIO SEM CAPITAL INICIAL

Uma estratégia cada vez mais comum para financiar um projeto sem investir grandes somas iniciais é o **crowdfunding**. Trata-se de um financiamento coletivo onde qualquer pessoa, por meio de plataformas dedicadas, pode contribuir financeiramente para apoiar uma ideia, produto ou iniciativa empreendedora. No entanto, mesmo para este método, é essencial ter um Plano de Negócios atraente.

Nos últimos anos, o crowdfunding tornou-se um verdadeiro trampolim para startups, artistas, inovadores e criativos de todos os setores. O aspecto mais interessante é que você não precisa recorrer a grandes investidores ou instituições financeiras: são pessoas comuns, apaixonadas pela sua ideia, que financiarão seu projeto.

Existem diferentes tipos de crowdfunding:

- **Reward-based crowdfunding:** os apoiadores recebem uma recompensa pelo seu apoio, como uma versão antecipada do produto ou benefícios exclusivos.

- **Equity crowdfunding:** quem investe recebe uma pequena participação na empresa, tornando-se um investidor de fato.
- **Donation-based crowdfunding:** baseado em doações sem retorno financeiro, geralmente utilizado para causas sociais ou beneficentes.
- **Lending crowdfunding:** também conhecido como "empréstimo peer-to-peer", permite obter empréstimos de pessoas físicas que depois serão pagos com juros.

Se você tem uma ideia válida e sabe como apresentá-la da forma certa, o crowdfunding pode ser uma ótima maneira de obter capital sem se endividar ou abrir mão de participação na empresa.

Ofereça recompensas atraentes, crie um vídeo convincente e mantenha os apoiadores atualizados. Por fim, sempre tenha um plano alternativo caso a arrecadação não atinja a meta. O segredo do sucesso está em criar uma proposta clara, envolvente e bem estruturada, capaz de atrair o público certo e convencê-lo a investir na sua visão.

Erro a evitar: Lançar uma campanha sem ter um público-alvo, sem uma meta realista e negligenciando a comunicação.

ERROS COMUNS A EVITAR NA CRIAÇÃO DE UM PLANO DE NEGÓCIOS

Muitos Planos de Negócios fracassam por conta de erros evitáveis.

Erros mais comuns:

- **Ser genérico demais**: frases vagas não convencem investidores.
- **Ignorar a concorrência**: dizer que "não há concorrência" é sinal de inexperiência.
- **Não ter um modelo de receita claro**: sem receitas, uma ideia não é sustentável.
- **Fazer previsões financeiras irreais**: os números precisam ser respaldados por dados reais.

- **Não adaptar o plano ao público**: um Plano de Negócios para um banco será diferente daquele voltado a um investidor privado.

Exemplo Prático: *Muitas startups do setor de tecnologia fracassaram porque não previram o tempo necessário para conquistar usuários ou porque subestimaram os custos de desenvolvimento. Um Plano de Negócios realista é sempre mais eficaz que um otimista, mas irrealizável.*

Exercício Prático: Revise seu Plano de Negócios e pergunte a si mesmo: Estou evitando esses erros?

Um bom Plano de Negócios não é apenas um documento, mas um guia estratégico para transformar uma ideia em um negócio de sucesso.

- Defina claramente seu negócio, sua estratégia e seus objetivos financeiros.
- Analise o mercado e identifique sua vantagem competitiva.
- Evite os erros mais comuns para tornar seu plano mais sólido e confiável.
- Use o Plano de Negócios para atrair investidores e captar recursos.

Lembre-se: Uma ideia sem um plano continua sendo apenas um sonho.

COMO ENCONTRAR SEUS CLIENTES

Você trabalhou duro para desenvolver sua ideia, criou um Plano de Negócios detalhado e agora está pronto para lançar seu produto ou serviço. Mas como encontrar seus clientes?

Um negócio sem clientes não pode existir. Identificar e alcançar o público certo é a chave para o sucesso. Este capítulo irá guiá-lo pelas estratégias mais eficazes para encontrar, atrair e fidelizar seus clientes, otimizando suas ações de marketing e construindo uma rede de contatos sólida.

DEFINIR O PÚBLICO-ALVO: QUEM SÃO SEUS CLIENTES IDEAIS?

Você não pode vender para todo mundo, mas pode vender com sucesso para quem realmente precisa do seu produto.

Como identificar seu público ideal:

- **Quem são eles?** Defina suas características demográficas (idade, gênero, renda, localização).
- **Quais problemas enfrentam?** Compreender suas necessidades e desafios ajuda a oferecer uma solução direcionada.
- **Onde estão?** Estão em redes sociais, fóruns do setor, eventos específicos?
- **Como tomam decisões de compra?** Preferem avaliações, recomendações de amigos ou publicidade direta?

Exemplo Prático: *A Nike não se dirige simplesmente a quem pratica esportes, mas segmenta seu público em atletas profissionais, entusiastas do fitness e amantes da moda esportiva, adaptando suas estratégias de marketing para cada segmento.*

Exercício Prático: Escreva um perfil detalhado do seu cliente ideal (persona) e pense onde você pode encontrá-lo.

APROVEITAR O PODER DO MARKETING DIGITAL

O marketing digital permite alcançar seu público de forma eficaz e mensurável.

Principais estratégias a utilizar:

- **SEO (Otimização para motores de busca):** Se seu site

aparece entre os primeiros resultados no Google, você atrai tráfego orgânico sem pagar por anúncios.
- **Marketing nas redes sociais:** Use Facebook, Instagram, LinkedIn, TikTok ou X (Twitter) para interagir com seu público e promover sua marca.
- **Marketing de conteúdo:** Crie artigos, vídeos, podcasts ou infográficos úteis para atrair clientes sem parecer excessivamente promocional.
- **Email marketing:** Construa uma lista de contatos e envie conteúdos de valor para manter o engajamento e fidelizar seus clientes.
- **Publicidade online (Google Ads, Facebook Ads):** Invista em anúncios segmentados para atingir rapidamente seu público-alvo.

Exemplo Prático: *A Airbnb usou o marketing digital para crescer rapidamente, explorando SEO, marketing de indicação e conteúdo envolvente para atrair novos usuários.*

Exercício Prático: Escolha duas estratégias digitais para implementar imediatamente e começar a construir sua presença online.

CRIAR UMA COMUNIDADE EM TORNO DA SUA MARCA

Os clientes mais fiéis não são apenas compradores, mas verdadeiros embaixadores da sua marca.

Como construir uma comunidade sólida:

- **Ofereça conteúdos valiosos:** Guias, webinars e tutoriais que ajudem seus clientes a obter benefícios reais.
- **Crie um grupo ou fórum:** Um espaço (mesmo que online) onde os clientes possam interagir entre si e com a sua marca.
- **Interaja ativamente:** Responda a comentários, faça perguntas, envolva o público em discussões interessantes.

- **Organize eventos e webinars:** Oportunidades para compartilhar conhecimento, experiências e criar conexões autênticas.

Exemplo Prático: *A Apple construiu uma comunidade fiel por meio de eventos como o WWDC e fóruns dedicados, criando um vínculo fortíssimo com seus clientes.*

Exercício Prático: Pense em uma forma de envolver seu público além da venda direta do produto.

FAZER NETWORKING E APROVEITAR O BOCA A BOCA

Relacionamentos podem ser mais poderosos do que a publicidade.
Onde e como fazer networking?

- **Eventos do setor:** Participe de feiras, workshops e conferências para conhecer potenciais clientes e parceiros.
- **Meetups e grupos locais:** Se o seu negócio é local, construa uma rede direta com empreendedores e profissionais da sua região.
- **Colaborações e parcerias:** Trabalhe com influenciadores, outras marcas ou profissionais do setor para ampliar seu público.
- **Marketing de indicação:** Ofereça incentivos para que seus clientes tragam novos clientes (descontos, brindes, serviços exclusivos).

Exemplo Prático: *O Dropbox utilizou o boca a boca e o marketing de indicação, oferecendo espaço de armazenamento gratuito aos usuários que convidassem amigos, resultando em um crescimento exponencial.*

Exercício Prático: Encontre três contatos ou empresas com os quais você poderia colaborar para aumentar sua visibilidade.

OFERECER UMA EXPERIÊNCIA EXCEPCIONAL PARA FIDELIZAR CLIENTES

Um cliente satisfeito não só retorna, como também traz novos clientes.

Como melhorar a experiência do cliente:

- **Ouça o feedback:** Peça opiniões aos clientes e use as sugestões para melhorar seu produto ou serviço.
- **Supere as expectativas:** Surpreenda o cliente com pequenos detalhes que tornem a experiência memorável.
- **Crie um atendimento impecável:** A rapidez e a eficiência na resolução de problemas influenciam fortemente a reputação do seu negócio.
- **Desenvolva um programa de fidelidade:** Recompense os clientes mais fiéis com benefícios exclusivos.

Exemplo Prático: *A Amazon construiu seu sucesso com um atendimento excepcional, que inclui devoluções gratuitas e suporte personalizado.*

Exercício Prático: Pense em um pequeno detalhe que você poderia melhorar no seu serviço para tornar a experiência do cliente extraordinária.

ADAPTAR E OTIMIZAR ESTRATÉGIAS COM BASE NOS RESULTADOS

Encontrar clientes é um processo dinâmico: exige análise constante e otimização.

Como melhorar continuamente suas estratégias de aquisição de clientes:

- **Monitore os dados:** Use ferramentas como Google Analytics, Meta Insights ou plataformas de e-mail marketing para entender o que funciona.
- **Experimente novas estratégias:** Se um canal não está dando

resultado, tente alternativas. Teste novas mensagens, ofertas e métodos de engajamento.
- **Otimize as conversões:** Se muitas pessoas visitam seu site, mas poucas compram, pode haver um problema de comunicação ou de preço.

Exemplo Prático: *A Netflix analisa constantemente o comportamento dos usuários para melhorar as recomendações e tornar o serviço mais envolvente.*

Exercício Prático: Identifique uma área da sua estratégia de marketing que pode ser melhorada e planeje um teste para otimizá-la.

Encontrar seus clientes não é uma atividade aleatória, mas uma estratégia bem planejada.

- Defina com precisão seu público-alvo.
- Use o marketing digital para alcançar mais pessoas de forma eficaz.
- Construa uma comunidade fiel em torno da sua marca.
- Faça networking e aproveite o poder do boca a boca.
- Ofereça uma experiência excepcional para fidelizar e atrair novos clientes.
- Monitore os resultados e adapte continuamente sua estratégia.

Lembre-se: O sucesso não depende apenas da qualidade do seu produto, mas de quantas pessoas você consegue alcançar.

EM RESUMO

Escolher a ideia certa é o primeiro passo crucial para o sucesso empreendedor. É necessário considerar suas paixões, habilidades e as necessidades do mercado para identificar uma ideia com verdadeiro potencial. A "Vaca roxa" representa o diferencial que tornará sua ideia única e fará com que se destaque da concorrência.

Criar uma ideia vencedora exige um processo de geração, avaliação, refinamento e testes. Não tenha medo de fazer ajustes e melhorias ao longo do caminho. Encontrar seus clientes requer uma compreensão clara do seu público-alvo e o uso de estratégias como marketing digital, networking e construção de comunidade.

Lembre-se de que o sucesso empreendedor não acontece da noite para o dia. É uma jornada que exige dedicação, perseverança e adaptabilidade. Esteja aberto a feedbacks, aprenda com os erros e continue evoluindo. Com uma ideia sólida, uma estratégia de marketing eficaz e foco constante na satisfação dos clientes, você estará no caminho certo para o sucesso na vida e nos negócios.

6 COMO SER UM BOM PARCEIRO

O sucesso nunca é uma jornada solitária. As pessoas com quem nos cercamos influenciam nosso modo de pensar, nosso nível de motivação e, em última análise, nossos resultados.

Se você está cercado de pessoas ambiciosas, positivas e motivadas, sua própria abordagem à vida e ao trabalho refletirá essas qualidades. Por outro lado, se o seu ambiente está cheio de pessoas negativas, que reclamam constantemente e não acreditam no crescimento pessoal, corre o risco de absorver essa energia e limitar seu próprio potencial.

Aprendi da maneira mais difícil o quanto é importante escolher com cuidado as pessoas com quem compartilhamos nosso tempo e energia. No passado, trabalhei com pessoas que não acreditavam em si mesmas e que preferiam reclamar a buscar soluções. Essa atitude, aos poucos, começou a me afetar também. Até que decidi mudar: comecei a me cercar de pessoas com uma mentalidade voltada para o crescimento. O resultado? Um impulso incrível para novas oportunidades e uma mudança de mentalidade que transformou meu caminho.

A INFLUÊNCIA DAS PESSOAS AO NOSSO REDOR

Seu ambiente é o reflexo do seu futuro.

Como as pessoas ao seu redor influenciam seu sucesso:

- **Te motivam ou te desmotivam:** Estar cercado de pessoas ambiciosas e com mentalidade de crescimento te estimula a se dedicar mais aos seus objetivos. Já estar perto de pessoas que só reclamam e veem obstáculos em tudo tende a limitar sua visão.
- **Te inspiram ou te travam:** Conviver com quem já alcançou o que você almeja faz com que você acredite que também é possível. Já aqueles que te desencorajam ou duvidam de você podem minar sua autoestima.
- **Criam oportunidades ou barreiras:** Uma boa rede pode abrir portas que sozinho você teria dificuldade em alcançar. Pessoas influentes, mentores e colaboradores podem oferecer conselhos valiosos e oportunidades inesperadas.

Exemplo Prático: *Steve Jobs e Steve Wozniak se influenciaram mutuamente, combinando a visão empreendedora de Jobs com o talento técnico de Wozniak, dando origem à Apple.*

Muitos grandes inovadores alcançaram o sucesso graças à colaboração com pessoas que os desafiaram e estimularam a dar o melhor de si. As melhores ideias frequentemente surgem em meio a pessoas brilhantes e ambiciosas.

Exercício Prático: Faça uma lista das cinco pessoas com quem você mais convive e pergunte-se: elas estão contribuindo para o meu crescimento ou me segurando?

CONSTRUINDO UM AMBIENTE COM PESSOAS VENCEDORAS

Seu crescimento também depende das pessoas com quem você escolhe passar seu tempo.

Estratégias para atrair e manter ao seu redor pessoas de sucesso:

- **Procure mentores:** Encontre pessoas que já alcançaram os resultados que você deseja e aprenda com elas.
- **Frequente ambientes estimulantes:** Participe de eventos, workshops e conferências do seu setor para conhecer pessoas com interesses semelhantes.
- **Afaste-se de pessoas tóxicas:** Não tenha medo de se distanciar de quem te desmotiva ou ridiculariza seus sonhos.
- **Crie sua própria rede:** Não espere que as pessoas certas apareçam — ativamente construa uma rede de relacionamentos de valor.

Exemplo Prático: *Elon Musk sempre procurou se cercar de engenheiros e inovadores talentosos, formando equipes capazes de realizar projetos ambiciosos como a Tesla e a SpaceX.*

Muitos empreendedores alcançaram o sucesso porque investiram tempo na construção de uma rede sólida, participando de eventos e se conectando com pessoas que compartilhavam sua visão.

Exercício Prático: Pense em uma pessoa que você admira e com quem gostaria de se conectar mais. Escreva um plano de ação para se aproximar dela — por exemplo, acompanhando nas redes sociais, participando de eventos em que ela esteja presente ou enviando uma mensagem com conteúdo de valor.

O EFEITO ESPELHO: TORNE-SE A PESSOA QUE VOCÊ QUER ATRAIR

Para ter pessoas de sucesso ao seu redor, você também precisa ser uma pessoa de valor.

Como melhorar a si mesmo para atrair pessoas de qualidade:

- **Desenvolva habilidades úteis:** Quanto mais você domina uma área, mais pessoas interessantes serão atraídas pela sua expertise.
- **Mantenha uma atitude positiva:** Ninguém quer estar perto de alguém que só reclama ou vê problema em tudo.
- **Ofereça valor antes de pedir algo:** Ajude os outros, compartilhe conhecimento e crie conexões sem esperar nada em troca.
- **Seja seletivo:** Nem todas as pessoas merecem seu tempo. Escolha aquelas que realmente podem enriquecer sua vida e sua carreira.

Exemplo Prático: *Oprah Winfrey tornou-se uma referência para muitas pessoas de sucesso porque sempre trabalhou em si mesma, desenvolvendo suas habilidades e construindo relacionamentos autênticos.*

Muitos líderes bem-sucedidos construíram relações sólidas e verdadeiras graças à sua mentalidade de crescimento e à capacidade de oferecer valor antes de pedir algo.

Exercício Prático: Escreva três qualidades que você gostaria de desenvolver para se tornar uma pessoa que atrai sucesso — e comece hoje mesmo a trabalhar nelas.

O PODER DA COLABORAÇÃO: O SUCESSO NÃO SE ALCANÇA SOZINHO

Mesmo os maiores empreendedores e líderes construíram seu sucesso com o apoio de um time.

Por que a colaboração é essencial:

- **Amplia oportunidades:** Uma rede de pessoas talentosas pode abrir portas para novas ideias, projetos e colaborações.
- **Compensa suas fraquezas:** Ninguém é bom em tudo. Uma equipe forte permite que você foque naquilo que faz melhor.
- **Gera inovação:** Trocar ideias com mentes diferentes gera soluções criativas e novas abordagens.

Exemplo Prático: *Larry Page e Sergey Brin uniram suas competências para fundar o Google, uma das empresas mais influentes do mundo.*

Os maiores sucessos no mundo dos negócios e da inovação nasceram da colaboração entre pessoas com habilidades complementares.

Exercício Prático: Identifique uma pessoa com quem você poderia colaborar em um projeto e proponha uma ideia de parceria.

COMO GERENCIAR RELACIONAMENTOS DE FORMA ESTRATÉGICA

Networking não é apenas conhecer pessoas, mas cultivar relacionamentos valiosos ao longo do tempo.

Como manter relações profissionais e pessoais fortes:

- **Mostre gratidão:** Um simples "obrigado" pode fazer toda a diferença no fortalecimento de um vínculo.
- **Mantenha contato:** Não procure as pessoas apenas quando precisar de algo; mantenha o relacionamento vivo mesmo nos momentos neutros.
- **Dê antes de pedir:** Ofereça ajuda, conselhos ou conexões antes de pedir favores.
- **Seja consistente:** As pessoas confiam em quem cumpre a palavra e mantém uma postura coerente ao longo do tempo.

Exemplo Prático: *Richard Branson é conhecido por sua abordagem relacional: mantém contato genuíno com as pessoas e constrói relacionamentos baseados em confiança e respeito.*

Exercício Prático: Envie hoje uma mensagem para alguém com quem você deseja fortalecer o relacionamento, demonstrando interesse genuíno pelo seu caminho.

O sucesso não depende apenas de talento ou sorte, mas de quem você escolhe ter ao seu lado.

- Construa conexões autênticas e cultive seu networking de forma estratégica.
- Colabore com mentes brilhantes para multiplicar suas oportunidades de sucesso.
- Torne-se a pessoa que deseja atrair: seu valor determina a qualidade das suas relações.

Lembre-se: Seu ambiente pode acelerar ou frear seu sucesso. Escolha com sabedoria!

O PAPEL DO PARCEIRO NA JORNADA DO SUCESSO

O sucesso nunca é uma jornada solitária. As pessoas com quem colaboramos, trocamos ideias e construímos projetos têm um impacto enorme em nossa evolução, tanto profissional quanto pessoal. Entre elas, uma das figuras mais importantes é o parceiro — seja um sócio de negócios, um colaborador próximo ou até mesmo um companheiro de vida.

Aprendi na prática o quanto é fundamental escolher com atenção as pessoas com quem compartilhamos nossos projetos. Um parceiro pode ser o maior acelerador de crescimento ou o peso que atrasa todo o progresso.

Houve momentos em que tive ao meu lado pessoas que me ajudaram a superar obstáculos, e outros em que contei com colaboradores que não compartilhavam da minha visão, tornando tudo mais difícil.

Um parceiro de valor é aquele que te estimula a crescer, que traz uma perspectiva diferente e, acima de tudo, que compartilha da sua ambição.

O PARCEIRO CERTO: APOIO OU OBSTÁCULO?

As pessoas ao nosso redor têm o poder de nos motivar ou nos bloquear. Ter ao lado alguém que acredita no seu projeto pode ser a diferença entre desistir ou seguir em frente com ainda mais determinação.

Como o parceiro influencia nossa jornada:

- **Oferece uma perspectiva diferente:** Quando estamos imersos demais nas nossas ideias, podemos deixar de ver soluções alternativas. Um bom parceiro te ajuda a enxergar o que, sozinho, você não perceberia.
- **Ajuda nos momentos difíceis:** Toda jornada tem obstáculos. Ter alguém que não foge quando as coisas ficam complicadas é uma grande vantagem.
- **Divide a carga de trabalho:** Delegar e compartilhar tarefas é essencial para evitar o esgotamento e alcançar melhores resultados.
- **Potencializa as competências:** Ninguém é bom em tudo. Um parceiro com habilidades complementares às suas pode preencher lacunas e fortalecer o projeto.

Exemplo Prático: *Bill Gates e Paul Allen construíram a Microsoft com base em uma colaboração pautada pela confiança e divisão de competências: Gates cuidava da estratégia e Allen da tecnologia.*

No passado, colaborei com pessoas que não compartilhavam do mesmo entusiasmo. Qualquer pequena dificuldade era motivo para parar. Quando encontrei parceiros com a mesma mentalidade, tudo mudou: os desafios passaram a ser enfrentados em equipe, e cada problema virou uma oportunidade de crescimento.

Exercício Prático: Faça uma lista das pessoas com quem você mais colabora e pergunte-se: elas estão contribuindo para o meu sucesso ou me segurando?

CRIAR UM APOIO MÚTUO E CONSTRUTIVO

Uma boa parceria não surge por acaso. Precisa ser construída com intenção e dedicação.

Estratégias para valorizar seu parceiro:

- **Valorize suas ideias:** Todos querem se sentir ouvidos e reconhecidos. Reconhecer a contribuição do outro gera motivação.
- **Comunique-se com clareza:** Mal-entendidos são uma das principais causas de tensão em parcerias. Ser transparente e direto ajuda a evitar conflitos.
- **Ofereça apoio nos momentos difíceis:** Haverá altos e baixos. Um verdadeiro parceiro está presente em ambos.
- **Defina papéis e responsabilidades:** Divisão clara de tarefas evita sobrecargas e desentendimentos.

Exemplo Prático: *Larry Page e Sergey Brin fundaram o Google valorizando suas competências complementares: Page focava na visão estratégica, enquanto Brin liderava a inovação tecnológica.*

Aprendi que um parceiro não é apenas alguém com quem você compartilha um projeto, mas alguém com quem compartilha uma jornada. Lembro de um projeto que estava dando errado. Meu impulso foi buscar culpados. Mas meu parceiro me ajudou a enxergar a situação por outro ângulo — transformamos o fracasso em uma grande lição.

Exercício Prático: Pergunte ao seu parceiro quais aspectos da colaboração entre vocês poderiam ser melhorados.

CONSTRUIR CONFIANÇA E RESPEITO

Sem confiança, nenhuma parceria prospera. O respeito mútuo é a base de um relacionamento duradouro e produtivo.

Como construir uma relação sólida:

- **Cumpra sempre sua palavra:** Se disser que vai fazer algo, faça. A credibilidade é tudo.
- **Ofereça feedback construtivo:** Críticas devem vir acompanhadas de sugestões e soluções.
- **Reconheça os sucessos do outro:** Às vezes, um simples "ótimo trabalho" motiva mais do que você imagina.
- **Evite conflitos desnecessários:** Divergências são normais, mas devem ser tratadas com inteligência.

Exemplo Prático: *Elon Musk sempre destacou o papel fundamental de suas equipes no sucesso das empresas, mostrando como valorizar os colaboradores é essencial.*

Já trabalhei com um sócio que não cumpria prazos. Sempre havia uma desculpa, e o projeto sofria com isso. Quando decidi abordar a situação com honestidade e sem rodeios, percebi que ele não era a pessoa certa para mim.

Exercício Prático: Reflita sobre como você pode melhorar o nível de confiança com seu parceiro. Há algo que você poderia fazer diferente?

EVITAR ERROS COMUNS EM PARCERIAS

Mesmo as melhores colaborações podem fracassar se não forem bem conduzidas.

Erros a evitar:

- **Dar o esforço do outro como garantido:** A gratidão fortalece qualquer relação profissional.

- **Não se comunicar de forma eficaz:** Falta de clareza gera mal-entendidos e conflitos.
- **Ignorar problemas:** Evitar um problema só faz com que ele cresça.
- **Desequilíbrio no esforço:** Se um se sente sobrecarregado, a relação enfraquece.

Exemplo Prático: *Steve Jobs e Jonathan Ive transformaram a Apple em uma marca icônica ao combinarem criatividade com inovação tecnológica.*

Eu costumava pensar que quanto mais eu trabalhasse, mais resultados teria. Mas percebi que, se meu parceiro não fazia sua parte, eu acabava sobrecarregado. O verdadeiro sucesso está em encontrar equilíbrio.

Exercício Prático: Se você tem um parceiro profissional, pergunte se há algum aspecto da parceria que poderia ser melhorado.

O sucesso é influenciado pelas pessoas com quem escolhemos colaborar.

- Um bom parceiro é um acelerador de crescimento.
- Comunicação e confiança são a base de uma parceria de sucesso.
- Valorizar o outro cria um ambiente de trabalho produtivo e positivo.
- Evitar erros comuns ajuda a construir relações sólidas e duradouras.

Lembre-se: Escolher o parceiro certo pode ser a chave que transforma uma ideia em um sucesso real.

NEGÓCIOS E FAMÍLIA: UM EQUILÍBRIO DELICADO

Para muitos empreendedores, a família é o centro da vida — mas nos negócios, a dinâmica muda completamente. Misturar negócios e laços familiares pode ser uma decisão vencedora ou uma bomba-relógio.

Já vi empresas prosperarem graças à colaboração entre parentes, mas também testemunhei negócios destruídos por conflitos internos e decisões tomadas mais com o coração do que com a razão.

Depois de anos de experiência e conversas com dezenas de empreendedores, entendi que manter uma separação clara entre família e negócios costuma ser a escolha mais sábia. Mas, se for mesmo necessário trabalhar com familiares, é preciso estabelecer regras claras e uma estratégia bem definida.

AS VANTAGENS DE ENVOLVER A FAMÍLIA NO NEGÓCIO

Existem bons motivos para envolver familiares em um empreendimento. Em alguns casos, pode ser uma vantagem estratégica.

Benefícios de um negócio familiar:

- **Confiança e lealdade:** Familiares, em teoria, devem ser mais confiáveis do que estranhos.
- **Visão compartilhada:** Quando há uma missão comum, a motivação é mais forte.
- **Continuidade ao longo do tempo:** Um negócio familiar pode atravessar gerações.
- **Redução de custos:** Familiares podem estar mais dispostos a fazer sacrifícios financeiros em momentos difíceis.

Exemplo Prático: *Muitas empresas históricas, como Ferrari e Hermès, foram fundadas e desenvolvidas dentro de núcleos familiares, criando marcas sólidas e duradouras.*

Exercício Prático: Se está pensando em envolver um familiar, pergunte a si mesmo: essa pessoa realmente tem as competências necessárias ou é apenas uma escolha emocional?

AS DESVANTAGENS DE MISTURAR FAMÍLIA E NEGÓCIOS

Se por um lado existem vantagens, por outro, trabalhar com parentes pode se transformar em um pesadelo.

Problemas comuns em empresas familiares:

- **Falta de objetividade:** Decisões tomadas mais pelo afeto do que pela estratégia.
- **Dificuldade em separar vida pessoal e trabalho:** Discussões do negócio podem afetar os relacionamentos familiares.
- **Conflitos de interesse:** Um parente pode priorizar suas necessidades pessoais em detrimento da empresa.
- **Decisões estratégicas comprometidas:** Se os familiares não têm experiência, podem travar o crescimento da empresa.
- **Dificuldade em demitir um parente:** Se ele não estiver à altura, afastá-lo se torna um dilema emocional.

Exemplo Prático: Muitas empresas familiares enfrentaram crises ou até faliram por conflitos internos — como no caso da família Gucci, onde as tensões entre os membros levaram à venda da empresa para investidores externos.

Já vi empresas quebrarem porque os membros da família brigavam pela liderança ou tomavam decisões baseadas em laços afetivos e não em lógica empresarial.

Exercício Prático: Se tivesse que tomar uma decisão difícil sobre um familiar na empresa, conseguiria fazê-lo sem se deixar influenciar pelos laços pessoais?

SEPARAR NEGÓCIOS E FAMÍLIA: UMA ESCOLHA ESTRATÉGICA

Após anos de experiência, estou convencido de que manter trabalho e família separados é o caminho mais seguro para evitar conflitos.

Motivos para manter essas duas esferas separadas:

- **Mais profissionalismo:** Escolher colaboradores com base em competências e não em laços familiares garante uma gestão mais eficiente.
- **Independência nas decisões:** Tomar decisões sem precisar consultar familiares sem experiência traz mais agilidade e autonomia.
- **Relações familiares mais saudáveis:** Sem os problemas do trabalho em casa, os laços familiares ficam mais leves.
- **Evita favoritismos e tensões internas:** Quando há vários membros da família no negócio, é comum surgirem rivalidades prejudiciais.

Exemplo Prático: *Muitos empreendedores de sucesso, como Warren Buffett, optaram por não envolver diretamente a família na gestão das empresas para evitar conflitos de interesse e manter a meritocracia.*

Exercício Prático: Quando chegar em casa, estabeleça um limite: nada de conversas sobre trabalho — só tempo de qualidade com a família.

ENVOLVER A FAMÍLIA? CAPACITE-OS ADEQUADAMENTE

Se decidir envolver um familiar no negócio, certifique-se de que ele esteja devidamente preparado para o papel.

Por que a capacitação é essencial:

- Evita ter pessoas despreparadas em cargos importantes.
- Torna o negócio mais profissional e menos suscetível a favoritismos.
- Garante crescimento real da empresa, sem decisões mal-informadas.

Estratégias para capacitar um familiar:

- Deixe que adquira experiência fora da empresa antes de entrar.
- Ofereça cursos e treinamentos para aprimorar as habilidades.
- Atribua responsabilidades progressivamente, sem atalhos.

Exemplo Prático: *Famílias que comandam empresas de sucesso, como a Ferrero, sempre priorizaram a capacitação antes de delegar cargos de liderança a membros da família.*

Exercício Prático: Se você tem um familiar na empresa, avalie seu nível de preparo. Ele precisa de treinamento específico?

Misturar negócios e família pode ser uma escolha arriscada. Às vezes funciona, mas apenas com regras claras e uma abordagem profissional.

- Envolver a família pode trazer confiança e estabilidade, mas também gerar conflitos.
- As decisões devem ser baseadas em competências, não em laços de sangue.
- Separar trabalho e vida pessoal ajuda a manter relações familiares saudáveis.
- Familiares no negócio devem ser tratados como qualquer colaborador: com treinamento e meritocracia.

Lembre-se: O sucesso não depende só das habilidades empreendedoras, mas também das pessoas que escolhemos ter ao nosso lado.

O SUCESSO É UMA QUESTÃO DE EQUIPE

Se tem algo que aprendi na minha trajetória empreendedora, é que o sucesso nunca é uma jornada solitária. As pessoas com quem você escolhe colaborar podem acelerar seu crescimento ou te travar a ponto de levar ao fracasso.

Tive colaboradores incríveis que me ajudaram a realizar ideias ambiciosas, mas também tive sócios errados que transformaram cada passo em um verdadeiro inferno.

Encontrar os parceiros certos e montar uma equipe eficiente é essencial para transformar uma ideia em realidade. Escolher com atenção quem trabalha com você, criar um ambiente produtivo e liderar com inteligência faz toda a diferença entre sucesso e fracasso.

Neste capítulo, vamos ver como escolher os colaboradores certos, construir uma equipe sólida e otimizar a colaboração para alcançar os melhores resultados.

ESCOLHER OS PARCEIROS CERTOS

Encontrar o parceiro ideal não é questão de afinidade ou conveniência, mas uma decisão estratégica que pode definir o futuro do projeto.

Critérios para escolher um bom parceiro:

- **Visão e objetivos alinhados:** Trabalhar com alguém que compartilha sua visão reduz conflitos.
- **Competências complementares:** Um bom parceiro deve ter habilidades que equilibrem as suas, criando uma sinergia positiva.
- **Confiabilidade e comprometimento:** Honestidade, dedicação e responsabilidade são indispensáveis. Sem isso, nem o maior talento é suficiente.
- **Capacidade de lidar com conflitos:** Toda parceria enfrentará tensões. É essencial escolher alguém que saiba lidar com problemas de forma madura.
- **Espírito de iniciativa:** Um parceiro deve estar disposto a inovar, se adaptar e buscar soluções ativamente.

Exemplo Prático: *Em uma das minhas primeiras experiências empreendedoras, escolhi um sócio pela amizade, sem avaliar sua compatibilidade com o projeto. Em poucos meses, as diferenças se tornaram insustentáveis e a parceria terminou mal. Aprendi que confiança é importante, mas competências e alinhamento de objetivos são ainda mais.*

Exercício Prático: Se está procurando um parceiro, escreva uma lista com as qualidades indispensáveis e compare com as pessoas que tem em mente. Elas realmente se encaixam no seu projeto?

EVITAR ERROS COMUNS NA ESCOLHA DE PARCEIROS

Escolher o parceiro errado pode comprometer seu negócio ou desacelerar seu crescimento.

Erros a evitar:

- **Basear-se apenas em laços pessoais:** Um amigo confiável não é necessariamente um bom sócio.
- **Ignorar sinais de incompatibilidade:** Se alguém já demonstrou ser irresponsável, por que seria diferente agora?
- **Não definir papéis e responsabilidades:** Sem uma divisão clara, surgem apenas problemas.
- **Não formalizar acordos:** Mesmo com pessoas de confiança, um contrato claro evita mal-entendidos.

Exemplo Prático: *Muitas startups fracassam não por causa do mercado, mas por desentendimentos entre sócios, geralmente causados por falta de comunicação e funções mal definidas.*

Conheço muitos empreendedores que perderam seus negócios por conflitos entre sócios. Às vezes, algumas regras escritas bastam para evitar grandes dores de cabeça.

Exercício Prático: Se já tem um parceiro, avaliem juntos a parceria: existem pontos fracos que poderiam ser melhorados?

CONSTRUIR UMA EQUIPE EFICIENTE

Uma ideia genial não basta. Para colocá-la em prática, você precisa de uma equipe forte. O sucesso de um projeto não depende só dos líderes, mas também das pessoas que trabalham nos bastidores.

Trabalhando com produção de filmes e comerciais, já tive que coordenar mais de 300 pessoas por dia em um set. E posso te garantir: não é nada fácil. Não existe manual que ensine a gerenciar o caos organizado de uma filmagem — isso só se aprende na prática e com um time que sabe exatamente o que fazer. Se uma peça do quebra-cabeça falha, o resto pode desmoronar. O mesmo vale para qualquer negócio: sem papéis bem definidos e um sistema estruturado, mais cedo ou mais tarde as coisas vão ruir.

Elementos-chave de uma equipe de sucesso:

- **Seleção cuidadosa:** Cada membro precisa ter competências específicas e estar alinhado à visão do projeto.
- **Comunicação transparente:** Todos devem saber exatamente o que se espera deles.
- **Papéis claros:** Atribuir responsabilidades definidas evita confusões e retrabalho.
- **Ambiente positivo:** Uma equipe motivada trabalha melhor e encara os desafios com mais resiliência.

Exemplo Prático: *Elon Musk seleciona pessoalmente seus colaboradores mais próximos, buscando pessoas altamente competentes, motivadas e capazes de trabalhar sob pressão.*

Em um dos meus projetos mais ambiciosos, vi a diferença entre uma equipe motivada e outra desmotivada. Com a primeira, tudo fluía. Com a segunda, até as decisões mais simples viravam batalha.

Exercício Prático: Analise sua equipe: existem funções que poderiam ser redefinidas para melhorar a produtividade?

ESTRATÉGIAS PARA UMA GESTÃO DE EQUIPE EFICAZ

Gerenciar uma equipe significa coordenar pessoas diferentes mantendo o foco nos objetivos comuns.

Estratégias de gestão eficazes:

- **Expectativas claras:** Cada membro deve saber exatamente o que se espera dele.
- **Colaboração e troca de ideias:** As melhores soluções surgem do debate construtivo.
- **Feedbacks construtivos:** Criticar sem oferecer soluções não ajuda ninguém.
- **Ferramentas de gestão de trabalho:** Plataformas como Trello, Asana ou Slack facilitam a organização.
- **Reconhecimento de resultados:** Quem entrega bons resultados deve se sentir valorizado.

Exemplo Prático: O Google é conhecido por sua gestão inovadora de equipes, onde colaboração e feedback contínuo são elementos-chave para a produtividade.

Já trabalhei em equipes sem uma liderança clara — o resultado era sempre o caos. Um líder não está ali apenas para dar ordens, mas para indicar o caminho.

Exercício Prático: Implemente um sistema de feedback semanal para melhorar a comunicação e a eficiência da equipe.

SUPERAR CONFLITOS E MOMENTOS DE CRISE

Toda equipe enfrenta dificuldades. A chave é saber lidar com elas com inteligência.

Como lidar com conflitos:

- **Ouça todos os lados:** A origem dos problemas, muitas vezes, está em mal-entendidos.
- **Busque compromissos razoáveis:** Nem sempre é possível "vencer", mas é possível equilibrar interesses.
- **Evite favoritismos e decisões impulsivas:** A gestão deve ser imparcial e ponderada.
- **Revise periodicamente a organização:** Se algo não está funcionando, é hora de ajustar.

Exemplo Prático: *Muitas empresas de sucesso superaram crises internas graças a uma liderança firme e à capacidade de se adaptar às mudanças.*

Já tentei ignorar conflitos na equipe, esperando que se resolvessem sozinhos. Nunca funcionou. Enfrentá-los de forma direta e rápida é sempre o melhor caminho.

Exercício Prático: Se há tensões na sua equipe, organize uma reunião para tratar o problema com total transparência.

Escolher os parceiros certos e liderar bem a equipe são fatores essenciais para o sucesso.

- Um bom parceiro tem habilidades complementares, é confiável e compartilha da sua visão.
- Evitar decisões baseadas apenas em relações pessoais é crucial.
- Uma equipe eficaz é bem estruturada, motivada e liderada com clareza.
- Conflitos devem ser resolvidos rapidamente, com comunicação aberta.

Lembre-se: O sucesso não se constrói sozinho. Cerque-se das pessoas certas — os resultados virão!

EM RESUMO

O sucesso não é alcançado sozinho, mas sim com o apoio e a colaboração das pessoas ao nosso redor. Valorizar o parceiro de vida e, quando bem estruturado, envolver a família em nossa trajetória profissional pode trazer um equilíbrio valioso para a vida.

A escolha dos parceiros de trabalho e uma gestão eficaz de equipe são fundamentais para alcançar grandes resultados. Trabalhar com pessoas motivadas e competentes, que compartilham da nossa visão e valores, pode ser o motor que nos impulsiona rumo aos nossos objetivos.

Nunca subestime o poder das relações. Investir no relacionamento com quem nos cerca — tanto na vida pessoal quanto profissional — pode ser a chave para abrir portas e criar oportunidades que de outra forma permaneceriam fechadas.

Lembre-se: o sucesso não depende apenas de talento e esforço, mas também de conexões significativas que nos sustentam e inspiram ao longo do caminho.

7 COMO SE COMUNICAR BEM

A Comunicação é a arma secreta para o sucesso na vida. A comunicação é a ponte que conecta as pessoas, permitindo que se compreendam, colaborem e alcancem resultados extraordinários juntas.

Vamos analisar a importância de ouvir verdadeiramente o interlocutor, as principais técnicas de comunicação e os assuntos a evitar ou considerar durante uma conversa — especialmente com desconhecidos ou em situações de trabalho em equipe.

Já mencionamos como saber ouvir é essencial, mas agora quero aprofundar um ponto crucial: aplicar a escuta ativa nas relações com clientes, parceiros de negócios e vendedores. Num mundo onde todos querem falar e poucos sabem ouvir, dominar essa habilidade é uma enorme vantagem.

Pela minha experiência, vi empreendedores fracassarem não por terem uma ideia ruim, mas por nunca ouvirem de verdade o seu público. Já vi vendedores transformarem uma conversa em uma venda bem-sucedida só porque valorizaram as palavras do cliente. Ouvir é uma arte — e quem a domina, sai na frente.

ESCUTA ATIVA: O SUPERPODER QUE QUASE NINGUÉM USA

Escuta ativa não é apenas ouvir palavras, mas compreendê-las, interpretá-las e responder de forma adequada.
Por que a escuta ativa é tão poderosa?

- Constrói confiança e credibilidade com clientes e colaboradores.
- Ajuda a entender melhor as necessidades e expectativas do outro.
- Permite resolver problemas com mais rapidez e eficácia.
- Evita mal-entendidos e reduz conflitos.
- Melhora a qualidade de negociações e vendas.

Exemplo Prático: *Richard Branson, fundador da Virgin, atribui grande parte de seu sucesso à sua capacidade de ouvir. Sempre valorizou o feedback de clientes e funcionários, usando-o para melhorar continuamente seus negócios.*

Eu achava que sabia exatamente o que meus clientes queriam, mas quando comecei a fazer perguntas e escutar de verdade, descobri que suas necessidades eram totalmente diferentes. Adaptei meu serviço — e as vendas dispararam.

Exercício Prático: Na próxima vez que conversar com um cliente ou colaborador, evite interromper até ele terminar. Mentalmente, registre o que foi dito e só depois responda.

TÉCNICAS PARA UMA ESCUTA ATIVA EFICAZ

Escutar ativamente é uma habilidade que pode ser treinada com técnicas simples:

1. **Mantenha contato visual:** Demonstra atenção e envolvimento.

2. **Use sinais não verbais:** Acene com a cabeça, sorria, mostre que está presente.
3. **Faça perguntas direcionadas:** Peça esclarecimentos para aprofundar a conversa.
4. **Resuma o que foi ouvido:** Repetir com outras palavras ajuda a confirmar o entendimento.
5. **Não interrompa:** Deixe a pessoa concluir seu raciocínio.
6. **Evite distrações:** Celular, e-mails, notificações... tudo isso pode esperar.

Exemplo Prático: *Uma vez, numa negociação difícil com um fornecedor, ao invés de rebater logo suas exigências, simplesmente ouvi. Após 10 minutos, ele terminou de falar — e eu entendi onde poderia haver acordo. Resultado? Consegui melhores condições sem precisar pressionar.*

Um vendedor que escuta com atenção identifica as reais necessidades do cliente e oferece a solução ideal — aumentando as chances de fechar a venda.

Exercício Prático: Após uma conversa importante, escreva um breve resumo do que ouviu. Você realmente captou todos os pontos principais?

OUVIR UM CLIENTE: A CHAVE PARA VENDER MELHOR

Um cliente que se sente ouvido é um cliente que volta. Como fazer isso?

- **Deixe o cliente falar primeiro:** Não ofereça soluções antes de entender o problema.
- **Faça perguntas abertas:** Ex.: "Quais são suas maiores dificuldades com este produto?"
- **Entenda as emoções por trás das palavras:** Ele quer uma solução técnica ou precisa de segurança?

- **Não contradiga de imediato:** Mesmo que discorde, ouça primeiro e depois responda com dados e fatos.

Exemplo Prático: *Um restaurador de sucesso não apenas anota pedidos — ele ouve o feedback dos clientes. Um detalhe como uma cadeira mais confortável ou um cardápio mais claro pode ser a diferença entre um cliente eventual e um cliente fiel.*

Exercício Prático: Durante uma conversa com um cliente, fique em silêncio por pelo menos 60 segundos enquanto ele expõe seu ponto de vista. Só depois responda.

OUVIR UM PARCEIRO DE TRABALHO: CONSTRUINDO RELAÇÕES SÓLIDAS

Nos negócios, relações sólidas fazem a diferença entre o sucesso e o fracasso — e saber ouvir é a chave.

- **Entenda as prioridades dele:** Um bom parceiro também tem seus objetivos.
- **Mostre empatia e interesse genuíno:** Faça-o se sentir parte importante do projeto.
- **Busque equilíbrio entre suas ideias e as dele:** O compromisso muitas vezes leva aos melhores resultados.
- **Dê espaço para o outro se expressar:** Não tenha pressa em impor sua opinião.

Exemplo Prático: *Muitos grandes acordos foram fechados não porque uma parte impôs sua visão, mas porque ambas ouviram as necessidades uma da outra e encontraram uma solução ganha-ganha.*

Exercício Prático: Em uma próxima discussão estratégica, ouça o ponto de vista do seu parceiro antes de responder — e tente resumi-lo antes de dar sua opinião.

OUVIR UM VENDEDOR: COMPRAR COM INTELIGÊNCIA

Mesmo quando você é o cliente, ouvir é essencial para tomar boas decisões. Um bom comprador também é um bom ouvinte.

Como ouvir um vendedor sem se deixar influenciar indevidamente:

- **Deixe o vendedor falar:** Quanto mais informações, melhor será sua decisão.
- **Faça perguntas específicas:** Ex.: "Quais as diferenças entre este produto e o concorrente?"
- **Reconheça as técnicas de venda, mas não ceda à pressão emocional.**
- **Tome seu tempo antes de decidir:** Um bom vendedor respeita um cliente informado.

Exemplo Prático: *Aprendi que escutando atentamente os vendedores antes de negociar, é possível obter condições muito melhores. Entender como o outro pensa já é metade da negociação.*

Um empreendedor que escuta vendedores consegue negociar melhor e escolher os melhores fornecedores.

Exercício Prático: Na próxima conversa com um vendedor, ouça atentamente e depois resuma os pontos principais antes de tomar sua decisão.

Escutar é uma das habilidades mais subestimadas — e mais poderosas.

- Escuta ativa melhora a comunicação, reduz conflitos e favorece decisões mais inteligentes.
- Ouvir o cliente ajuda a vender melhor e fidelizar.
- Ouvir o parceiro de trabalho fortalece relações e decisões estratégicas.

- Ouvir o vendedor ajuda a comprar melhor.
- Quem sabe ouvir tem vantagem sobre quem só quer falar.

Lembre-se: Na sua próxima conversa importante, pare e se pergunte: *"Estou realmente ouvindo ou só esperando minha vez de falar?"*

A COMUNICAÇÃO: A PONTE PARA O SUCESSO

Nunca me canso de repetir: a comunicação é a base sobre a qual se constrói o sucesso.

Seja vendendo um produto, convencendo um investidor, motivando uma equipe ou fortalecendo relações profissionais — a qualidade da sua comunicação determina seus resultados. Uma ideia brilhante não vale nada se não for comunicada da forma certa.

Aprendi, às vezes da pior forma, como uma comunicação ruim pode gerar mal-entendidos, atrasar projetos ou até fazer perder grandes oportunidades. Felizmente, percebi cedo que comunicação não é apenas um dom, mas uma habilidade que pode (e deve) ser desenvolvida.

A COMUNICAÇÃO COMO FERRAMENTA DE SUCESSO

A capacidade de se expressar com clareza e eficácia é o que diferencia líderes de sucesso.

Por que a comunicação é tão importante?

- **Aumenta a persuasão:** Ser convincente ajuda a vender ideias, produtos e projetos.
- **Melhora a gestão da equipe:** Um bom líder comunica com clareza e motivação.
- **Facilita negociações:** Comunicar-se bem ajuda a obter melhores condições.
- **Reduz conflitos:** Clareza e empatia evitam desentendimentos.
- **Constrói relações sólidas:** As pessoas confiam em quem se comunica de forma eficaz.

Exemplo Prático: *Steve Jobs era um mestre da comunicação. Seus discursos eram emocionantes, persuasivos e inspiradores — essa habilidade fez da Apple uma marca icônica.*

Uma vez perdi uma oportunidade profissional porque não consegui explicar claramente o valor do meu projeto. A solução que propus era perfeita, mas apresentei de forma confusa. Resultado? O cliente escolheu um concorrente com uma proposta inferior, mas melhor comunicada.

Exercício Prático: Na próxima vez que apresentar uma ideia, pergunte-se: *Estou me comunicando com clareza? Quem me ouve entende o valor do que estou dizendo?*

AS 3 REGRAS DA COMUNICAÇÃO EFICAZ

Para melhorar sua comunicação, é preciso dominar três elementos essenciais:

1. Clareza

- Evite palavras difíceis ou conceitos vagos.
- Vá direto ao ponto e use exemplos concretos.
- Se puder dizer algo com menos palavras, faça isso.

2. Envolvimento

- Use um tom de voz dinâmico e varie o ritmo.
- Conte histórias ou use exemplos para tornar a mensagem mais interessante.
- Use linguagem corporal para reforçar suas palavras.

3. Adaptabilidade

- Ajuste seu estilo de comunicação ao contexto e ao interlocutor.

- Com um cliente, seja claro e tranquilizador.
- Com um parceiro de negócios, seja direto e profissional.
- Com a equipe, seja motivador e inclusivo.

Exemplo Prático: *Um bom comunicador adapta seu vocabulário ao público: técnico com especialistas, inspirador com o público geral, estratégico com investidores.*

Exercício Prático: Quando conversar com pessoas diferentes, experimente ajustar seu vocabulário e abordagem. Observe qual estilo gera melhor conexão.

FALAR É FÁCIL, COMUNICAR É UMA ARTE

Comunicar não é apenas falar: é transmitir sua mensagem da forma certa.

Erros comuns a evitar:

- **Informação demais em pouco tempo:** Se sobrecarregar o interlocutor, você perderá a atenção dele.
- **Não ouvir quem está à sua frente:** Comunicação é diálogo, não monólogo.
- **Não se adaptar ao contexto:** Usar linguagem técnica com quem não é especialista só gera confusão.
- **Ignorar a linguagem não verbal:** Tom de voz, contato visual e postura influenciam a forma como a mensagem é recebida.

Exemplo Prático: *Um bom líder não apenas dá instruções, mas observa sua equipe, ouve suas dúvidas e adapta sua comunicação às necessidades de quem o segue.*

Exercício Prático: Grave um discurso ou apresentação sua e ouça depois. Está claro e eficaz? Se você fosse o ouvinte, estaria convencido?

ESCREVER PARA COMUNICAR MELHOR

Além da comunicação verbal, saber escrever de forma clara e eficaz é uma habilidade essencial.

Como escrever mensagens, e-mails e textos persuasivos:

- **Seja claro e direto:** Evite frases longas e complicadas.
- **Use linguagem natural:** Escreva como se estivesse conversando com o leitor.
- **Destaque os pontos-chave:** Use listas, negritos ou subtítulos para facilitar a leitura.
- **Inclua sempre uma "call to action":** Deixe claro o que você espera que o leitor faça após a leitura.

Exemplo Prático: *Um e-mail bem escrito pode abrir portas e oportunidades. Um e-mail confuso pode te fazer perder uma parceria valiosa.*

Exercício Prático: Releia seu último e-mail profissional e pergunte-se: Ele é claro, conciso e direto ao ponto? Se você o recebesse, responderia de imediato?

APRENDER COM OS GRANDES COMUNICADORES

Estudar grandes comunicadores pode te ajudar a melhorar sua eficácia.

Alguns exemplos de comunicadores excelentes:

- **Martin Luther King Jr.:** Uso de pausas, repetições e linguagem evocativa que tornavam seus discursos poderosos.
- **Oprah Winfrey:** Empatia e conexão emocional com o público.
- **Jeff Bezos:** Clareza e habilidade para simplificar conceitos complexos.
- **Tony Robbins:** Energia e poder de motivação.

Exemplo Prático: *Ao observar as técnicas de grandes líderes, podemos aprender a tornar nossa mensagem mais forte e memorável.*

Exercício Prático: Assista a um discurso de um desses comunicadores e analise como ele usa a voz, a linguagem corporal e as pausas para enfatizar os pontos principais.

A comunicação é a base do sucesso, em qualquer área.

- Quem sabe se comunicar melhor, conquista mais oportunidades.
- Clareza, envolvimento e adaptabilidade são as chaves de uma comunicação eficaz.
- Falar é fácil, mas transmitir sua mensagem com impacto é uma arte que pode (e deve) ser desenvolvida.
- Melhorar a comunicação escrita e verbal traz resultados concretos na vida e nos negócios.
- Estudar grandes comunicadores ajuda a desenvolver um estilo mais eficaz.

Lembre-se: A forma como você se comunica determina como os outros te percebem. Melhore sua comunicação — e você melhorará seus resultados.

MELHORAR A COMUNICAÇÃO: TÉCNICAS E ESTRATÉGIAS

Comunicar de forma eficaz não é só uma questão de palavras: é uma habilidade que combina escuta, expressão e linguagem corporal.

Existem técnicas específicas que ajudam a aprimorar sua comunicação, tornando as conversas mais fluidas, persuasivas e produtivas. Seja com um cliente, um parceiro ou um público maior, a forma como você se comunica vai impactar diretamente o resultado da conversa.

Preciso admitir: no começo da minha carreira, achava que comunicar bem era falar com confiança. Depois percebi que o verdadeiro segredo está em saber ouvir e se adaptar ao interlocutor. Já vi apresentações falharem porque o orador não entendia o público, e negociações se perderem porque ninguém parava para ouvir o outro.

Aqui vão algumas estratégias práticas baseadas em técnicas psicológicas e comportamentais.

A IMPORTÂNCIA DAS PERGUNTAS ABERTAS

Perguntas abertas são uma das ferramentas mais poderosas da comunicação.

Por que são tão eficazes?

- Incentivam o interlocutor a se expressar livremente, criando conversas mais profundas.
- Permitem obter mais informações e evitar respostas superficiais.
- Criam um diálogo mais interativo, gerando empatia e conexão.

Exemplos de perguntas abertas eficazes:

- "Quais são os principais desafios que você está enfrentando?"
- "O que você acha dessa solução?"
- "Como você vê o futuro do seu setor?"

Exemplo Prático: *Um vendedor experiente não pergunta apenas 'Você precisa desse produto?', mas sim: 'Quais características você busca em um produto como esse?' Isso envolve o cliente e aumenta a chance de fechamento.*

Exercício Prático: Na próxima conversa, troque perguntas fechadas (sim/não) por perguntas abertas e observe como muda a dinâmica.

A TÉCNICA DA PARAFRASEAR: REFORMULAR PARA MOSTRAR COMPREENSÃO

Repetir ou reformular o que o outro disse ajuda a criar clareza e confiança.

Como funciona:

- Confirma que você entendeu corretamente o que o outro quis dizer.
- Evita mal-entendidos e permite correções.
- Mostra escuta ativa e envolvimento, fazendo o interlocutor se sentir valorizado.

Exemplo de parafraseamento eficaz:

- **Interlocutor**: "Acho o projeto interessante, mas tenho dúvidas quanto ao prazo."
- **Resposta**: "Então, o que mais te preocupa é se vamos conseguir cumprir os prazos, certo?"

Exemplo Prático: *Em uma negociação, um bom negociador não diz apenas 'Entendi', mas reformula: 'Se entendi bem, seu principal objetivo é reduzir custos sem comprometer a qualidade, correto?' Isso alinha expectativas e fortalece a comunicação.*

Exercício Prático: Na sua próxima conversa importante, tente resumir o que a outra pessoa disse antes de responder.

LINGUAGEM CORPORAL: COMUNICAR ALÉM DAS PALAVRAS

As palavras são só uma parte da comunicação — a linguagem corporal é fundamental.

Elementos-chave da linguagem corporal:

- **Contato visual:** Mantenha equilíbrio — nem fixe demais, nem evite o olhar.
- **Postura aberta:** Evite cruzar os braços ou se recostar demais, pois isso transmite fechamento ou desinteresse.
- **Movimentos naturais:** Gestos com as mãos ajudam a reforçar suas mensagens.
- **Expressão facial:** Um sorriso adequado transmite confiança e positividade.

Exemplo Prático: *Em uma entrevista de emprego, um candidato que evita contato visual, se encolhe e responde com hesitação, passa uma imagem de insegurança — independentemente do que diga.*

Exercício Prático: Na próxima conversa, preste atenção na sua postura e gestos. Seu corpo está reforçando ou contradizendo sua mensagem?

A IMPORTÂNCIA DO TOM DE VOZ

A forma como você diz algo muitas vezes é mais importante do que o que você diz.

Como usar o tom de voz de forma eficaz:

- **Varie o ritmo:** Um discurso monótono perde rapidamente a atenção.
- **Destaque palavras-chave:** Use pausas estratégicas para dar ênfase.
- **Regule volume e entonação:** Um tom firme e dinâmico torna a fala mais envolvente.

Exemplo Prático: *Grandes palestrantes não falam de forma plana, mas usam variações de tom para prender a atenção e destacar os pontos mais importantes.*

Exercício Prático: Ao fazer uma apresentação, grave sua voz e escute depois. Seu tom é monótono ou transmite energia e entusiasmo?

Comunicação eficaz é uma habilidade que pode (e deve) ser treinada.

- Perguntas abertas tornam as conversas mais ricas e envolventes.
- Parafrasear demonstra escuta real e evita mal-entendidos.
- Linguagem corporal transmite confiança e credibilidade.
- O tom de voz é uma ferramenta poderosa para gerar impacto.
- Melhorar sua comunicação é um passo direto rumo ao sucesso pessoal e profissional.

Lembre-se: A forma como você se comunica determina como você é percebido. Treinar sua comunicação te dará uma vantagem enorme em qualquer área da vida.

COMUNICAÇÃO E A ARTE DE ESCOLHER OS TEMAS CERTOS

A comunicação é uma arte e, como toda arte, exige sensibilidade e atenção ao contexto. Aprendi, muitas vezes da pior maneira, que quando se conversa com alguém que não se conhece bem, o risco de tocar em assuntos inadequados é alto. Alguns temas podem gerar tensões, mal-entendidos ou situações constrangedoras, comprometendo a primeira impressão e a chance de construir um relacionamento positivo.

Já me vi em conversas que, em poucos segundos, tomaram um rumo equivocado. Como naquela vez, durante um evento de networking, em que fiz uma piada política achando que fosse inofensiva... e descobri que meu interlocutor tinha uma opinião oposta e bastante forte sobre o assunto. Resultado? Conversa encerrada em poucos minutos e uma oportunidade perdida de criar um contato valioso.

Vamos ver então quais assuntos evitar em uma conversa com pessoas recém-conhecidas e quais alternativas usar para manter um diálogo interessante e construtivo.

ASSUNTOS A EVITAR EM UMA PRIMEIRA CONVERSA

Há certos assuntos que é melhor não abordar, especialmente quando você ainda não conhece bem a outra pessoa.

1. Política

- A política é, por excelência, um tema divisivo. Opiniões diferentes podem rapidamente se transformar em discussões acaloradas, principalmente se o interlocutor tiver convicções fortes.
- Mesmo que você tenha uma posição bem definida, evite entrar em debates políticos até conhecer melhor a outra pessoa.

Alternativa: Se o tema surgir espontaneamente, você pode direcionar a conversa para assuntos mais gerais, como inovações tecnológicas ou tendências econômicas.

2. Religião e Fé

- Assim como a política, a religião é um assunto muito pessoal e sensível. Cada um tem o direito de acreditar no que quiser, mas isso pode se tornar um campo de confronto intenso se não houver uma visão em comum.
- Até mesmo perguntas aparentemente inofensivas como "Você acredita em Deus?" podem soar inadequadas.

Alternativa: Se a conversa for sobre valores e filosofia de vida, mantenha o tom genérico, falando de conceitos universais como gratidão, crescimento pessoal ou a importância da gentileza.

3. Saúde e Aparência Física

- Comentar sobre a aparência física de alguém, mesmo com boas intenções, pode ser desconfortável ou ofensivo.

- Evite fazer perguntas sobre saúde ou hábitos pessoais relacionados à dieta e estilo de vida, a menos que o assunto seja trazido pela outra pessoa.

Alternativa: Se o tema for bem-estar, concentre-se em atividades gerais como esportes ou viagens, evitando julgamentos ou conselhos não solicitados.

4. Situação Financeira e Salário

- Perguntar quanto alguém ganha ou qual é sua situação econômica é uma das atitudes mais inadequadas que se pode ter.
- Mesmo que você esteja curioso para saber mais sobre o setor em que a pessoa trabalha, evite entrar em detalhes pessoais.

Alternativa: Se o assunto for trabalho, você pode perguntar "Com o que você trabalha?" ou "Como começou na sua área?", deixando espaço para uma resposta discreta.

5. Vida Amorosa e Escolhas Familiares

- Perguntar se alguém é casado, tem filhos ou por que ainda não tem um relacionamento pode ser invasivo.
- Perguntas como "Por que você ainda está solteiro(a)?" ou "Quando pretende ter filhos?" podem deixar o outro desconfortável.

Alternativa: Se o tema for experiências pessoais, mantenha uma abordagem leve, falando sobre hobbies, viagens ou paixões.

ASSUNTOS NEUTROS PARA UMA CONVERSA AGRADÁVEL

Se você quer construir um diálogo interessante e sem riscos, aqui estão algumas boas alternativas:

a) **Hobbies e Paixões**

- Perguntar quais são os hobbies de alguém é sempre uma escolha segura.
- É um tema que permite criar conexões e descobrir interesses em comum.

b) **Viagens e Destinos Preferidos**

- Viagens são um tema fascinante e universal, que leva as pessoas a compartilharem experiências positivas.
- Você pode perguntar: *"Qual foi o lugar mais incrível que você já visitou?"*

c) **Filmes, Música e Livros**

- Falar sobre cultura é uma ótima forma de encontrar pontos em comum e conhecer novas perspectivas.
- Exemplos de perguntas: *"Você viu algum filme interessante recentemente?"* ou *"Qual é o seu livro favorito?"*

d) **Esportes e Atividades Físicas**

- Mesmo que você não seja fã de esportes, falar sobre eventos esportivos ou atividades ao ar livre é um excelente ponto de partida para conversas.
- Perguntas como *"Você pratica algum esporte?"* ou *"Torce para algum time?"* podem ser úteis para iniciar o diálogo.

e) **Curiosidades e Tendências do Momento**

- Novas tecnologias, eventos internacionais ou curiosidades do mundo são sempre bons temas de conversa.
- Você pode perguntar: *"Você ouviu falar sobre a nova tecnologia que estão desenvolvendo?"*

COMO LIDAR COM UMA CONVERSA QUE ESTÁ INDO MAL

Às vezes, mesmo com as melhores intenções, uma conversa pode caminhar para assuntos delicados ou desconfortáveis.

O que fazer nesses casos?

- **Mude de assunto naturalmente.** Se alguém começar a falar de política de forma exaltada, você pode dizer: "Entendo seu ponto de vista. Aliás, viu aquele novo documentário na Netflix?"
- **Use o bom humor.** Às vezes, uma piada leve pode aliviar a tensão e trazer a conversa de volta para um terreno neutro.
- **Mantenha o respeito.** Se você não concordar com algo que o outro disser, evite o confronto direto e respeite o ponto de vista da pessoa.

Exemplo Prático: *Uma vez entrei numa conversa que estava prestes a se tornar um debate político acalorado. Sorri e disse: 'Olha, a gente pode discutir isso por horas, mas enquanto isso... você sabe onde tem a melhor pizza da cidade?' Rimos e o papo logo mudou para algo mais leve e agradável.*

Exercício Prático: Pense em três temas que você pode usar para mudar de assunto de forma elegante da próxima vez que estiver em uma situação desconfortável.

Escolher os temas certos em uma conversa pode fazer a diferença entre uma interação agradável e uma situação constrangedora.

- Evite temas polêmicos como política, religião, finanças e vida amorosa.
- Escolha assuntos neutros e positivos como hobbies, viagens, esportes e cultura.
- Se a conversa ficar tensa, mude de assunto com naturalidade e diplomacia.

- O objetivo é construir um diálogo harmonioso e interessante, sem criar tensões desnecessárias.

Lembre-se: uma boa conversa não se faz apenas de palavras, mas também de sensibilidade e respeito por quem está à nossa frente.

COMUNICAÇÃO NO TRABALHO EM EQUIPE: A VERDADEIRA CHAVE DO SUCESSO

Uma equipe bem organizada e unida é o motor que transforma uma ideia em realidade. Mas para que isso funcione de verdade, é preciso estabelecer regras claras e tratar de alguns temas fundamentais desde o início. Já vi equipes fracassarem por falta de direção e outras decolarem graças a poucos, mas essenciais cuidados. Sem uma equipe sólida ao nosso lado, tudo se torna mais difícil, lento e frustrante.

Vamos ver agora quais são os ingredientes que tornam uma equipe realmente vencedora.

DEFINIR OS OBJETIVOS: TODOS DEVEM SABER PARA ONDE ESTÃO INDO

Imagine que você está em um barco cujo tripulante não tem ideia de qual é o destino. Alguém vai remar para a esquerda, outro para a direita, e outros nem sequer vão remar. Uma equipe sem objetivos claros funciona exatamente assim: energia desperdiçada, tempo perdido e ninguém sabe de fato se está fazendo a coisa certa.

Por que isso é fundamental?

- **Clareza:** Cada membro deve saber o que se quer alcançar e em quanto tempo.
- **Alinhamento:** Se todos remam na mesma direção, o objetivo é alcançado muito mais rápido.
- **Motivação:** Ter um propósito claro torna o trabalho mais estimulante e recompensador.

Como abordar o tema dos objetivos?

- **Estabeleça metas concretas e mensuráveis.** Por exemplo, em vez de dizer "vamos melhorar o atendimento ao cliente", diga "vamos reduzir o tempo de resposta em 20% nos próximos três meses".
- **Use ferramentas de acompanhamento** como softwares de gestão para monitorar o progresso.
- Revise periodicamente os objetivos e, se necessário, **ajuste-os conforme as necessidades.**

Exemplo Prático: *Uma empresa de tecnologia que está desenvolvendo um novo produto precisa garantir que as equipes de desenvolvimento, marketing e vendas estejam alinhadas com os mesmos objetivos para garantir um lançamento eficaz.*

Exercício Prático: Pergunte a si mesmo: sua equipe tem objetivos claros? Se a resposta for não, organize imediatamente uma reunião para alinhar as metas.

PAPÉIS E RESPONSABILIDADES: CADA UM DEVE SABER O QUE FAZER

Um dos erros mais comuns nas equipes é a confusão quanto aos papéis. Se duas pessoas fazem a mesma tarefa, correm o risco de se sobrepor e perder tempo. Se ninguém executa uma atividade porque todos acham que é responsabilidade de outro, o desastre é certo.

Por que isso é importante?

- **Evita sobreposição e conflitos.** Se as tarefas não estão claras, várias pessoas podem trabalhar na mesma coisa ou, pior, ninguém cuidar de uma atividade essencial.
- **Aumenta a eficiência porque cada um sabe o que precisa fazer.** Quando os papéis estão bem definidos, o trabalho flui com mais rapidez e sem obstáculos.

- **Gera mais responsabilidade,** já que ninguém pode dizer "achei que outra pessoa fosse fazer isso".

Como distribuir responsabilidades?

- Use a **matriz RACI** para definir quem é **Responsável (R), Aprovador (A), Consultado (C)** e **Informado (I)** em cada atividade.
- **Garanta que as competências de cada membro estejam alinhadas ao papel atribuído**. Evite delegar tarefas a quem não tem as habilidades adequadas.
- **Deixe espaço para crescimento pessoal**, permitindo que os membros adquiram novas competências com responsabilidades adicionais.

Exemplo Prático: *Em um projeto no qual trabalhei, as equipes de marketing e desenvolvimento técnico viviam se desentendendo porque ninguém sabia quem devia aprovar as mudanças. Quando esclarecemos os papéis e responsabilidades, o fluxo de trabalho ficou mais fluido e reduzimos os tempos de espera.*

Exercício Prático: Revise os papéis dentro da sua equipe. Se houver ambiguidade ou sobreposição de funções, resolva isso imediatamente.

COMUNICAÇÃO: SE NINGUÉM FALA, A EQUIPE DESMORONA

A comunicação é o oxigênio de uma equipe. Quando falta, os problemas começam: erros, mal-entendidos, tensões. Já vi equipes implodirem simplesmente porque ninguém sabia realmente o que os outros estavam fazendo.

Erros comuns na comunicação:

- E-mails em excesso ou mensagens confusas.
- Falta de feedback construtivo.
- Reuniões longas e improdutivas.

Como melhorar a comunicação?

- **Estabeleça um canal de comunicação claro.** Use ferramentas de produtividade para colaboração compartilhada e organização das conversas em grupo.
- **Evite reuniões desnecessárias**: se você pode dizer algo em uma mensagem, não marque uma reunião.
- **Seja claro e direto nas mensagens.** Clareza reduz erros e acelera o trabalho.
- **Faça check-ins breves e regulares** (como reuniões diárias de 10 minutos) para manter o alinhamento sem perder tempo. Reuniões curtas podem melhorar a sinergia sem se tornarem cansativas.

Exemplo Prático: *Trabalhando com uma equipe remota, no início era um caos. Todo mundo mandava mensagens no WhatsApp, e-mails e ligações individuais, e ninguém entendia nada. Quando definimos regras claras sobre quando e como nos comunicar, tudo melhorou drasticamente.*

Exercício Prático: Observe como sua equipe se comunica. Se há muitas interrupções ou desorganização, proponha novas regras.

CONFIANÇA E RESPEITO: SEM ESSES ELEMENTOS, A EQUIPE NÃO SE SUSTENTA

Já vi pessoas deixarem empregos bem remunerados simplesmente porque o ambiente era tóxico. E também vi equipes alcançarem resultados incríveis graças à confiança mútua.

Por que a confiança é essencial?

- **Melhora a colaboração e a produtividade.** As pessoas se sentem mais à vontade para compartilhar ideias e feedback.
- **Reduz o estresse e os conflitos.** Um ambiente positivo favorece o bem-estar mental da equipe.
- **Estimula a criatividade e a inovação.** Quando as pessoas se sentem livres para se expressar, surgem ideias mais criativas.

Como construir um clima de confiança?

- **Ofereça feedback construtivo**. Evite críticas destrutivas e foque em como melhorar juntos.
- **Reconheça os sucessos**. Um simples "obrigado" ou um elogio público pode aumentar muito a motivação.
- **Promova a transparência**. Se houver problemas, trate-os abertamente em vez de falar pelas costas.

Exemplo Prático: *Em uma startup, os fundadores que se comunicam de forma transparente com os colaboradores e valorizam suas contribuições constroem um ambiente de trabalho mais saudável e produtivo.*

Exercício Prático: Reflita sobre como a confiança é cultivada em sua equipe. Se você perceber tensões ou falta de transparência, enfrente o problema antes que se torne uma bomba-relógio.

Um time de sucesso não se constrói por acaso, mas com intenção e método:

- **Objetivos claros** para evitar a dispersão de energia.
- **Papéis bem definidos** para maximizar a eficiência.
- **Comunicação eficaz** para reduzir erros e mal-entendidos.
- **Confiança mútua** para trabalhar melhor e com mais motivação.

Lembre-se: um time forte não é formado pelas pessoas mais talentosas, mas por aquelas que sabem trabalhar bem juntas.

Agora a pergunta é: sua equipe tem esses elementos? Se a resposta for não, você já sabe por onde começar.

EM RESUMO

A comunicação eficaz é um elemento crucial para o sucesso na vida. Ouvir ativamente, utilizar técnicas apropriadas, evitar assuntos sensíveis com pessoas desconhecidas e escolher temas relevantes no trabalho em equipe podem melhorar a qualidade das relações interpessoais e levar a resultados mais significativos.

Investir na sua capacidade de comunicação é investir no seu sucesso pessoal e profissional.

8 COMO CRIAR UM IMPACTO

Embora o sucesso na vida possa parecer um objetivo ambicioso, até mesmo intangível, existe um fator crucial frequentemente negligenciado: o público. Independentemente do setor em que você atua, conhecer bem seu público e seus clientes-alvo é fundamental para alcançar a excelência e o sucesso duradouro. Neste capítulo, vamos explorar a importância de conhecer seu público, estratégias eficazes de promoção e como causar impacto para gerar buzz em torno de você ou do seu produto.

Um dos erros mais comuns que cometi no início da minha jornada como empreendedor foi tentar falar com todo mundo. Achava que quanto mais pessoas eu alcançasse, mais sucesso teria. Mas a realidade é que, ao tentar agradar a todos, você não impacta ninguém. A mensagem fica genérica, sem força, e as pessoas não se sentem envolvidas.

Para ter sucesso, você precisa saber exatamente com quem está falando. Quem são seus clientes, leitores ou seguidores? Quais são suas necessidades, preferências e dores? Quanto mais você conhece seu público, mais fácil será atrair, engajar e fidelizar as pessoas certas.

POR QUE É FUNDAMENTAL CONHECER O SEU PÚBLICO?

Sem uma compreensão clara do seu público-alvo, você corre o risco de desperdiçar tempo, energia e recursos com estratégias ineficazes.

- **Personalização:** Uma mensagem direcionada gera mais engajamento e conversões.
- **Eficiência:** Você evita gastar dinheiro em campanhas de marketing que não trazem retorno.
- **Melhor posicionamento:** Entende como se diferenciar da concorrência atendendo necessidades específicas.
- **Aumento da fidelidade:** Um público que se sente compreendido tende a voltar e recomendar seus produtos ou serviços.

Exemplo Prático: Quando comecei a vender meus serviços no setor publicitário, tentava convencer qualquer um. Só quando entendi que meu verdadeiro público eram empresas de pequeno e médio porte que queriam se destacar sem gastar muito, comecei a obter resultados concretos.

Exercício Prático: Escreva em uma frase quem você acredita ser seu público ideal e qual é o principal problema que ele quer resolver.

CRIANDO O PERFIL DO CLIENTE IDEAL (BUYER PERSONA)

Um buyer persona é uma representação detalhada do seu cliente ideal, baseada em dados reais e pesquisa de mercado.

Elementos-chave de um buyer persona:

- **Dados demográficos:** Idade, gênero, local de residência, escolaridade, profissão, renda.
- **Comportamentos e hábitos:** Onde passam o tempo online? Quais redes sociais usam? Quais são seus interesses?

- **Problemas e necessidades:** Que desafios enfrentam? Que soluções estão buscando?
- **Objetivos e desejos:** O que querem alcançar? O que os motiva?
- **Processo de decisão:** Como escolhem um produto ou serviço? Quais fatores influenciam suas decisões?

Exemplo Prático: *Um personal trainer que vende programas de treino online pode ter um buyer persona assim:*

• *Nome: Marco, 35 anos, funcionário administrativo, mora em uma grande cidade.*

• *Problema: Quer entrar em forma, mas tem pouco tempo para ir à academia.*

• *Objetivo: Treinar em casa com programas flexíveis.*

• *Hábitos: Usa Instagram e YouTube para buscar dicas de fitness e nutrição.*

• *Fatores de decisão: Procura programas fáceis de seguir, com resultados garantidos e depoimentos reais.*

Exercício Prático: Crie o perfil detalhado do seu cliente ideal, incluindo todos os elementos acima.

COMO COLETAR DADOS PARA CONHECER SEU PÚBLICO

Quanto mais informações você tiver, mais fácil será refinar sua mensagem e sua oferta.

Ferramentas para analisar o público:

- **Estatísticas de site:** Veja as visitas, de onde vêm os usuários e quais páginas são mais acessadas.
- **Análise de redes sociais:** Descubra quem interage com seus conteúdos e o que mais chama atenção.
- **Pesquisas e entrevistas:** Pergunte diretamente aos seus clientes o que eles querem e o que melhorariam.

- **Feedbacks e avaliações:** Analise o que os clientes dizem sobre seus produtos e serviços.

Exemplo Prático: Quando lancei um novo serviço de vídeos promocionais, percebi que os clientes mais interessados vinham dos setores de turismo e imobiliário. Isso me fez entender que eu precisava criar ofertas específicas para hotéis, operadoras de turismo e imobiliárias, em vez de gastar energia com outros segmentos menos interessados.

Exercício Prático: Use uma das ferramentas acima para coletar dados sobre seu público e identifique pelo menos uma informação útil para aprimorar sua estratégia.

ADAPTAR SUA MENSAGEM AO PÚBLICO-ALVO

Cada público tem sua própria linguagem, estilo de comunicação e preferências.

- **Tom de voz:** Formal ou informal? Direto ou motivacional? Amigável ou profissional?
- **Canais de comunicação:** Jovens usam TikTok e Instagram, profissionais preferem LinkedIn, leitores gostam de blogs e newsletters.
- **Tipo de conteúdo:** Vídeos, posts curtos, artigos longos, webinars, eBooks? Escolha conforme o gosto do seu público.
- **Chamadas para ação personalizadas:** Você quer que o público compre, se inscreva ou comente? A CTA deve ser clara e direcionada.

Exemplo Prático: Se seu público são jovens criativos, uma estratégia eficaz pode ser criar conteúdos visuais envolventes, rápidos e práticos. Vídeos curtos com dicas imediatas geram mais engajamento e pedidos de parceria do que longos artigos.

Exercício Prático: Analise seu estilo atual de comunicação e avalie se ele está alinhado com seu público-alvo.

MELHORAR CONTINUAMENTE O CONHECIMENTO DO SEU PÚBLICO

O mercado muda, as necessidades do público evoluem. Não basta estudá-lo uma única vez: é preciso atualizar suas estratégias constantemente.

- **Revise seus dados periodicamente:** A cada 3-6 meses, verifique se seu público mudou.
- **Teste novas estratégias:** Mude o tom de voz, experimente novos formatos e plataformas.
- **Ouça o feedback:** Comentários, mensagens e e-mails dos clientes são uma mina de ouro.
- **Observe a concorrência:** Veja como ela interage com o público e o que funciona melhor.

Exemplo Prático: *Um amigo dono de restaurante percebeu que cada vez mais clientes faziam pedidos por apps de entrega em vez de irem ao local. Ele adaptou seu marketing para o público digital, otimizando a presença online e oferecendo promoções exclusivas para pedidos via app.*

Exercício Prático: Defina uma data fixa a cada trimestre para analisar seus dados e atualizar sua estratégia de comunicação.

Conhecer seu público é a base de toda estratégia vencedora.

- Defina com clareza seu público-alvo e crie perfis detalhados.
- Colete dados para tomar decisões embasadas.
- Adapte sua comunicação às necessidades e preferências do público.
- Atualize sua estratégia regularmente conforme o mercado muda.

Lembre-se: O sucesso não depende de sorte, mas de conhecimento e estratégia!

COMO PROMOVER SEU PRODUTO OU SERVIÇO DE FORMA EFICAZ

Ter um excelente produto ou serviço não basta: se ninguém souber que ele existe, ele não terá sucesso. Aprendi isso da forma mais difícil quando lancei meu primeiro projeto de promoção turística online e achei que a qualidade por si só atrairia clientes. Errado. A promoção é a ponte entre o seu trabalho e o público certo.

Uma estratégia vencedora não depende de um único canal, mas de uma combinação de ferramentas e técnicas adaptadas ao seu público. O objetivo é criar uma presença consistente e memorável, utilizando os canais certos e mantendo uma comunicação eficaz ao longo do tempo.

ESCOLHER OS CANAIS CERTOS DE PROMOÇÃO

Cada público tem preferências diferentes sobre como recebe informações. Escolher os canais certos é o que diferencia uma mensagem ignorada de uma que converte.

Estratégias de promoção:

- **Marketing nas redes sociais:** Instagram e TikTok para públicos jovens e visuais, Facebook para comunidades e promoções mais estruturadas, LinkedIn para networking e conteúdo profissional, YouTube para vídeos educativos ou promocionais.
- **E-mail marketing:** Ideal para fidelizar o público, oferecer promoções exclusivas e manter um contato contínuo.
- **Publicidade online:** Anúncios em plataformas digitais para atingir pessoas que já buscam produtos ou serviços como o seu.
- **Eventos e networking:** Participação em feiras, conferências, workshops ou webinars online.
- **Parcerias e marketing de influência:** Parceiros estratégicos ou influenciadores podem ampliar muito o seu alcance.

Exemplo Prático: *Se você vende cursos de formação para empreendedores, LinkedIn e YouTube são mais eficazes do que TikTok ou Instagram.*

Exercício Prático: Escolha três canais principais nos quais focar e crie uma estratégia específica para cada um.

CRIAR CONTEÚDOS ENVOLVENTES E DE VALOR

Promoção não é só publicidade: oferecer conteúdos úteis é a melhor forma de atrair e fidelizar seu público.

Tipos de conteúdo eficazes:

- Artigos de blog com dicas práticas.
- Vídeos tutoriais ou demonstrativos.
- Posts educativos e motivacionais nas redes sociais.
- Estudos de caso e depoimentos de clientes.
- E-books ou relatórios para download em troca de e-mail.

Estratégias para tornar o conteúdo mais eficaz:

- **Seja consistente:** Publique regularmente para manter o público atento.
- **Seja autêntico:** Transparência e sinceridade geram confiança.
- **Seja interativo:** Responda aos comentários, faça enquetes e envolva seu público.

Exemplo Prático: *Um autor que promove seu livro pode publicar trechos gratuitos, criar discussões sobre temas relacionados e gravar vídeos dos bastidores do processo de escrita.*

Exercício Prático: Planeje um calendário de conteúdo para o próximo mês, incluindo pelo menos três formatos diferentes.

OTIMIZAR A MENSAGEM PROMOCIONAL

A forma como você comunica sua mensagem é crucial para atrair o público certo.

Defina uma proposta de valor clara:

- Qual problema você resolve?
- O que torna seu produto/serviço único?
- O que o cliente ganha ao escolher você?

Use chamadas para ação (CTAs) eficazes:

- "Baixe o guia gratuito" → Incentiva o público a deixar o e-mail.
- "Agende uma consultoria gratuita" → Estimula uma ação imediata.
- "Cadastre-se agora e ganhe 20% de desconto" → Cria senso de urgência.

Exemplo Prático: *Um vendedor de software de gestão para empresas pode usar como CTA: 'Reduza em 50% o tempo de gestão administrativa com nosso software. Agende uma demonstração gratuita agora!'*

Exercício Prático: Revise sua mensagem promocional atual e reescreva-a de forma mais clara e envolvente.

INTEGRAR DIFERENTES ESTRATÉGIAS PARA MAXIMIZAR O IMPACTO

Não existe uma fórmula única perfeita: a chave está em combinar várias estratégias para alcançar o melhor resultado.

Exemplo de estratégia integrada:

1. Criar um artigo de blog com conteúdo de valor.
2. Promovê-lo com uma publicação nas redes sociais.
3. Produzir um vídeo no YouTube aprofundando o tema.

4. Usar um anúncio patrocinado para alcançar mais pessoas.
5. Incluir o link no e-mail marketing para compartilhar com sua base.

Exemplo Prático: *Se você está promovendo um curso online, pode combinar um webinar gratuito, uma sequência de e-mails informativos e uma campanha nas redes sociais. Esse mix estratégico aumentou minhas vendas em 40%.*

Exercício Prático: Identifique três estratégias complementares que você pode integrar à sua promoção.

MONITORAR OS RESULTADOS E OTIMIZAR AS ESTRATÉGIAS

Uma estratégia eficaz é baseada em dados. Analise o desempenho e melhore continuamente.

Ferramentas para monitorar o desempenho:

- Analise o tráfego do site e as conversões.
- Monitore interações nas redes sociais.
- Avalie as taxas de abertura e conversão de e-mails.
- Use testes A/B para comparar diferentes versões de um anúncio.

Exemplo Prático: *Se você perceber que seu público interage muito mais com vídeos do que com posts escritos, aumente a produção de conteúdo em vídeo.*

Exercício Prático: Analise os dados das suas últimas ações promocionais e identifique uma estratégia que pode ser melhorada.

Uma estratégia de promoção eficaz exige planejamento, criatividade e adaptabilidade.

- Escolha os canais mais adequados ao seu público.

- Crie conteúdos de valor que engajem e fidelizem.
- Refine sua mensagem e use CTAs claras para incentivar a ação.
- Combine diversas estratégias para obter maior impacto.
- Monitore os resultados e otimize constantemente suas ações promocionais.

Lembre-se: Ter um bom produto ou serviço não é suficiente: se ninguém souber da sua existência, ele nunca terá sucesso.

SE DESTACAR E FAZER COM QUE FALEM DE VOCÊ

Vivemos em um mundo onde todos gritam por atenção e, se você não encontrar uma forma de se destacar, corre o risco de ficar invisível. Aprendi isso logo no início ao promover meus projetos. Acreditava que bastava ter um bom produto ou serviço para aparecer, mas a realidade é que qualidade sozinha não basta. Você precisa saber capturar o interesse do público e gerar conversas em torno do que faz.

A chave está em quebrar padrões e surpreender as pessoas, não com provocações forçadas, mas com ideias frescas e uma identidade forte e memorável.

DIFERENCIAR-SE DA MASSA: O QUE TE TORNA ÚNICO?

Se você quer chamar atenção, precisa oferecer algo distintivo. O primeiro passo para fazer com que falem de você é entender o que te torna diferente dos demais.

Encontre seu diferencial:

- Você tem um produto inovador?
- Oferece um serviço com valor agregado único?
- Sua marca tem uma mensagem forte e transformadora?

Aposte na originalidade:

- Conte sua história de maneira inesperada.
- Use um tom de voz único e reconhecível.
- Seja ousado no design, na embalagem ou na comunicação.

Exemplo Prático: *Quando lancei um novo projeto, ao invés de fazer uma promoção tradicional, criei um evento inesperado. Produzi um vídeo teaser misterioso sem revelar logo do que se tratava. Resultado? A curiosidade funcionou, e as pessoas começaram a compartilhar espontaneamente.*

Tesla não apenas vendeu carros elétricos, mas revolucionou o conceito de mobilidade sustentável com design futurista, alta performance e uma experiência do usuário inovadora.

Exercício Prático: Escreva três elementos que tornam seu produto ou serviço único em relação à concorrência.

CRIAR UMA CAMPANHA QUE GERE BOCA A BOCA

As pessoas falam daquilo que as surpreende, emociona ou diverte. Se você quer que falem de você, crie conteúdos que despertem essas reações.

Estratégias para gerar boca a boca:

- **Marketing experiencial:** Ofereça uma experiência envolvente e memorável.
- **Gestos inesperados:** Um brinde surpresa ou uma ação fora do comum pode fazer a diferença.
- **Desafios e tendências:** Crie um desafio viral que incentive a participação e o compartilhamento.
- **Storytelling emocional:** Conte uma história que toque o coração do público e que ele queira compartilhar.

Exemplo Prático: *A Apple transformou o lançamento de seus produtos em verdadeiros eventos midiáticos, gerando uma expectativa inédita no setor de tecnologia. Com marketing inovador e apresentações espetaculares, tornou* *cada novo produto um fenômeno global, aumentando o desejo e a fidelidade do público.*

Exercício Prático: Pense em uma campanha que possa surpreender seu público e deixá-lo entusiasmado a compartilhar.

APROVEITAR OS INFLUENCIADORES E FORMADORES DE OPINIÃO

As pessoas confiam em quem já tem um público consolidado. Colaborar com influenciadores e especialistas do setor pode amplificar sua mensagem.

Como escolher os influenciadores certos:

- Eles devem ter um público alinhado com o seu.
- Precisam ser autênticos e confiáveis.
- O estilo de comunicação deles deve ser compatível com sua marca.

Tipos de colaboração:

- Avaliações e unboxing do seu produto.
- Cocriação de conteúdo.
- Participações em eventos, entrevistas ou podcasts.

Exemplos Práticos: *Entrei em contato com um especialista do meu setor e propus uma colaboração. Em vez de pedir que ele promovesse meu trabalho diretamente, ofereci algo útil para o público dele. Isso tornou a parceria autêntica e trouxe resultados concretos.*

A Nike colabora com atletas renomados para promover seus produtos, usando seu carisma e credibilidade para fortalecer a identidade da marca.

Exercício Prático: Faça uma lista com três influenciadores ou especialistas do seu setor com quem você poderia colaborar para aumentar sua visibilidade.

USAR O FATOR SURPRESA E A PSICOLOGIA DO MARKETING

As pessoas se lembram do que as impacta de forma inesperada. Use a surpresa como ferramenta para criar um impacto forte.

Técnicas para explorar o fator surpresa:

- **Lançamento não convencional:** Apresente seu produto de forma inusitada, gerando curiosidade.
- **Efeito "uau" na embalagem ou na experiência de compra:** Unboxings extraordinários ou design inovador aumentam a memorização do produto.
- **Marketing disruptivo:** Vá na contramão do que os concorrentes estão fazendo para chamar atenção.

Exemplos Práticos: Lancei um novo serviço sem anunciá-lo diretamente, mas criando uma série de pistas que levavam à revelação final. O mistério gerou expectativa e engajamento, tornando o lançamento muito mais eficaz.

A IKEA criou experiências de compra imersivas como showrooms temporários e lojas pop-up com atividades interativas, despertando entusiasmo e curiosidade nos clientes.

Exercício Prático: Projete uma forma de surpreender seus clientes de maneira inesperada.

MANTER O INTERESSE AO LONGO DO TEMPO

Fazer as pessoas falarem de você uma vez não basta: é preciso manter a atenção do público com estratégias de longo prazo.

- **Crie eventos recorrentes:** Desafios, promoções, novas iniciativas.
- **Interaja com a comunidade:** Responda comentários, crie conversas e envolva seu público.

- **Atualize constantemente sua marca:** Mantenha a inovação como parte da sua identidade.

Exemplo Prático: *A Netflix mantém o interesse do público com lançamentos constantes de novas séries e interações frequentes nas redes sociais.*

Aprendi que não basta fazer um grande lançamento e desaparecer. Toda semana, comprometa-se a criar conteúdos interessantes para manter o público engajado e garantir que não se esqueçam de você e do seu produto.

Exercício Prático: Planeje uma ação de longo prazo que mantenha o interesse do seu público elevado com o tempo.

Fazer as pessoas falarem de você não é sorte: é estratégia e criatividade.

- Identifique o que torna você único e use isso para se destacar.
- Crie campanhas que surpreendam e envolvam o público.
- Colabore com influenciadores e pessoas-chave do seu setor.
- Use a surpresa e a psicologia do marketing para captar atenção.
- Mantenha o interesse alto com estratégias consistentes ao longo do tempo.

Lembre-se: O mundo está cheio de ruído — mas quem tem coragem de ser diferente, é quem realmente é ouvido.

CONSTRUIR UMA MARCA COERENTE E AUTÊNTICA

No mundo dos negócios e do marketing, a atenção se conquista com estratégias inovadoras — mas a confiança se conquista com coerência e autenticidade.

Aprendi isso na prática. Quando comecei a promover meus projetos, achava que bastava ter uma ideia brilhante para ter sucesso.

Depois percebi que, sem uma comunicação clara e consistente, o público não se conectava comigo. Cometi erros, mudei de rumo várias vezes tentando seguir cada nova tendência. O resultado? Confusão. Até que entendi que a chave era permanecer fiel aos meus valores e me comunicar de forma autêntica.

Uma marca reconhecida e respeitada não é apenas aquela que promove um produto, mas aquela que é fiel aos seus valores e os comunica com constância ao longo do tempo. O público está cada vez mais atento e sabe reconhecer a diferença entre uma comunicação sincera e uma feita apenas para chamar atenção.

POR QUE COERÊNCIA E AUTENTICIDADE SÃO FUNDAMENTAIS?

Uma marca incoerente ou pouco autêntica perde credibilidade rapidamente.

- **A coerência gera confiança:** Se o público sabe o que esperar de você, desenvolve um senso de familiaridade e segurança.
- **A autenticidade gera conexão:** As pessoas se identificam com quem é genuíno, e não com quem só quer vender algo.
- **Uma identidade clara reforça o posicionamento:** Uma marca que transmite sempre a mesma mensagem se torna mais reconhecível e memorável.

Exemplo Prático: *A Apple construiu sua imagem com base em simplicidade, inovação e design. Cada produto, propaganda e estratégia de marketing reflete esses valores, criando uma identidade sólida e coerente.*

Quando comecei a trabalhar com publicidade, tentava me adaptar a qualquer pedido do cliente, mesmo quando ia contra meu estilo e meus valores. Percebi que os resultados eram medianos e que meu trabalho não tinha identidade. Só quando decidi focar no que sabia fazer melhor e me comunicar com coerência, comecei a atrair os clientes certos.

Exercício Prático: Escreva três valores fundamentais da sua marca ou projeto e verifique se sua comunicação realmente os reflete.

MANTER UMA COMUNICAÇÃO COERENTE EM TODOS OS CANAIS

Sua mensagem precisa ser reconhecível em todos os lugares: do site às redes sociais, até o atendimento ao cliente.

Crie uma identidade de marca clara:

- **Tom de voz:** Você é formal ou informal? Inspirador ou técnico?
- **Estilo visual:** Cores, fontes, logotipo e imagens devem ser consistentes.
- **Mensagens-chave:** Quais frases e ideias você quer que seu público associe à sua marca?

Aplique a coerência em todos os seus conteúdos:

- O site deve refletir o mesmo tom e imagem das redes sociais.
- Os e-mails de marketing devem seguir o mesmo estilo das campanhas publicitárias.
- O modo como você interage com os clientes deve refletir seus valores de marca.

Exemplo Prático: *Se sua marca promove sustentabilidade, mas usa embalagens poluentes, o público perceberá a incoerência e perderá a confiança.*

Exercício Prático: Revise todos os seus canais de comunicação e verifique se o tom, o design e a mensagem são uniformes.

SER AUTÊNTICO: MOSTRAR-SE COMO REALMENTE É

A autenticidade não pode ser fingida: as pessoas percebem quando uma marca é sincera ou forçada.

Como ser autêntico nos negócios:

- **Compartilhe sua história**: Fale sobre sua trajetória, os desafios superados e seus valores.
- **Não tente agradar a todos**: É melhor ser relevante para o público certo do que tentar agradar a todos.
- **Admita erros**: Se algo der errado, enfrente com transparência em vez de esconder.

Mostre o lado humano da sua marca:

- Mostre os bastidores do seu negócio.
- Compartilhe conquistas, mas também dificuldades enfrentadas.
- Interaja com o público de forma genuína — não apenas para vender.

Exemplo Prático: *A Patagonia é uma marca de roupas outdoor construída sobre o pilar da sustentabilidade. E ela não apenas declara isso: recusa o fast fashion, conserta peças gratuitamente e doa parte dos lucros para causas ambientais. Isso a torna autêntica e confiável.*

Exercício Prático: Escreva três elementos que tornam seu projeto autêntico e verifique se você os comunica de forma clara ao seu público.

COERÊNCIA AO LONGO DO TEMPO: NÃO MUDE DE DIREÇÃO COM FREQUÊNCIA

Uma marca que muda constantemente sua mensagem, valores ou identidade acaba confundindo o público.

Como manter uma linha coerente ao longo do tempo:

- **Defina uma visão de longo prazo:** Onde você quer chegar em 5 ou 10 anos?
- **Evite seguir todas as modas passageiras:** Acompanhe o mercado, mas sem perder sua essência.

- **Mantenha seus valores firmes:** Mesmo que o negócio evolua, seus princípios devem continuar visíveis.

Exemplo Prático: *A Coca-Cola sempre manteve uma mensagem positiva relacionada à felicidade e à partilha. Mesmo com mudanças de design e estratégias, o valor central permaneceu.*

Exercício Prático: Avalie se sua marca tem mantido coerência ao longo do tempo ou se tem mudado com frequência sua mensagem e direção.

CRIAR UM VÍNCULO DE CONFIANÇA COM O PÚBLICO

Coerência e autenticidade geram confiança — a base para um público fiel e engajado.
Estratégias para fortalecer a confiança:

- **Cumpra o que promete:** Se fizer uma promessa, honre-a.
- **Ouça o público:** Interaja com sinceridade e responda às necessidades reais.
- **Ofereça valor real:** Não apenas tente vender — ajude seu público com conteúdo útil e significativo.

Exemplo Prático: *Uma pequena marca artesanal que responde pessoalmente às mensagens dos clientes e compartilha a história por trás de cada produto constrói um vínculo de confiança muito mais forte do que uma empresa que se comunica de forma impessoal.*

Percebi que as marcas que respondem ativamente aos comentários e mensagens constroem uma conexão de confiança muito mais sólida do que aquelas que mantêm uma comunicação fria e distante.

Exercício Prático: Analise como você se comunica com seu público e identifique um ponto onde pode melhorar a confiança e o engajamento.

Coerência e autenticidade não são apenas conceitos abstratos — são ferramentas poderosas para construir uma marca sólida e duradoura.

- Mantenha uma comunicação consistente em todos os canais.
- Seja autêntico e transparente em suas ações e mensagens.
- Evite mudanças bruscas de direção que possam confundir o público.
- Crie um vínculo de confiança oferecendo valor real e ouvindo o seu público.

Lembre-se: Uma marca coerente e autêntica não precisa gritar para ser ouvida — a confiança do público é o seu megafone mais poderoso.

CRIE UMA HISTÓRIA ENVOLVENTE PARA O SEU PRODUTO

As pessoas não compram apenas produtos ou serviços — elas compram emoções, experiências e histórias. Aprendi isso na prática quando comecei a divulgar meus projetos. Achava que bastava dizer: "Este é meu produto, ele é incrível, compre!". Mas ninguém me ouvia. Depois percebi que, em vez de vender, eu precisava contar uma história.

Uma boa história não apenas chama atenção, mas cria conexão, inspira confiança e torna sua marca memorável. É por isso que alguns produtos se tornam icônicos, enquanto outros permanecem no anonimato.

Se você quer que seu público se identifique com sua marca, precisa contar uma história envolvente, autêntica e capaz de despertar emoções.

POR QUE O STORYTELLING É TÃO PODEROSO?

As histórias ativam a parte emocional do cérebro, tornando a mensagem mais eficaz e memorável do que dados ou características técnicas.

- **Cria um vínculo emocional:** As pessoas lembram de como você as fez sentir, mais do que do que você disse.
- **Diferencia da concorrência:** Uma boa história torna único até um produto comum.
- **Aumenta o valor percebido:** Um produto com uma boa história ganha mais significado e desejo.
- **Facilita o compartilhamento:** As pessoas adoram contar e espalhar boas histórias.

Exemplo Prático: *A Nike não vende apenas tênis: vende a história de atletas que superam seus limites, com o famoso slogan 'Just Do It'.*

Exercício Prático: Pense em um produto ou serviço que você usa no dia a dia e pergunte-se: ele tem uma história por trás? Se sim, o que o torna memorável?

COMO CRIAR UMA HISTÓRIA ENVOLVENTE PARA O SEU PRODUTO?

Uma boa história segue uma estrutura clara e cativante.

Quando lancei um novo serviço, em vez de fazer uma divulgação tradicional, contei minha experiência: por que decidi criá-lo, os erros que cometi, os desafios superados e os resultados alcançados. Isso tornou tudo mais autêntico, e as pessoas se sentiram parte da minha jornada.

Elementos-chave de uma história eficaz:

1. **O protagonista:** Quem é o personagem principal da sua história? Pode ser o fundador, um cliente ou o próprio produto.
2. **O problema:** Qual desafio ou obstáculo ele enfrenta?
3. **A transformação:** Como seu produto ou serviço ajuda a superar o problema?
4. **A emoção:** Que sentimentos você quer despertar no público?

Exemplo Prático: *O Airbnb construiu sua marca em torno da ideia de* *pertencimento e conexão entre viajantes e anfitriões. Suas campanhas contam histórias de pessoas que encontram um 'lar longe de casa' em qualquer lugar do mundo.*

Exercício Prático: Escreva um rascunho da sua história seguindo os quatro passos acima.

INTEGRAR SUA HISTÓRIA AO MARKETING

O storytelling precisa estar alinhado à sua comunicação e ser aplicado em todos os seus canais.

Percebi que simplesmente apresentar um produto não gerava engajamento. Quando sugeria às empresas que compartilhassem histórias reais dos clientes — seus sucessos, desafios e como o produto os ajudou — a confiança aumentava, assim como as vendas.

Como integrar sua história no marketing:

- **Site:** Conte sua missão e a história da marca na seção "Sobre".
- **Redes sociais:** Use posts, vídeos e stories para compartilhar momentos-chave e bastidores do projeto.
- **Embalagens e materiais promocionais:** Adicione um elemento narrativo que reforce o valor do produto.
- **Publicidade e campanhas de branding:** Crie anúncios emocionais ou depoimentos que reforcem a história da marca.

Exemplo Prático: *A marca Dove revolucionou o setor de cosméticos com a campanha 'Real Beauty', contando histórias autênticas de mulheres reais e redefinindo o conceito de beleza.*

Exercício Prático: Escolha um canal (site, redes sociais, embalagem) e pense em como você pode integrar sua história nele.

TORNAR A HISTÓRIA COMPARTILHÁVEL

As histórias mais eficazes são aquelas que as pessoas querem contar e compartilhar.

Estratégias para criar uma história viral:

- **Apele às emoções:** Surpreenda, emocione ou inspire o público.
- **Crie um movimento:** Torne sua marca parte de uma causa ou mensagem maior.
- **Convide o público a participar:** Incentive as pessoas a contar suas experiências com seu produto.
- **Use o formato certo:** Vídeos, imagens e textos envolventes tornam a história mais impactante.

Exemplo Prático: *A GoPro construiu sua marca permitindo que os clientes compartilhassem suas aventuras com vídeos impressionantes, transformando os usuários em verdadeiros embaixadores do produto.*

Histórias compartilhadas tiveram um efeito incrível: mais credibilidade, mais engajamento, mais boca a boca.

Exercício Prático: Pense em uma forma de tornar sua história facilmente compartilhável pelo seu público.

A AUTENTICIDADE É A CHAVE DO SUCESSO

Uma história inventada ou forçada nunca terá o mesmo impacto de uma narrativa autêntica.

Como garantir autenticidade na sua história:

- **Use experiências reais, depoimentos ou eventos verdadeiros.**
- **Evite exageros promocionais ou autoelogios excessivos.**
- **Mostre também os momentos difíceis, não apenas os sucessos.**

- **Seja coerente com o tempo**: sua história deve realmente refletir quem você é.

Exemplo Prático: *A LEGO superou momentos difíceis na sua história e soube contá-los de forma transparente, fortalecendo o vínculo emocional com seu público.*

Exercício Prático: Reflita sobre como sua história pode ser contada de forma autêntica e transparente.

As histórias vendem mais do que os produtos. Uma narrativa eficaz pode transformar uma ideia em um fenômeno global.

- Identifique o protagonista, o problema, a transformação e a emoção da sua história.
- Integre a narrativa ao seu marketing para tornar sua marca reconhecível.
- Crie uma história envolvente e compartilhável que gere conversa.
- Mantenha autenticidade e coerência para construir confiança e conexão com seu público.

Lembre-se: Um produto pode ser esquecido — uma boa história permanece viva na memória.

ENVOLVER O PÚBLICO: DO SIMPLES INTERESSE À PARTICIPAÇÃO ATIVA

Se tem algo que aprendi ao longo da minha carreira, é que as pessoas não querem apenas comprar um produto ou seguir um projeto: elas querem fazer parte dele. Vivemos em uma era em que a interação é tudo. Qualquer um pode lançar algo no mercado, mas só quem envolve o público de verdade causa um impacto duradouro.

Já vivi ambas as situações: lançar uma ideia e não receber nenhuma atenção, e depois, com uma estratégia mais direcionada, transformar aquele público indiferente em uma comunidade ativa. Não é mágica — é o resultado de um envolvimento genuíno.

POR QUE ENVOLVER O PÚBLICO É TÃO IMPORTANTE?

Um público engajado não é apenas um grupo de clientes ou espectadores — é um verdadeiro aliado no crescimento da sua marca. A interação gera conexão, confiança e até novas oportunidades.

Quando lancei um projeto online, inicialmente achei que as pessoas se interessariam sozinhas. Depois percebi que precisava envolvê-las ativamente. Comecei a fazer perguntas, pedir opiniões, criar momentos de interação. O resultado? As pessoas começaram a se sentir parte do projeto e a divulgá-lo espontaneamente.

- **Aumenta o interesse e o engajamento** – Quando o público participa, é mais provável que lembre de você e te apoie.
- **Gera boca a boca espontâneo** – As pessoas adoram compartilhar aquilo que as entusiasma.
- **Fornece feedback valioso** – Você pode melhorar sua oferta com base nas sugestões diretas do público.
- **Fortalece a confiança e a conexão** – Quando o público se sente ouvido, o vínculo com a marca se consolida.

Exemplo Prático: *A Netflix usa as redes sociais para envolver ativamente o público com enquetes, perguntas abertas e conteúdos personalizados, fazendo cada usuário se sentir parte de uma grande conversa.*

Exercício Prático: Analise seu atual nível de interação com o público e identifique uma área onde pode melhorar.

CRIAR OPORTUNIDADES DE INTERAÇÃO ONLINE

O digital oferece possibilidades infinitas para envolver o público de forma direta e interativa.

Certa vez, lancei um concurso convidando o público a compartilhar sua experiência com o produto de um cliente. O resultado? Não apenas mais visibilidade, mas também muitas histórias autênticas que aproximaram ainda mais o público da marca.

Estratégias eficazes para gerar engajamento online:

- **Enquetes e quizzes interativos:** Pergunte ao público sua opinião sobre temas relevantes para sua marca.
- **Concursos e sorteios:** Estimule a participação oferecendo prêmios relacionados ao seu produto.
- **Lives e Q&A:** Use ferramentas como Instagram Live, Facebook Live ou YouTube para interações em tempo real.
- **Desafios e hashtags virais:** Crie uma challenge envolvente e convide o público a participar.
- **Conteúdo gerado pelo usuário (UGC):** Incentive os usuários a compartilharem suas experiências com sua marca.

Exemplo Prático: *A LEGO criou a plataforma LEGO Ideas, onde os fãs podem propor novos kits e votar nas melhores ideias, transformando os clientes em verdadeiros co-criadores do produto.*

Exercício Prático: Escolha uma das estratégias acima e aplique-a na sua realidade, criando uma iniciativa envolvente para seu público.

ENVOLVER O PÚBLICO EM EVENTOS PRESENCIAIS

Mesmo no mundo digital, o contato físico continua sendo um fator-chave para criar conexões autênticas.

Formas de envolver o público em eventos:

- **Workshops e masterclasses:** Ofereça experiências práticas com valor real para os participantes.
- **Encontros e reuniões de comunidade:** Organize encontros informais para fortalecer os laços.
- **Experiências imersivas:** Crie eventos interativos onde as pessoas possam viver sua marca.

- **Networking e painéis de discussão:** Promova trocas e compartilhamento de ideias.

Exemplo Prático: *A Red Bull organiza eventos radicais e competições esportivas que atraem entusiastas da adrenalina, transformando a marca em um verdadeiro estilo de vida.*

Exercício Prático: Pense em um evento ou experiência ao vivo que você possa organizar para envolver mais seu público.

COLETAR FEEDBACK E TORNAR O PÚBLICO PARTE DO PROCESSO

As pessoas gostam de se sentir parte de algo. Se você der voz a elas, se sentirão mais conectadas à sua marca.
Como envolver o público no crescimento da marca:

- **Peça opinião sobre ideias ou novos produtos** por meio de enquetes ou testes.
- **Recompense a participação**: Reconheça os membros mais ativos da comunidade.
- **Crie conteúdo baseado nas necessidades do público**: Ouça seus problemas e ofereça soluções reais.
- **Responda comentários e interaja ativamente**: Vá além da publicação, mantenha um diálogo.

Exemplo Prático: *O Spotify criou playlists personalizadas com base nas preferências dos usuários, mostrando como ouvir o feedback pode melhorar a experiência do cliente.*

Exercício Prático: Crie uma pequena enquete para seu público e descubra o que eles gostariam de melhorar ou ver de novo na sua marca.

CRIAR UMA COMUNIDADE ATIVA E FIEL

O engajamento não deve ser uma ação isolada, mas um processo contínuo que fortaleça sua comunidade.

Como construir uma comunidade sólida:

- **Dê uma identidade à sua comunidade**: Um nome, hashtag ou grupo exclusivo ajuda a unir o público.
- **Estimule o compartilhamento entre os membros**: Crie espaços de conversa como fóruns ou grupos privados.
- **Organize momentos de interação regulares**: Lives semanais, eventos recorrentes, encontros fixos.
- **Transmita senso de pertencimento**: Faça o público se sentir parte de algo maior.

Exemplo Prático: *A Harley-Davidson não vende apenas motos — criou uma cultura em torno da marca, com encontros, clubes exclusivos e um forte senso de pertencimento entre os clientes.*

Você pode criar um grupo exclusivo para os seus clientes mais fiéis, oferecendo conteúdos especiais e interações diretas. Isso fortalece os laços e transforma membros em verdadeiros embaixadores da marca.

Exercício Prático: Pense em uma iniciativa que possa tornar seu público parte de uma comunidade exclusiva.

O público não é apenas um grupo de clientes ou seguidores — é uma comunidade que pode se tornar o coração do seu negócio.

- Crie oportunidades de interação online com conteúdos envolventes.
- Organize eventos presenciais para reforçar a conexão com o público.
- Peça feedback e faça com que as pessoas se sintam parte do crescimento da sua marca.

- Construa uma comunidade ativa e fiel que sustente seu projeto no longo prazo.

Lembre-se: Engajamento transforma espectadores em participantes, clientes em embaixadores e ideias em movimentos.

CONSTRUIR RELAÇÕES AUTÊNTICAS COM SEU PÚBLICO

O sucesso não depende apenas da qualidade de um produto ou serviço, mas da sua capacidade de construir relações autênticas e duradouras com o público.

Entendi isso quando comecei a promover meus projetos. Achava que bastava oferecer algo de qualidade e as pessoas viriam sozinhas. Mas logo percebi que o público quer mais: quer se sentir visto, ouvido e valorizado. As pessoas não querem ser apenas clientes ou seguidores — querem fazer parte de uma comunidade onde sua voz importa.

Se você quer construir um público fiel e engajado, precisa investir tempo e energia em relações verdadeiras, baseadas em confiança e comunicação sincera.

POR QUE RELAÇÕES AUTÊNTICAS SÃO FUNDAMENTAIS?

A fidelização é mais valiosa do que conquistar novos clientes: um público fiel tende a te apoiar no longo prazo.

- **Gera confiança e credibilidade:** As pessoas confiam em quem é autêntico e coerente.
- **Aumenta o engajamento:** Um público valorizado interage mais com sua marca.
- **Favorece o boca a boca:** Clientes satisfeitos recomendam sua marca a outros.
- **Oferece vantagem competitiva:** Em um mercado saturado, o vínculo emocional é o seu diferencial.

Exemplo Prático: *A Starbucks não vende só café, mas oferece uma experiência em que o cliente se sente acolhido, com seu nome no copo e um ambiente familiar que reforça o vínculo emocional.*

Exercício Prático: Reflita sobre como sua marca ou projeto pode oferecer uma experiência mais pessoal ao público.

OUVIR O PÚBLICO E RESPONDER DE FORMA SIGNIFICATIVA

A interação com o público não deve ser superficial, mas sim um verdadeiro diálogo.
Como melhorar a escuta e a comunicação:

- **Responda comentários e mensagens**: Até um simples "obrigado" mostra atenção.
- **Peça feedback e opiniões**: Use enquetes e perguntas abertas.
- **Mostre empatia e esteja disponível**: Responda com cuidado às dúvidas e preocupações.
- **Personalize a comunicação**: Chamar o cliente pelo nome ou reconhecer os mais engajados faz toda a diferença.

Exemplo Prático: *O Ritz-Carlton é famoso por seu atendimento excepcional, onde cada funcionário tem autonomia para garantir uma experiência extraordinária, criando lealdade e conexão emocional com a marca.*

Exercício Prático: Separe 10 minutos por dia para responder às mensagens do seu público com atenção e personalização.

ESTAR PRESENTE E ACESSÍVEL

Um público que percebe sua presença constante sente-se mais conectado com você.
Estratégias para aumentar sua presença:

- **Publique com regularidade**: Não desapareça por semanas para depois reaparecer.
- **Participe de discussões nos comentários e grupos**: Mostre envolvimento real.
- **Crie momentos de interação direta**: Lives, webinars, sessões de perguntas e respostas.
- **Mostre seu lado humano**: Compartilhe experiências reais, bastidores e momentos autênticos.

Exemplo Prático: *Gary Vaynerchuk responde regularmente aos comentários dos seguidores, criando um senso de relacionamento direto, mesmo com seu enorme alcance.*

Exercício Prático: Programe ao menos um conteúdo por semana para interagir diretamente com seu público (live, Q&A, respostas nos comentários).

CRIAR UM SENSO DE PERTENCIMENTO

As pessoas querem fazer parte de algo maior. Dê a elas um motivo para se sentirem parte da sua comunidade.

Formas de fortalecer o senso de pertencimento:

- **Dê um nome à sua comunidade**: Criar uma identidade coletiva aproxima o público.
- **Recompense a fidelidade**: Ofereça benefícios exclusivos aos seguidores mais ativos.
- **Envolva o público em decisões importantes**: Peça opiniões sobre novos produtos ou iniciativas.
- **Compartilhe histórias do seu público**: Mostre que você valoriza seus clientes ou leitores.

Exemplo Prático: *A Apple criou uma comunidade de usuários fiéis que se identificam com a marca, graças a eventos exclusivos, fóruns dedicados e uma experiência de usuário única.*

Exercício Prático: Pense em uma forma de fazer seu público se sentir parte de um grupo especial ligado à sua marca.

CONSTRUIR RELAÇÕES AUTÊNTICAS AO LONGO DO TEMPO

Relações sólidas não se constroem da noite para o dia, mas com constância e autenticidade.

Como manter a confiança no longo prazo:

- **Cumpra suas promessas:** Se fizer um anúncio ou promessa, cumpra sempre.
- **Não seja apenas comercial:** Intercale conteúdos promocionais com conteúdo de valor.
- **Mostre gratidão:** Agradeça o público pelo apoio e tempo dedicado.
- **Evolua sem perder sua essência:** Cresça e inove, mas mantenha seus valores intactos.

Exemplo Prático: *A IKEA construiu um relacionamento sólido com seus clientes promovendo sustentabilidade e acessibilidade. Com o programa 'IKEA Family' e iniciativas de reutilização e reciclagem de móveis, formou uma comunidade fiel que compartilha seus valores.*

Exercício Prático: Identifique três formas de mostrar ao seu público que a fidelidade dele é apreciada e valorizada.

Cultivar relações autênticas é a chave para construir um público fiel e apaixonado.

- Ouça seu público e interaja com sinceridade.
- • Esteja presente e acessível — não seja apenas uma sombra digital.
- Crie senso de pertencimento e envolva o público nas suas iniciativas.

- Construa confiança ao longo do tempo com coerência e autenticidade.

Lembre-se: As pessoas lembram mais de como você as fez sentir do que do que você vendeu.

EM RESUMO

Para ter sucesso na vida e alcançar seus objetivos, é essencial compreender seu público e seus clientes-alvo. Use estratégias de promoção direcionadas, cause impacto e faça com que falem de você ou do seu produto. Mantenha a consistência, seja autêntico, conte uma história envolvente, envolva ativamente seu público e cultive relacionamentos sinceros.

Esses são os ingredientes fundamentais para construir um sucesso duradouro, baseado na atenção e no interesse verdadeiro do público.

9 COMO ADMINISTRAR O TEMPO

"Tempo é dinheiro." Quantas vezes ouvi essa frase na vida? Inúmeras. E por anos, também acreditei que fosse verdade. Trabalhava sem parar, convencido de que quanto mais horas eu dedicasse ao meu negócio, mais dinheiro ganharia e mais sucesso teria. Só com o tempo percebi que essa forma de pensar estava profundamente equivocada.

O tempo não é dinheiro! Dinheiro se ganha, se perde e se recupera. O tempo, por outro lado, uma vez passado, nunca mais volta. Por isso, a verdadeira riqueza não está em acumular dinheiro, mas em usá-lo para ganhar mais tempo para o que realmente importa.

O PARADOXO DO TRABALHO E DA RIQUEZA

No início da minha carreira, me vi preso num ciclo sem fim:

- Quanto mais eu trabalhava, mais ganhava.
- Quanto mais ganhava, mais queria trabalhar para crescer.
- Mas quanto mais trabalhava, menos tempo tinha para mim.

Lembro de uma fase em que dormia pouquíssimo, trabalhava sete dias por semana, sempre atrás de novos clientes e oportunidades.

Dizia a mim mesmo: "Estou construindo meu futuro, preciso me sacrificar agora para curtir depois." Mas... quando chegaria esse "depois"? Se eu não tivesse mudado minha mentalidade, provavelmente nunca teria chegado.

A virada veio quando comecei a observar pessoas que já tinham alcançado o sucesso. Percebi que os verdadeiros ricos não trocavam tempo por dinheiro. Eles criavam sistemas, investiam e geravam renda mesmo sem estarem diretamente envolvidos.

Essa foi minha primeira grande lição sobre liberdade financeira: não se trata de trabalhar mais, mas de trabalhar com inteligência.

CRIAR RENDA PASSIVA: O SEGREDO DA LIBERDADE

Um dos maiores erros que cometi no começo foi acreditar que, para ganhar mais, precisava trabalhar mais. Essa é uma ilusão na qual muitas pessoas caem. A verdade é que o verdadeiro sucesso financeiro chega quando o dinheiro trabalha por você — e não o contrário.

Quando entendi isso, comecei a construir fontes de **renda passiva**. Investi em projetos que geravam retorno mesmo sem minha presença diária. Algumas das estratégias que adotei:

- **Investimentos imobiliários** – Comprei imóveis para alugar e gerar renda estável.
- **Negócios automatizados** – Criei sistemas e deleguei tarefas que funcionavam sem mim.
- **Propriedade intelectual** – Escrevi livros, roteiros e desenvolvi formatos de TV — ativos que continuam gerando valor.
- **Renda online** – Desenvolvi produtos digitais e serviços online com receita recorrente.

Graças a essas estratégias, comecei a libertar meu tempo. Não aconteceu da noite para o dia, mas cada passo me levou mais perto da liberdade.

DELEGAR E LIBERAR TEMPO

Um dos momentos mais difíceis da minha trajetória foi perceber que estava tentando fazer tudo sozinho. Achava que ninguém fazia tão bem quanto eu. Acreditava que delegar era perder o controle.

Mas o dia em que decidi confiar tarefas a pessoas competentes, algo surpreendente aconteceu: meu negócio continuou funcionando — e muitas vezes, até melhor! Comecei a delegar:

- **Tarefas repetitivas** – Contratei assistentes para gestão administrativa e comunicação.
- **Produção de conteúdo** – Colaborei com redatores e criativos.
- **Gestão de investimentos** – Trabalhei com especialistas para otimizar recursos financeiros.

Cada tarefa delegada me devolveu horas preciosas — tempo que usei com minha família, hobbies e projetos criativos.

O VERDADEIRO OBJETIVO: TEMPO LIVRE E QUALIDADE DE VIDA

No fim das contas, a verdadeira pergunta não é "Quanto dinheiro eu tenho?", mas "Quanto tempo livre tenho para viver?".

Conheci pessoas ricas sem um minuto para si mesmas — sempre estressadas, sempre correndo. E conheci outras com menos dinheiro, mas com uma vida feliz e equilibrada.

Decidi que minha riqueza seria medida não em dinheiro, mas na liberdade de escolher o que fazer com meu tempo. Porque tempo é o recurso mais valioso — e uma vez perdido, não volta mais.

Se eu pudesse dar um conselho: não trabalhe apenas para acumular dinheiro. Trabalhe para criar um sistema que te dê mais tempo para viver.

O TEMPO É UMA OPORTUNIDADE: NÃO DESPERDICE!

Cada dia é uma oportunidade. Cada hora, um investimento. A diferença entre quem tem sucesso e quem fica estagnado está em como usa seu tempo.

Perguntas que me faço diariamente:

- Estou investindo meu tempo no que realmente importa?
- Estou construindo algo que me trará mais liberdade no futuro?
- Se hoje fosse meu último dia, eu estaria satisfeito com como o vivi?

Se a resposta for "não" para qualquer uma dessas, sei que preciso mudar algo. Não espere ser "rico o suficiente" para começar a viver.

Construa hoje um sistema que te permita aproveitar o que ama. Use o dinheiro como ferramenta para conquistar tempo — e não como objetivo final.

Porque, no fim, o sucesso não se mede por quanto você ganhou — mas por quanto viveu.

Lembre-se: O tempo não é dinheiro. O tempo é muito mais. É liberdade. É vida. É oportunidade.

ORGANIZE O SEU DIA

Um dos erros mais comuns que cometi no início foi achar que, para ter sucesso, precisava trabalhar o máximo possível, preenchendo cada minuto com tarefas. Era uma corrida contra o tempo, uma ilusão de produtividade — que na verdade só me esgotava.

Depois, descobri um conceito que mudou tudo: não é trabalhar mais que te enriquece — é trabalhar melhor.

O livro *"Trabalhe 4 Horas por Semana"* de Timothy Ferriss foi uma revelação. Não porque acredito que todos podem viver trabalhando tão pouco, mas porque me ensinou que a forma como estruturamos nosso tempo define a qualidade da nossa vida. Ferriss mostra como eficiência e delegação são mais importantes do que quantidade de horas — e esse conceito transformou minha rotina.

O TEMPO É O RECURSO MAIS VALIOSO

Muita gente pensa que o dinheiro é o recurso mais importante. Mas a verdade é que o tempo é o único que não podemos recuperar. Organizar o dia estrategicamente significa:

- Evitar caos e improviso.
- Aproveitar melhor cada momento.
- Eliminar o estresse dos prazos de última hora.
- Ter mais tempo para o que realmente importa.

Exercício Prático: Pegue uma folha e anote tudo que você faz ao longo do dia. Analise quanto tempo dedica às atividades que realmente importam. Você pode se surpreender com quanto tempo é desperdiçado em distrações.

CRIE UMA ROTINA MATINAL DE SUCESSO

A forma como você começa o dia define o tom das próximas horas. Testei várias rotinas ao longo dos anos e aprendi que alguns hábitos fazem diferença real:

- **Acordar cedo** – Ter tempo antes dos outros acordarem te dá vantagem: mais foco, menos interrupções.
- **Evitar o celular ao acordar** – Checar e-mails e redes sociais logo cedo sobrecarrega sua mente.
- **Meditação ou respiração consciente** – Mesmo 5 minutos reduzem o estresse e aumentam o foco.
- **Atividade física** – Um breve exercício ativa corpo e mente.
- **Definir os objetivos do dia** – Anotar 2 ou 3 metas principais mantém o foco ao longo do dia.

Exercício Prático: Escreva uma lista de hábitos que gostaria de incluir na sua rotina matinal ideal. Comece com pequenas mudanças e vá adicionando aos poucos.

TÉCNICAS DE PLANEJAMENTO PARA MAXIMIZAR A PRODUTIVIDADE

Para organizar bem o dia, existem técnicas simples e eficazes:

1. Método das 3 Prioridades
Todas as manhãs, identifique 3 tarefas essenciais que, se concluídas, tornarão seu dia produtivo.

- Anote as três prioridades num caderno ou app de notas.
- Faça-as nas primeiras horas, quando sua energia está mais alta.
- Evite distrações até concluir essas tarefas.

2. Técnica do Time Blocking
Divida o dia em blocos de tempo dedicados a atividades específicas.

- Separe horários para trabalho, aprendizado, exercícios e lazer.
- Evite multitarefas: foque em uma atividade por vez.
- Use um cronômetro para respeitar os tempos definidos.

Exercício Prático: Tente planejar seu dia em blocos de 60 a 90 minutos para tarefas específicas. Após cada bloco, faça uma pausa de 5 a 10 minutos para recarregar.

3. Método Pomodoro
Se você procrastina ou se distrai facilmente, esse método ajuda bastante:

- Trabalhe intensamente por 25 minutos.

- Faça uma pausa de 5 minutos.
- Repita o ciclo 4 vezes, depois faça uma pausa mais longa (15-30 minutos).

Exercício Prático: Use um timer e experimente o método Pomodoro por uma sessão. Observe como isso afeta sua produtividade.

ELIMINAR A PERDA DE TEMPO

Um dos principais motivos pelos quais muitas pessoas não alcançam seus objetivos é a quantidade de tempo desperdiçado com atividades inúteis. Aqui estão alguns hábitos que você deve eliminar para recuperar um tempo valioso:

- **Rolar as redes sociais sem um propósito claro** – Limite o uso das redes sociais e defina um tempo máximo diário.
- **Verificar e-mails constantemente** – Reserve momentos específicos do dia para lidar com e-mails, em vez de checá-los o tempo todo.
- **Dizer "sim" a muitos pedidos** – Aprenda a dizer não a compromissos que não contribuem para seus objetivos.
- **Assistir muita TV ou séries sem controle** – Permita-se relaxar, mas com moderação.

Exercício Prático: Faça uma lista das suas principais distrações e encontre formas de reduzi-las ou eliminá-las.

O PAPEL DO DESCANSO E DO TEMPO LIVRE

Um erro comum é pensar que trabalhar mais horas significa ser mais produtivo. Na realidade, a qualidade do tempo dedicado ao trabalho é muito mais importante do que a quantidade. Pausas e tempo livre não são perda de tempo, mas ferramentas essenciais para manter altos níveis de energia e criatividade.

Aqui vão algumas práticas para um descanso eficaz:

- **Durma pelo menos 7–8 horas por noite** – O sono é fundamental para o bem-estar físico e mental.
- **Desconecte do trabalho antes de dormir** – Evite telas e e-mails à noite para melhorar a qualidade do sono.
- **Dedique tempo a hobbies e paixões** – Cultivar interesses fora do trabalho ajuda a manter o equilíbrio mental.

Exercício Prático: Planeje uma pausa de pelo menos uma hora por dia para uma atividade que te relaxe e recarregue suas energias.

Organizar o dia não significa preenchê-lo de tarefas, mas dar a ele um sentido e uma direção clara.

Aprendi na prática que a produtividade não se mede em horas trabalhadas, mas nos resultados obtidos. Como diz Ferriss em seu livro, *o segredo não é trabalhar mais, mas trabalhar de forma mais inteligente.*

Lembre-se: O objetivo não é apenas fazer mais, mas fazer o que realmente importa. Se aprendermos a gerenciar nosso tempo com inteligência, podemos alcançar resultados extraordinários sem sacrificar o bem-estar pessoal.

ORGANIZAÇÃO DA LINHA DO TEMPO DE TRABALHO

Ter grandes objetivos é essencial, mas sem um planejamento claro, corremos o risco de nos perder na confusão ou de procrastinar. Eu sei bem disso, pois vivi isso pessoalmente. Nos meus primeiros anos como empreendedor, tinha mil ideias e projetos na cabeça, mas sem uma estratégia definida, me via frequentemente correndo contra o tempo, trabalhando até tarde e sem alcançar os resultados esperados. Foi então que percebi a importância de organizar uma linha do tempo eficaz.

Organizar o tempo não é uma prisão que limita nossa criatividade, mas uma ferramenta que nos oferece mais liberdade e controle sobre nosso trabalho e nossa vida. Criar uma linha do tempo bem estruturada permite:

- Ter uma visão clara dos passos necessários para alcançar nossos objetivos.
- Alocar o tempo de forma mais eficiente, evitando desperdícios e distrações.
- Evitar sobrecarga e reduzir o estresse do excesso de trabalho.
- Focar no que é realmente importante e urgente.

DIVIDIR OS OBJETIVOS EM ATIVIDADES ESPECÍFICAS

Um objetivo sem uma estratégia é apenas um desejo. Aprendi essa lição da forma mais difícil quando decidi escrever meu primeiro livro. No começo, achava que poderia escrever livremente, sem uma estrutura definida, mas percebia que perdia muito tempo sem fazer progressos reais. Só consegui finalizar o projeto quando o dividi em etapas concretas, com prazos definidos.

Exemplo Prático: *Objetivo: Escrever um livro de 200 páginas em seis meses.*

Divisão de atividades:

- *Pesquisa e definição da estrutura do livro (1 semana).*
- *Escrita do primeiro capítulo (2 semanas).*
- *Escrita dos demais capítulos, um de cada vez (4 meses).*
- *Revisão e correção final (1 mês).*

Exercício Prático: Escreva seu principal objetivo e divida-o em subatividades detalhadas, atribuindo a cada uma um tempo estimado de conclusão.

CRIAR UMA LINHA DO TEMPO REALISTA

Depois de dividir os objetivos, precisamos organizar as atividades em uma linha do tempo. Para fazer isso de forma eficaz:

- **Priorize** – Quais atividades são mais urgentes ou têm prazos definidos? Comece por elas.

- **Seja realista com os prazos** – Evite sobrecarregar-se. Dê a cada tarefa o tempo necessário para ser bem executada.
- **Inclua pausas estratégicas** – Inserir momentos de descanso ajuda a evitar o esgotamento e manter a produtividade alta.
- **Flexibilidade** – Preveja imprevistos e deixe espaço para ajustes no plano.

Estrutura de uma linha do tempo semanal:

- **Segunda-feira:** Planejamento e definição dos objetivos da semana.
- **Terça a quinta-feira:** Execução das tarefas mais importantes e exigentes.
- **Sexta-feira:** Revisão do trabalho feito e ajustes finais.
- **Sábado e domingo:** Recarga de energias e preparação para a próxima semana.

Exercício Prático: Crie uma linha do tempo semanal para o seu projeto atual, atribuindo tarefas específicas a cada dia.

FERRAMENTAS ÚTEIS PARA GERENCIAR SUA LINHA DO TEMPO

Existem diversas ferramentas digitais como apps e softwares, muitos gratuitos, que podem nos ajudar a organizar melhor nossa linha do tempo de trabalho:

- **Agenda pessoal** – Seja física ou digital, é essencial para planejar seus dias e compromissos.
- **Calendário bem estruturado** – Criar eventos com prazos e lembretes ajuda a manter o foco nos objetivos.
- **Sistema de gestão de tarefas** – Dividir o trabalho em etapas claras ajuda a manter o foco e evitar a procrastinação.

Exercício Prático: Escolha um método de organização do tempo que combine com seu estilo de vida e comece a usá-lo para planejar sua linha do tempo de trabalho.

EVITAR A SOBRECARGA DE TRABALHO

Um dos erros mais comuns é encher a linha do tempo de atividades sem deixar espaço para pausas ou imprevistos. Isso leva ao estresse, à ineficiência e à perda de motivação.

Aqui estão algumas estratégias para evitar a sobrecarga:

- **Aprenda a dizer NÃO** – Se uma atividade não for prioritária, adie ou delegue.
- **Deixe intervalos entre as tarefas** – Uma agenda cheia demais não dá espaço à criatividade nem à reflexão.
- **Monitore seu estado físico e mental** – Se sentir que está trabalhando demais, faça uma pausa.

Exercício Prático: Analise sua carga atual de trabalho. Há tarefas que você pode eliminar ou delegar para melhorar sua produtividade sem se esgotar?

FOCO NAS ATIVIDADES DE ALTO IMPACTO

Nem todas as atividades têm o mesmo valor. Algumas têm impacto direto em nossos objetivos, enquanto outras apenas nos dão a ilusão de estarmos sendo produtivos.

Regra 80/20 (Princípio de Pareto): 20% das atividades que fazemos diariamente geram 80% dos resultados. A chave para uma excelente gestão do tempo é identificar e focar nessas poucas atividades de alto impacto que trazem os melhores resultados.

Exercício Prático: Analise as atividades que você realiza todos os dias e pergunte-se: *"Quais delas trazem o maior resultado com o menor esforço?"* Concentre-se nessas.

Uma boa gestão do tempo não apenas melhora a produtividade, como também nos permite trabalhar com menos estresse e mais satisfação.

O objetivo não é preencher cada minuto do dia com tarefas, mas planejar com inteligência e equilíbrio, deixando espaço para o crescimento pessoal e o bem-estar. Aprendi que a chave para o sucesso duradouro não é trabalhar sem parar, mas sim trabalhar de forma mais inteligente e estratégica.

Lembre-se: Organizar sua linha do tempo de trabalho é essencial para transformar objetivos em resultados concretos. Comece hoje mesmo a criar sua linha do tempo e descubra o quanto sua eficiência e sucesso podem crescer!

A ARTE DE DELEGAR: COMO LIBERAR TEMPO E AUMENTAR A PRODUTIVIDADE

Um dos erros mais comuns entre empreendedores, gestores e profissionais é acreditar que precisam fazer tudo sozinhos. Essa abordagem geralmente leva à sobrecarga, estresse e ineficiência. Na verdade, aprender a delegar é uma das estratégias mais poderosas para economizar tempo e aumentar a produtividade.

Delegar não significa perder o controle, mas sim otimizar os recursos disponíveis, liberando tempo precioso para focar nas atividades mais estratégicas e de maior valor agregado. Além disso, delegar permite valorizar e desenvolver as competências de outras pessoas, criando um ambiente colaborativo mais eficiente.

POR QUE É IMPORTANTE DELEGAR?

Quem sabe delegar alcança mais resultados com menos esforço. Delegar as tarefas certas traz inúmeros benefícios:

- **Economia de tempo** – Você ganha horas preciosas no seu dia.

- **Aumento da produtividade** – Você se concentra nas tarefas de maior valor enquanto outros cuidam das secundárias.
- **Menos estresse e mais equilíbrio** – Reduz a carga de trabalho e melhora a qualidade de vida.
- **Crescimento da equipe e da empresa** – Ao delegar, você dá aos outros a chance de desenvolver novas habilidades.

Exercício Prático: Pegue uma folha e escreva todas as atividades que você realiza diariamente. Quais delas poderiam ser delegadas a outras pessoas?

O QUE DELEGAR E O QUE MANTER SOB SUA RESPONSABILIDADE

Nem todas as atividades podem ser delegadas. A chave para um bom equilíbrio é entender o que pode ser confiado a outros e o que deve permanecer sob seu controle direto.

Atividades para delegar:

- **Tarefas repetitivas e operacionais** – E-mails, administração, gestão de redes sociais, atualizações de sistema.
- **Tarefas que outros fazem melhor do que você** – Se alguém tem mais experiência em uma área, deixe que essa pessoa assuma.
- **Atividades de baixo valor agregado** – Tarefas que consomem tempo, mas não contribuem diretamente para seus objetivos.

Atividades para manter com você:

- **Decisões estratégicas** – A visão do negócio e as escolhas-chave devem estar nas suas mãos.
- **Atividades criativas e inovadoras** – Se você é o motor do seu negócio, mantenha o foco no que realmente faz a diferença.

- **Relacionamentos e networking** – Construir conexões valiosas é algo que não se pode delegar.

Exercício Prático: Analise seu trabalho e divida suas tarefas em duas colunas: "Para delegar" e "Para gerenciar pessoalmente".

COMO DELEGAR DE FORMA EFICAZ

Delegar não é apenas repassar uma tarefa a alguém, mas fazê-lo de maneira estratégica para garantir o melhor resultado.

Aqui estão os passos para uma delegação eficaz:

1. **Escolha a pessoa certa** – Atribua a tarefa a alguém com as competências adequadas. Se necessário, invista em treinamento.
2. **Comunique com clareza** – Forneça instruções detalhadas, defina os objetivos e alinhe expectativas.
3. **Dê autonomia e confiança** – Evite o microgerenciamento: permita que a pessoa encontre seu próprio método para concluir o trabalho.
4. **Monitore sem exagero** – Defina checkpoints para acompanhar o progresso sem intervir o tempo todo.
5. **Ofereça feedback e suporte** – Ajude a pessoa a evoluir com sugestões construtivas.

Exercício Prático: Delegue uma tarefa simples esta semana, seguindo esses cinco passos.

FERRAMENTAS PARA DELEGAR COM EFICIÊNCIA

Graças à tecnologia, delegar se tornou mais fácil do que nunca. Existem ferramentas digitais que ajudam a organizar o trabalho em equipe, gerenciar projetos e acompanhar o progresso com eficiência. Algumas ferramentas úteis incluem:

- **Plataformas de gestão de projetos**, para dividir tarefas e atribuí-las a colaboradores.
- **Armazenamento em nuvem**, para compartilhar documentos e trabalhar em equipe de forma organizada.
- **Ferramentas de comunicação interna**, para facilitar a colaboração remota e melhorar o fluxo de informações.
- **Marketplaces de freelancers**, para encontrar profissionais especializados no mundo inteiro.

Exercício Prático: Escolha uma ferramenta digital adequada às suas necessidades e comece a usá-la para delegar uma atividade.

SUPERANDO O MEDO DE DELEGAR

Muitas pessoas têm dificuldade em delegar por medo de perder o controle ou porque acham que "ninguém faz tão bem quanto elas".

Se você se reconhece nesse comportamento, tente mudar de perspectiva:

- "Delegar significa perder o controle" → "Delegar significa obter mais resultados com menos esforço".
- "Ninguém fará o trabalho como eu" → "Outros podem fazer melhor que eu, liberando meu tempo para o que realmente importa".
- "Não posso confiar em ninguém" → "Posso capacitar as pessoas para que trabalhem de forma eficaz".

Exercício Prático: Reflita sobre uma situação em que você evitou delegar por medo de perder o controle. Como você poderia ter lidado com isso de forma diferente?

Delegar é uma das habilidades mais poderosas para economizar tempo e aumentar a eficiência.

Quanto mais aprendemos a delegar de forma inteligente, mais tempo ganhamos para nos dedicar ao que realmente importa.

Lembre-se: Não se trata apenas de se livrar de tarefas, mas de construir um sistema eficiente onde cada pessoa contribui com o melhor de si.

Comece hoje mesmo a delegar e descubra o quanto sua produtividade e qualidade de vida podem melhorar.

DEDICAR TEMPO AO QUE TRAZ MAIS RETORNO

Pode parecer repetitivo, mas nunca me cansarei de dizer que o tempo é o recurso mais precioso que temos, e a forma como o usamos determina em grande parte nosso sucesso e felicidade. Aprendi essa lição ao longo dos anos, através de erros, momentos de estagnação e decisões erradas que me fizeram entender como é essencial focar apenas no que realmente importa.

Frequentemente caímos na armadilha de encher nossos dias com tarefas urgentes, mas pouco importantes. Respondemos e-mails inúteis, participamos de reuniões improdutivas ou passamos horas nas redes sociais sem um propósito real. Para maximizar nosso tempo, precisamos identificar as atividades que geram os maiores resultados e nos dedicar a elas com disciplina e constância.

A DIFERENÇA ENTRE ESTAR OCUPADO E SER PRODUTIVO

Por muito tempo, também fui vítima da crença de que estar sempre ocupado era sinal de sucesso. Acreditava que trabalhar até tarde e preencher cada minuto do meu dia significava estar progredindo. Mas a realidade é outra: estar ocupado não é o mesmo que ser produtivo.

Estar ocupado é:

- Preencher o dia com atividades pouco significativas.
- Estar constantemente em movimento, sem uma direção clara.
- Fazer multitarefas sem concluir nada de forma eficaz.

Ser produtivo é:

- Concentrar o tempo nas atividades que geram maior impacto.
- Eliminar distrações e trabalhar com intenção.
- Dizer "não" ao que não contribui para seus objetivos.

Exercício Prático: Pegue uma folha de papel e escreva todas as atividades que realizou hoje. Depois, pergunte-se: "Quais delas realmente contribuíram para meus objetivos?" Você pode descobrir que muitas foram inúteis ou pouco produtivas.

O SUCESSO NÃO É APENAS RIQUEZA: ENCONTRAR EQUILÍBRIO ENTRE TRABALHO E VIDA

Ao longo da minha carreira, passei por períodos em que estava tão focado no trabalho que negligenciei todo o resto: amigos, família, bem-estar pessoal. Até que percebi que o verdadeiro sucesso não se mede apenas em dinheiro ou resultados profissionais.

Dedicar nosso tempo ao que realmente importa também significa equilibrar o trabalho com:

- **Relacionamentos pessoais** – O tempo com a família e os amigos é essencial para uma vida plena.
- **Crescimento pessoal** – Ler, aprender e se aprimorar constantemente contribui para nossa realização.
- **Saúde e bem-estar** – Sem saúde física e mental, nenhum sucesso tem valor.

Se trabalharmos sem parar, sem nunca desacelerar, podemos acabar um dia com dinheiro no banco, mas sem energia, sem relacionamentos verdadeiros e sem um senso de realização.

Exercício Prático: Reflita sobre quanto tempo você dedica a cada semana para as pessoas que ama, para o seu crescimento pessoal e para cuidar do seu bem-estar. Se esses aspectos estiverem sendo negligenciados, é hora de reorganizar suas prioridades.

IDENTIFICAR AS ATIVIDADES QUE TRAZEM MAIOR RETORNO

Para otimizar nosso tempo, precisamos diferenciar atividades de alto impacto das de baixo impacto.

Atividades de alto impacto:

- Geram resultados significativos em relação aos nossos objetivos.
- Nos aproximam do sucesso a longo prazo.
- São estratégicas, não apenas operacionais.

Atividades de baixo impacto:

- São tarefas repetitivas que não agregam valor real.
- São distrações que nos afastam dos nossos objetivos.
- Nos mantêm "ocupados", mas sem trazer benefícios reais.

Exercício Prático: Faça uma lista das suas atividades semanais e classifique cada uma pelo seu impacto. Depois, tente reduzir ou eliminar as de baixo impacto e aumentar o tempo dedicado às mais produtivas.

ELIMINAR DISTRAÇÕES

Um dos principais obstáculos à produtividade é a falta de foco. Muitas vezes somos distraídos por notificações, e-mails, redes sociais ou pedidos de outras pessoas.

Aqui vão algumas estratégias para proteger seu tempo:

- Desative as notificações do celular durante o trabalho.
- Evite verificar e-mails constantemente – reserve momentos específicos do dia para isso.
- Diga NÃO sem culpa a compromissos que não agregam valor.

- Defina um tempo limite para atividades pouco produtivas, como assistir TV ou navegar nas redes sociais.

Exercício Prático: Hoje, tente trabalhar por uma hora sem interrupções, desligando notificações e fechando todas as distrações. Perceba quanto você consegue produzir em menos tempo.

DISCIPLINA: O SEGREDO PARA OTIMIZAR O TEMPO

Às vezes, já sabemos quais são as atividades mais importantes, mas temos dificuldade em colocá-las em prática. A disciplina pessoal é a chave para manter o foco e evitar a procrastinação.

Aqui estão algumas formas de desenvolver mais autodisciplina:

- **Comece o dia com um plano claro** – Saber exatamente o que fazer reduz o risco de perder tempo.
- **Use a técnica do "primeiro o dever, depois o prazer"** – Faça as tarefas mais importantes primeiro e depois se recompense.
- **Crie hábitos sólidos** – Trabalhar no que importa deve se tornar um hábito, não uma escolha eventual.
- **Acompanhe seu progresso** – Saber que você está avançando em direção aos seus objetivos aumenta a motivação.

Exercício Prático: Escolha um único hábito produtivo que deseja desenvolver e comprometa-se a praticá-lo todos os dias durante uma semana.

O tempo é o recurso mais limitado que temos. Cada dia que passa é um dia a menos à nossa disposição. Se queremos alcançar o sucesso, precisamos agir com urgência e aproveitar ao máximo cada momento.

Exercício Prático: Todas as noites, antes de dormir, faça um balanço do seu dia e pergunte-se: "Usei meu tempo de forma produtiva e significativa?" Se a resposta for não, comprometa-se a fazer melhor amanhã.

Lembre-se: O tempo é o nosso recurso mais precioso – não o desperdice.

EM RESUMO

Dedicar seu tempo ao que realmente rende mais significa escolher com consciência as atividades que agregam valor à sua vida. O verdadeiro sucesso não está apenas no dinheiro, mas no equilíbrio entre trabalho, crescimento pessoal e relacionamentos.

10 COMO NEGOCIAR

Muitos confundem venda com negociação, mas na realidade são dois processos distintos.

Vender significa convencer um cliente sobre o valor de um produto ou serviço, mostrando como ele pode resolver um problema ou atender a uma necessidade. O foco está na comunicação, na criação de confiança e na capacidade de destacar os benefícios da oferta.

Negociar, por outro lado, trata de alcançar um acordo que satisfaça ambas as partes. Não se trata apenas de convencer, mas de encontrar um ponto de equilíbrio entre necessidades diferentes, lidando com concessões, compromissos e soluções alternativas.

Embora venda e negociação compartilhem alguns elementos, como a escuta ativa e a habilidade de gerar valor para o interlocutor, a venda geralmente é o primeiro passo, enquanto a negociação entra em cena quando há mais variáveis a definir, como preço, condições ou detalhes contratuais. Em poucas palavras: é possível vender sem negociar, mas não se pode negociar sem saber vender.

CONHECER AS NECESSIDADES DO CLIENTE: O PODER DA ESCUTA

No contexto da negociação e da venda, muitas vezes se dá importância demais ao que queremos dizer, negligenciando o aspecto mais crucial: escutar. Compreender verdadeiramente as necessidades do cliente é o que permite oferecer soluções relevantes e construir uma relação de confiança.

O erro mais comum é entrar em uma negociação com uma ideia pré-concebida do que o cliente deveria querer, ao invés de descobrir isso diretamente com ele. Somente por meio da escuta ativa conseguimos obter informações valiosas para personalizar nossa oferta de forma convincente e eficaz.

ESCUTA ATIVA: NÃO BASTA OUVIR, É PRECISO ENTENDER

Escutar ativamente não significa apenas ouvir as palavras do cliente, mas estar realmente presente na conversa, captando não só o significado explícito do que é dito, mas também as emoções e intenções subjacentes.

Elementos da escuta ativa:

- **Concentrar-se totalmente no interlocutor** – Evite distrações e interrupções.
- **Observar a linguagem não verbal** – Expressões faciais, gestos e tom de voz podem revelar mais do que palavras.
- **Reformular e confirmar a compreensão** – Repetir em síntese o que o cliente disse ajuda a demonstrar que você entendeu de verdade.

Exemplo Prático: *"Pelo que entendi, é fundamental para você encontrar uma solução que reduza o tempo de gestão sem sacrificar a qualidade. Está correto?"*

Exercício Prático: Na sua próxima conversa com um cliente, tente não intervir imediatamente com sua opinião. Deixe o interlocutor falar por pelo menos um minuto e depois resuma com suas próprias palavras o que entendeu.

IDENTIFICAR AS VERDADEIRAS NECESSIDADES DO CLIENTE

Muitas vezes os clientes não expressam claramente suas reais necessidades, mas focam em detalhes superficiais ou problemas imediatos. Um bom vendedor ou negociador sabe ir além das palavras para descobrir a motivação verdadeira que guia as escolhas do cliente.

Como identificar as necessidades reais:

- **Faça perguntas abertas** – Estimulam o cliente a compartilhar mais informações.
- **Pergunte "Por quê?"** – Sempre que o cliente disser que quer algo, pergunte-se o motivo.
- **Observe suas prioridades** – Suas principais preocupações revelam o que realmente importa para ele.

Exemplo Prático: *"Quero entender o que é mais importante para você nesta solução: é a flexibilidade, o custo ou a agilidade na execução?"*

Exercício Prático: Pegue uma necessidade genérica de um cliente e pergunte-se qual necessidade mais profunda está por trás disso.

O SILÊNCIO COMO FERRAMENTA DE COMUNICAÇÃO

O silêncio é uma das técnicas mais subestimadas na negociação. Muitas pessoas se sentem desconfortáveis com momentos de silêncio e tentam preenchê-los falando mais. Mas quem sabe usar o silêncio estrategicamente obtém informações valiosas.

Por que o silêncio é eficaz?

- **Dá tempo ao cliente para refletir** – Às vezes, uma pausa permite que ele se expresse com mais profundidade.

- **Evita respostas apressadas** – Um breve silêncio antes de responder demonstra ponderação.
- **Pode revelar informações adicionais** – Muitos clientes, diante do silêncio, tendem a falar mais para preenchê-lo.

Exemplo Prático: *Depois de fazer uma pergunta chave, faça uma pausa de alguns segundos antes de responder. Você pode se surpreender com o que o cliente dirá.*

Exercício Prático: Na sua próxima conversa, conte mentalmente até 5 antes de responder às declarações do cliente.

ADAPTAR SUA LINGUAGEM AO CLIENTE

Cada cliente tem uma forma diferente de se comunicar, e sintonizar com seu estilo aumenta significativamente as chances de fechar um acordo.

Como se adaptar à linguagem do cliente:

- **Observe seu estilo de comunicação** – Ele é direto ou prefere explicações detalhadas?
- **Use palavras-chave que o próprio cliente usou** – Isso reforça a conexão.
- **Mantenha o mesmo tom e ritmo** – Se o cliente fala devagar e com calma, evite ser rápido demais ou agressivo.

Exemplo Prático: *"Você mencionou que a simplicidade de uso é fundamental para você. Este produto foi projetado justamente para quem busca uma interface intuitiva e imediata."*

Exercício Prático: Durante uma conversa, tente repetir algumas palavras-chave que o cliente usa. Note se isso cria mais sintonia.

A IMPORTÂNCIA DAS EMOÇÕES NO PROCESSO DE DECISÃO

As decisões de compra não são apenas racionais: as emoções desempenham um papel fundamental. Uma boa escuta ajuda a identificar os gatilhos emocionais que influenciam as escolhas do cliente.
Como identificar as emoções por trás de uma decisão?

- **Observe as expressões faciais e o tom de voz** – Indicam entusiasmo, preocupação ou incerteza?
- **Pergunte o que mais o empolga ou preocupa** – Isso revela os verdadeiros motivadores de compra.
- **Demonstre empatia** – Se um cliente expressa uma dúvida, reconheça-a antes de responder.

Exemplo Prático: *"Entendo que você queira ter certeza antes de tomar uma decisão. É uma escolha importante, e faz sentido avaliá-la com calma."*

Exercício Prático: Identifique uma emoção dominante em um cliente durante uma conversa e tente refletir essa emoção com empatia.

Conhecer as necessidades do cliente não significa apenas ouvir palavras, mas entender o que ele realmente está buscando. A escuta ativa, o silêncio estratégico, a adaptação da linguagem e a compreensão das emoções são ferramentas fundamentais para criar uma experiência de valor.

Lembre-se: Um cliente que se sente verdadeiramente compreendido é um cliente que confiará em você.

AS ETAPAS DA NEGOCIAÇÃO: DO PRIMEIRO CONTATO AO FECHAMENTO

A negociação não é um confronto improvisado, mas um processo estruturado que segue etapas bem definidas. Compreender cada etapa permite melhorar a eficácia da negociação, evitando erros e garantindo um resultado vantajoso para ambas as partes.

Aprendi essa lição da maneira mais difícil. No começo, achava que negociar significava apenas convencer a outra parte a aceitar minha proposta. Depois entendi que a chave do sucesso era outra: escutar, preparar-se e construir um acordo sobre bases sólidas.

Cada negociação é diferente, mas segue um caminho lógico que vai da preparação inicial até o fechamento do acordo. Conhecer e dominar essas etapas permite enfrentar a negociação com segurança e flexibilidade.

PREPARAÇÃO: CONSTRUIR UMA BASE SÓLIDA

A preparação é o alicerce de uma negociação bem-sucedida. Entrar em uma negociação sem um plano claro é começar em desvantagem. Vivi na pele o desastre de mergulhar numa negociação sem uma estratégia. Uma vez, tive que rever completamente um acordo porque não estudei a fundo a outra parte, acabando por perder semanas de trabalho.

O que fazer nesta fase?

- **Definir os objetivos** – Qual é o resultado mínimo aceitável? Qual seria o acordo ideal?
- **Estudar a outra parte** – Quais são seus interesses, pontos fortes e fraquezas?
- **Identificar alternativas** – Quais outras opções estão disponíveis se a negociação não der certo?
- **Prever possíveis objeções** – Quais argumentos a outra parte pode levantar e como responder a eles?

Estratégia: Prepare um roteiro de negociação com os pontos-chave a serem tratados e possíveis cenários de desenvolvimento.

Exercício Prático: Antes de uma negociação, escreva seus principais objetivos e uma estratégia para alcançá-los. Analise também o ponto de vista da outra parte para estar pronto a responder com eficácia.

ABERTURA: CRIAR UM CLIMA DE CONFIANÇA

O primeiro contato entre as partes é determinante para definir o tom da negociação. Uma abertura bem conduzida ajuda a estabelecer um diálogo construtivo e a reduzir tensões ou preconceitos iniciais. Já vi negociações fracassarem nos primeiros cinco minutos apenas porque uma das partes chegou com uma postura muito agressiva ou defensiva demais.

Objetivos da fase de abertura:

- Criar um clima de respeito mútuo.
- Estabelecer as regras do diálogo de forma clara.
- Demonstrar disposição para o diálogo sem revelar imediatamente todos os seus argumentos.

Como criar um bom clima inicial?

- Comece com uma abordagem neutra e profissional.
- Observe a linguagem corporal da outra parte para captar sinais úteis.
- Encontre pontos em comum para aliviar a tensão.

Exemplo Prático: *"Agradeço o tempo que estamos dedicando a esta conversa. Tenho certeza de que encontraremos uma solução vantajosa para ambos."*

Exercício Prático: Na próxima negociação, tente iniciar com uma frase que demonstre abertura e colaboração.

TROCA DE INFORMAÇÕES: ENTENDER OS CONTEXTOS ENVOLVIDOS

Uma vez estabelecido um clima positivo, é hora de coletar e compartilhar informações estrategicamente. Essa fase serve para entender melhor a posição da outra parte e identificar necessidades, expectativas e limitações.

Como conduzir a troca de informações?

- **Faça perguntas direcionadas** – Busque detalhes que possam ajudar na construção de uma proposta eficaz.
- **Evite revelar de imediato sua posição final** – Compartilhe informações de forma gradual, avaliando as reações da outra parte.
- **Ouça mais do que fala** – As informações que você obtém são mais valiosas do que as que fornece.

Exemplo Prático: *"Gostaria de entender melhor quais são os fatores mais importantes para vocês nesta colaboração. Podem compartilhar alguns detalhes sobre suas prioridades?"*

Exercício Prático: Na próxima negociação, concentre-se em escutar mais do que falar na fase inicial de troca de informações.

BUSCA POR SOLUÇÕES: CONSTRUIR UM ACORDO GANHA-GANHA

Uma negociação eficaz não se baseia em "um vence, o outro perde", mas na capacidade de encontrar soluções vantajosas para ambos os lados. Aprendi que uma pequena concessão estratégica pode, muitas vezes, destravar uma negociação inteira.

Estratégias para encontrar uma solução comum:

- **Foque nos interesses, não nas posições** – Muitas vezes, as partes querem a mesma coisa, mas expressam de formas diferentes.
- **Seja flexível nas alternativas** – Às vezes, uma pequena concessão pode levar a um acordo mais amplo.
- **Use dados concretos** – Apresentar números e referências objetivas fortalece seus argumentos.

Exemplo Prático: *"Se para vocês o fator chave é a rapidez na entrega,* *podemos trabalhar em um plano que garanta prazos mais curtos, em troca de um compromisso com uma quantidade maior."*

Exercício Prático: Na próxima negociação, tente formular pelo menos duas alternativas à proposta inicial para aumentar as chances de fechar positivamente.

FECHAMENTO: FORMALIZAR O ACORDO

A etapa final é aquela em que o acordo é concluído e os termos são confirmados. Apesar de parecer o momento mais simples, é essencial que o fechamento seja feito da maneira certa para evitar mal-entendidos ou arrependimentos.

Como fechar com sucesso?

- Recapitule os pontos principais do acordo para confirmar que ambas as partes estão alinhadas.
- Esclareça os próximos passos – Defina de forma precisa as ações concretas que seguirão.
- Garanta que o acordo seja formalizado de maneira clara e transparente.

Exemplo Prático: *"Concordamos que o serviço será ativado em até 30 dias e que o suporte será garantido por um ano. Podemos prosseguir com a assinatura do contrato?"*

Exercício Prático: Após a próxima negociação, verifique se o encerramento foi claro para ambas as partes pedindo um feedback imediato.

Negociar é um processo lógico que exige preparação, escuta e habilidade para encontrar soluções equilibradas. Cada etapa tem sua importância, e ignorar uma delas pode comprometer o resultado final.

Lembre-se: Um bom negociador não é aquele que impõe sua vontade, mas quem sabe conduzir a negociação rumo a um acordo sólido e duradouro.

VALORIZAR O CLIENTE: CRIAR UMA RELAÇÃO QUE VAI ALÉM DA VENDA

Aprendi na prática que vender não significa apenas fechar um negócio, mas construir um vínculo. Já vi empresas obcecadas em conquistar novos clientes negligenciarem os que já tinham, e depois se perguntarem por que o negócio não crescia. O segredo? Valorizar cada cliente como se fosse o mais importante — porque ele é.

Um cliente que se sente valorizado não só volta, como também fala bem de você para outras pessoas. E não há propaganda melhor que o boca a boca positivo. Mas como transformar um cliente ocasional em um defensor da sua marca? É preciso uma combinação de atenção, personalização e comunicação autêntica.

ENTENDER O CLIENTE ALÉM DA TRANSAÇÃO

No início da minha carreira, eu achava que meu trabalho era vender um produto ou serviço da melhor maneira possível. Depois entendi que o verdadeiro objetivo era resolver um problema do cliente. Isso muda tudo.

Como fazer isso?

- **Escutar de verdade** – Muitas vezes o cliente não diz diretamente o que quer, mas deixa pistas nas entrelinhas.
- **Personalizar a oferta** – Adaptar a solução às necessidades dele faz a diferença entre uma venda e um relacionamento.
- **Fazê-lo se sentir único** – Um cliente que se sente prioridade terá mais facilidade em confiar e permanecer fiel.

Exemplo Prático: *"Percebi que no seu setor a agilidade é fundamental. Podemos estruturar um serviço sob medida que garanta máxima eficiência sem comprometer a qualidade."*

Exercício Prático: Na próxima vez que interagir com um cliente, tente descobrir algo a mais sobre o contexto de trabalho dele e o que realmente importa para ele.

CRIAR UMA EXPERIÊNCIA SUPERIOR

A qualidade do produto ou serviço é importante, mas o que o cliente realmente vai lembrar é a experiência como um todo.

Já vi clientes permanecerem fiéis por anos, não porque o produto fosse perfeito, mas porque se sentiam tratados com respeito e atenção.

Como melhorar a experiência do cliente?

- **Clareza e transparência** – Ninguém gosta de surpresas desagradáveis.
- **Facilidade de comunicação** – As pessoas valorizam respostas rápidas e precisas.
- **Suporte pós-venda** – O cliente não deve se sentir abandonado após a compra.

Exemplo Prático: *"Sabemos que o suporte pós-venda é essencial. Por isso, criamos um canal exclusivo onde você pode receber assistência imediata sem perder tempo."*

Exercício Prático: Analise seu processo atual de interação com os clientes e identifique um ponto onde você pode melhorar a experiência geral.

DEMONSTRAR GRATIDÃO E ATENÇÃO

Muitas vezes pensamos que um bom produto é suficiente para manter um cliente fiel, mas, na realidade, são os pequenos gestos que fazem a diferença. Aprendi que um simples "obrigado" pode valer mais do que um desconto.

Maneiras de valorizar o cliente:

- **Follow-up personalizado** – Uma mensagem após a compra pedindo feedback demonstra atenção.
- **Recompensas pela fidelidade** – Oferecer vantagens exclusivas a quem retorna fortalece o vínculo.

- **Ouvir sugestões** – Um cliente que se sente ouvido tem mais chances de permanecer.

Exemplo Prático: *"Agradecemos seu feedback e, graças às suas sugestões, melhoramos algumas funcionalidades do nosso serviço."*

Exercício Prático: Após uma venda, envie uma mensagem personalizada para agradecer ao cliente e pedir sua opinião sincera sobre a experiência.

CONSTRUIR UM RELACIONAMENTO DE LONGO PRAZO

Fechar uma venda não é suficiente: o verdadeiro objetivo é criar um vínculo duradouro. Um cliente que se sente acompanhado não terá motivo para procurar alternativas.

Elementos-chave para manter o relacionamento:

- **Consistência ao longo do tempo** – O serviço deve ser sempre de alto nível.
- **Contatos periódicos sem fins comerciais** – Uma mensagem para informar novidades ou oferecer valor gratuito pode fazer a diferença.
- **Adaptabilidade às necessidades** – Se você entender antes dele o que ele vai precisar, ele ficará com você.

Exemplo Prático: *"O mercado está mudando, e talvez essa nova estratégia te interesse. Podemos conversar sobre como ela pode te ajudar?"*

Exercício Prático: Crie um plano de contato para os clientes-chave, com atualizações regulares para manter o relacionamento ativo mesmo após a venda.

A COMUNICAÇÃO COMO FERRAMENTA DE VALORIZAÇÃO

Cada interação com o cliente é uma oportunidade para fortalecer o relacionamento. Um e-mail negligente ou uma resposta apressada podem comprometer esse vínculo.

Como melhorar a comunicação?

- **Ser claro e direto** – Evite rodeios desnecessários.
- **Demonstrar empatia** – O cliente precisa sentir que você entende seu ponto de vista.
- **Ser ágil** – Responder rapidamente é um sinal de respeito e profissionalismo.

Exemplo Prático: *"Entendo perfeitamente sua necessidade por um serviço rápido. Confirmo que conseguimos garantir a entrega em 48 horas, sem custo adicional."*

Exercício Prático: Reveja a forma como responde aos clientes e verifique se pode tornar suas comunicações mais claras, empáticas e objetivas.

Valorizar o cliente não é apenas fornecer um produto ou serviço, mas fazê-lo se sentir parte de uma experiência. Aprendi que o sucesso de um negócio não depende apenas da qualidade da oferta, mas da capacidade de construir relações sólidas e duradouras.

Lembre-se: Um cliente que se sente valorizado se torna seu melhor embaixador. Trate-o como uma pessoa, não como um número, e você verá seu negócio crescer de forma natural e sustentável.

VENCER UMA NEGOCIAÇÃO: CRIAR VALOR PARA AMBAS AS PARTES

Vencer uma negociação não significa impor sua vontade à outra parte, mas encontrar um ponto de equilíbrio que traga benefícios para todos.

Com o tempo, aprendi que a melhor negociação não é aquela em que um ganha e o outro perde, mas sim aquela em que ambas as partes sentem que conquistaram algo valioso. Esse é o segredo para construir relações duradouras e colaborações proveitosas.

A MENTALIDADE VENCEDORA EM UMA NEGOCIAÇÃO

O primeiro passo para obter resultados é ter a atitude certa. No início da minha carreira, eu enfrentava as negociações com a ideia de que precisava vencer a qualquer custo. Depois percebi que o verdadeiro sucesso está em colaborar e criar soluções vantajosas para ambos.

Aspectos-chave da mentalidade vencedora:

- **Flexibilidade** – Estar aberto a soluções alternativas sem perder de vista seus objetivos.
- **Colaboração** – Encarar a negociação como uma oportunidade de gerar valor, e não um duelo.
- **Foco nos interesses, não nas posições** – Mudar o foco do que queremos obter para o que ambas as partes realmente precisam.

Exemplo Prático: *"Se o seu objetivo é conseguir um preço mais baixo e o meu é garantir um alto nível de qualidade, podemos encontrar um acordo que inclua um pacote de serviços extras para manter o valor da proposta."*

Exercício Prático: Na próxima negociação, analise sua postura: você está mais defensivo ou mais aberto à colaboração?

ESTRATÉGIAS PARA CONDUZIR UMA NEGOCIAÇÃO COM SUCESSO

Durante a negociação, é essencial conduzir o diálogo com inteligência para alcançar um acordo vantajoso.

Técnicas eficazes:

- **Faça perguntas abertas** – Permitem obter informações sem revelar muito.
- **Use o silêncio a seu favor** – Após uma proposta, espere a resposta da outra parte sem se apressar para preencher o vazio.
- **Divida o problema** – Se um ponto é difícil de superar, separe-o em partes menores e mais gerenciáveis.

Exemplo Prático: *"Qual é o fator mais importante para vocês nesta negociação? Se conseguirmos atender a essa prioridade, podemos encontrar uma solução que funcione para ambos."*

Exercício Prático: Na próxima vez que negociar, faça uma pausa de alguns segundos antes de responder a uma proposta. Observe como o interlocutor reage.

RECONHECER E EXPLORAR INTERESSES EM COMUM

Frequentemente, as partes parecem ter objetivos opostos, mas uma análise mais cuidadosa pode revelar interesses compartilhados.

Como encontrar interesses em comum:

- **Pergunte quais são as prioridades da outra parte** – Muitas vezes, surgem pontos de contato inesperados.
- **Avalie as motivações ocultas** – Por trás de um pedido por um preço mais baixo pode haver a necessidade de reduzir custos operacionais.
- **Proponha soluções que beneficiem ambos** – O objetivo é criar um acordo onde todos ganhem algo.

Exemplo Prático: *"Se o seu objetivo é reduzir o tempo de entrega e o meu é manter uma margem de lucro adequada, podemos encontrar um compromisso acelerando a produção com um pequeno acréscimo."*

Exercício Prático: Na próxima negociação, procure um elemento de valor comum que possa facilitar um acordo vantajoso para ambas as partes.

A FLEXIBILIDADE COMO VANTAGEM COMPETITIVA

Ser inflexível em cada ponto da negociação geralmente leva a um impasse. Saber ceder em aspectos secundários em troca de concessões mais importantes é a chave para vencer sem confronto.

Como usar a flexibilidade a seu favor:

- **Diferencie entre pontos essenciais e secundários** – Foque no que realmente importa.
- **Ofereça opções alternativas** – Se uma solicitação é inaceitável, proponha outra solução.
- **Use concessões para obter algo em troca** – Cada concessão deve gerar um benefício mútuo.

Exemplo Prático: *"Posso aceitar o pagamento em parcelas, se em troca pudermos firmar um contrato de maior duração."*

Exercício Prático: Durante uma negociação, encontre um ponto em que você possa ser flexível e use-o para obter uma concessão mais significativa.

Vencer uma negociação significa criar um resultado vantajoso para ambas as partes, construindo confiança e colaborações duradouras.

Preparação, estratégias bem definidas e flexibilidade são os ingredientes essenciais para tirar o máximo de cada negociação.

Lembre-se: Uma negociação bem conduzida não tem vencedores e perdedores, apenas oportunidades aproveitadas com inteligência.

AS VANTAGENS DE SABER PERDER UMA NEGOCIAÇÃO

Quando se fala em negociação, a maioria das pessoas pensa que o único resultado aceitável é vencer. E se eu te dissesse que saber perder, em certos casos, pode ser ainda mais vantajoso? Aprendi essa lição na prática em diversas ocasiões e, com o tempo, entendi que nem toda negociação precisa terminar com uma vitória imediata. Às vezes, aceitar uma "derrota aparente" é a decisão mais inteligente para criar oportunidades futuras.

O VALOR ESTRATÉGICO DE UMA DERROTA APARENTE

Nem sempre quem consegue o melhor acordo no curto prazo é quem realmente vence. Existem situações em que abrir mão de um negócio significa ganhar muito mais a longo prazo. Já estive em negociações onde o compromisso exigido era excessivo ou os termos muito desfavoráveis. Se eu tivesse insistido em fechar o acordo, teria corrido o risco de assumir um compromisso prejudicial ou de lidar com um cliente insatisfeito.

Por que, às vezes, vale a pena perder uma negociação?

- Evita acordos desfavoráveis que podem te prejudicar no futuro.
- Preserva relacionamentos de longo prazo com a outra parte.
- Demonstra visão e abertura, ganhando credibilidade.

Exemplo Prático: *Certa vez, estava negociando com um cliente que queria condições de pagamento absurdas. Eu poderia tê-las aceitado para fechar o negócio rapidamente, mas sabia que isso seria um problema para minha empresa. Optei por recusar, e meses depois esse mesmo cliente voltou com uma proposta muito mais justa, respeitando meus termos.*

CRIAR CONFIANÇA E CREDIBILIDADE POR MEIO DA RENÚNCIA

Um dos maiores erros em uma negociação é forçar um acordo apenas por querer vencer. Às vezes, demonstrar que você está disposto a perder é o que te torna mais confiável aos olhos do interlocutor.

Como transformar uma derrota em vantagem:

- Mantenha uma postura profissional e respeitosa.
- Evite forçar um acordo a qualquer custo.
- Sempre deixe a porta aberta para futuras colaborações.

Exemplo Prático: *Durante uma reunião com um potencial parceiro, percebi que não estávamos alinhados. Em vez de tentar convencê-lo com insistência, reconheci que não era o momento certo para colaborar. Alguns anos depois, esse parceiro me procurou, lembrando-se da minha postura, e fechamos um acordo muito mais vantajoso.*

GERENCIAR AS EMOÇÕES DIANTE DA DERROTA

Aceitar uma derrota em uma negociação nunca é agradável, mas deixar que as emoções tomem conta pode piorar a situação. Já vi negociadores perderem o controle, reagirem com raiva ou frustração e destruírem completamente o relacionamento com a outra parte.

Estratégias para lidar com a derrota com maturidade:

- Aceite a perda com clareza, sem levar para o lado pessoal.
- Analise os motivos do impasse e busque aprendizado.
- Evite reações impulsivas ou decisões movidas pelo orgulho.

Exemplo Prático: *Uma vez, um cliente importante me disse que preferia trabalhar com um concorrente. Eu poderia ter insistido ou tentado desqualificar o outro, mas preferi perguntar o que influenciou sua decisão. Descobri que era um detalhe no meu serviço que eu poderia melhorar. Seis meses depois, ele voltou, insatisfeito com o outro fornecedor, e fechei o negócio nos meus termos.*

O PODER DO "NÃO" COMO FERRAMENTA DE FORÇA

Dizer "não" pode parecer uma derrota, mas na verdade é uma das ferramentas mais poderosas em uma negociação. Aceitar qualquer condição apenas para fechar um acordo pode ser um erro caro.

Quando dizer "não" em uma negociação?

- Se o compromisso exigido for excessivamente prejudicial.
- Se os termos colocarem em risco a sustentabilidade do seu negócio.
- Se você tiver alternativas melhores.

Exemplo Prático: *Recusei uma proposta de um distribuidor que queria condições muito agressivas. Na época, parecia uma oportunidade perdida, mas alguns meses depois outro parceiro me ofereceu condições muito mais vantajosas.*

TRANSFORMAR UM FRACASSO EM OPORTUNIDADE

Toda negociação perdida é uma oportunidade de aprendizado. Os erros ensinam mais que as vitórias e ajudam a desenvolver estratégias melhores para o futuro.

Como transformar uma derrota em oportunidade:

- Analise o que deu errado e o que poderia ter sido feito de forma diferente.
- Estude a estratégia da outra parte e tire aprendizados valiosos.
- Crie um plano de melhoria para as próximas negociações.

Exemplo Prático: *Após perder uma negociação importante, fiz anotações detalhadas sobre tudo que aconteceu. Percebi que meu principal erro foi não ter alternativas sólidas para apresentar. Desde então, sempre entro em uma negociação com pelo menos duas opções para propor.*

EM RESUMO

Saber perder uma negociação é tão importante quanto saber vencer. Aceitar a derrota com inteligência, controlar as emoções e manter uma abordagem estratégica pode transformar uma negociação perdida em uma plataforma para conquistas futuras. Nem toda vitória é imediata. Às vezes, a verdadeira vitória é saber esperar o momento certo e se preparar para o próximo round.

11 COMO VENDER

Quando comecei minha carreira empreendedora, nunca havia parado para refletir sobre a importância de um simples sorriso. Achava que o sucesso dependia exclusivamente da preparação, da estratégia e da execução perfeita dos planos. Mas, com o tempo, percebi que uma atitude positiva, expressa até mesmo com um sorriso sincero, pode abrir mais portas do que qualquer diploma ou cartão de visitas.

O PODER DO SORRISO NOS RELACIONAMENTOS

Um dos primeiros ensinamentos que recebi quando comecei a trabalhar no setor de publicidade e cinema foi: "As pessoas não compram apenas um produto, elas compram você." Nunca ouvi palavras tão verdadeiras. A primeira impressão é determinante, e nada gera empatia e confiança como um sorriso autêntico.

Lembro de um episódio em particular: estava tentando fechar um acordo com um cliente importante, mas ele parecia distante, quase incomodado. Percebi que minha abordagem era formal demais, rígida demais. Então, em vez de continuar com minha apresentação habitual, fiz uma piada leve e sorri. A tensão desapareceu na hora. A partir dali, a conversa fluiu e, no final, fechamos o acordo. Naquele dia, entendi que o sorriso é uma linguagem universal, capaz de conectar as pessoas em um nível profundo.

O SORRISO E O SUCESSO PROFISSIONAL

Ao longo dos anos, conheci muitos empreendedores e profissionais de sucesso, e quase todos tinham algo em comum: a capacidade de sorrir, mesmo sob pressão. Um sorriso transmite segurança, liderança e acessibilidade.

Durante um evento de networking em Londres, conversei com um investidor importante. Eu estava nervoso, sabia que era uma oportunidade única, mas em vez de mergulhar direto nos números e estatísticas, comecei com um sorriso e uma abordagem descontraída. No final da conversa, ele me disse: "Gosto da sua atitude, dá pra ver que você realmente acredita no que faz." E aquilo marcou o início de uma parceria de sucesso.

OS BENEFÍCIOS DO SORRISO PARA A SAÚDE E O BEM-ESTAR

Sorrir não faz bem apenas para os negócios, mas também para a saúde. Passei por períodos em que o estresse me esmagava: prazos apertados, contas para pagar, projetos que não decolavam. Nesses momentos, meu rosto refletia exatamente o que eu sentia por dentro: tensão, preocupação, cansaço.

Um dia, imerso em pensamentos negativos, um amigo me disse: "Tente sorrir, mesmo que não tenha vontade." Parecia um conselho bobo, mas resolvi tentar. O simples ato de sorrir desencadeou uma reação em cadeia no meu cérebro: senti-me menos tenso, mais lúcido e mais capaz de enfrentar as dificuldades com outro espírito. Desde então, passei a usar o sorriso como uma ferramenta para manter o controle, reduzir o estresse e melhorar meu bem-estar geral.

SORRIR MESMO NOS MOMENTOS DIFÍCEIS

Não me entenda mal: não estou dizendo para ignorar os problemas ou fingir que está tudo bem quando não está. Mas aprendi que enfrentar os desafios com uma atitude positiva ajuda a superá-los com mais facilidade.

Anos atrás, quando um dos meus negócios não estava indo bem, precisei participar de uma reunião com alguns clientes insatisfeitos. Eu poderia ter entrado naquela sala com o rosto fechado, pronto para me defender. Mas escolhi outro caminho: sorri, ouvi com atenção e propus soluções em vez de desculpas. Naquele dia, entendi que a forma como enfrentamos as dificuldades determina não apenas nosso sucesso, mas também o respeito que conquistamos dos outros.

COMO TORNAR O SORRISO UM HÁBITO

Sorrir não deve ser um ato ocasional, mas uma parte integrante do nosso modo de ser. Adotei algumas técnicas que me ajudam a manter uma atitude positiva:

- **Comece o dia com um sorriso** – Olhe-se no espelho todas as manhãs e sorria. Parece bobo, mas realmente ajuda.
- **Encontre o lado engraçado das situações** – Mesmo nos momentos difíceis, sempre há algo que pode arrancar um riso.
- **Cerque-se de pessoas positivas** – Evite quem reclama o tempo todo e fique perto de quem transmite boa energia.
- **Dê sorrisos** – Sorrir é contagioso. Quanto mais você sorri, mais sorrisos recebe de volta.

Se há algo que aprendi na minha carreira é isso: o sorriso é uma ferramenta poderosíssima, capaz de transformar situações, criar oportunidades e melhorar a qualidade de vida. Não custa nada, mas vale muito. Então, por que não usá-lo com mais frequência?

O PRIMEIRO ENCONTRO COM UM CLIENTE: COMO CRIAR UMA CONEXÃO REAL

Sempre acreditei que o primeiro encontro com um cliente é um momento decisivo. Não se trata apenas de vender um produto ou serviço, mas de construir uma relação de confiança. Aprendi essa lição na prática, após várias reuniões mal-sucedidas nos meus primeiros anos de carreira. Muitas vezes, me concentrava demais na minha oferta, nos números e nas características do produto, sem perceber que o que realmente importa é a conexão humana.

O cliente quer se sentir compreendido, ouvido e valorizado. Se conseguimos estabelecer um vínculo genuíno, a venda se torna quase uma consequência natural.

CRIAR UM CLIMA DE SINTONIA E CONFIANÇA

Uma vez, encontrei um cliente com quem sentia que não estava conseguindo me conectar. Falava, apresentava minha proposta, mas ele parecia distante. Então mudei de abordagem: em vez de falar do produto, comecei a perguntar sobre a experiência dele no setor. Bastou pouco para que ele se abrisse e criássemos um relacionamento mais natural.

Como criar sintonia com o cliente:

- **Demonstre interesse genuíno** – Faça perguntas para entender o ponto de vista e as necessidades dele.
- **Encontre pontos em comum** – Até um simples detalhe pode criar empatia.
- **Seja autêntico** – Evite frases decoradas. As pessoas percebem quando você é sincero.

Exercício Prático: Na próxima vez que encontrar um cliente, tente descobrir pelo menos um aspecto da vida dele com o qual você possa se conectar.

USAR PERGUNTAS ABERTAS

Uma das técnicas mais eficazes para envolver o cliente é fazer perguntas abertas. Eu mesmo notei a diferença: quando perguntava "Você se interessa por esse produto?", recebia respostas secas. Quando dizia "Me conte mais sobre suas necessidades e o que está procurando", a conversa se tornava muito mais rica e produtiva.

Exemplos de perguntas abertas:

- "O que o motiva a buscar essa solução?"
- "O que é mais importante para você neste contexto?"
- "Me conte um pouco mais sobre sua experiência nesse setor."

Exercício Prático: No próximo encontro com um cliente, evite perguntas fechadas e tente estimular a conversa com perguntas abertas.

OUVIR ATIVAMENTE: A CHAVE PARA CONQUISTAR O CLIENTE

A primeira vez que entendi a importância da escuta ativa foi durante uma reunião com um cliente particularmente cético. Em vez de interrompê-lo ou tentar convencê-lo de imediato, limitei-me a escutá-lo com atenção, fazendo perguntas direcionadas e assentindo. No fim, ele me disse: "Gosto do jeito como você escuta. É um dos poucos que não tenta vender algo logo de cara." Essa frase ficou comigo.

Como praticar a escuta ativa:

- **Evite interromper** – Deixe o cliente falar completamente.
- **Repita e resuma** – Isso confirma que você entendeu corretamente.
- **Faça perguntas direcionadas** – Mostre que você captou o essencial.

Exercício Prático: Durante a próxima interação, repita uma frase-chave do cliente e pergunte se você entendeu corretamente.

COMUNICAÇÃO NÃO VERBAL: A LINGUAGEM CORPORAL IMPORTA

A linguagem corporal é poderosa. Aprendi que manter um bom contato visual, sorrir e ter uma postura aberta faz uma enorme diferença no impacto que causamos nos outros.

Elementos-chave:

- **Sorriso sincero** – Gera empatia imediata.
- **Contato visual** – Demonstra segurança e atenção.
- **Postura aberta** – Evite cruzar os braços ou parecer rígido.
- **Tom de voz positivo** – O modo como você fala influencia tanto quanto as palavras que usa.

Exercício Prático: Na próxima vez que encontrar um cliente, observe sua linguagem corporal e repare em como o cliente reage.

O PRIMEIRO MINUTO É DECISIVO

Dizem que a primeira impressão é a que fica, e é verdade. Já tive reuniões em que tudo foi decidido nos primeiros 30 segundos, só por ter demonstrado ansiedade ou falta de confiança.

Como causar uma boa impressão nos primeiros segundos?

- **Esteja relaxado e confiante** – Ansiedade é perceptível.
- **Demonstre entusiasmo** – O cliente precisa sentir que você quer ajudá-lo.
- **Use o nome do cliente** – Personalize a conversa desde o início.

Exercício Prático: Nos próximos encontros, concentre-se nos primeiros 60 segundos e procure torná-los o mais acolhedores e positivos possível.

COMO LIDAR COM CLIENTES DIFÍCEIS

Nem todos os clientes são fáceis. Lembro de uma vez em que um cliente era especialmente cético e desconfiado. Mantive a calma, ouvi atentamente suas dúvidas e respondi com fatos concretos. No final, ele se convenceu.

Estratégias para lidar com clientes difíceis:

- **Não reaja emocionalmente** – Mantenha a calma e o profissionalismo.
- **Faça perguntas para entender melhor** – A resistência muitas vezes vem de uma experiência negativa anterior.
- **Demonstre empatia** – Mostre ao cliente que você o entende.
- **Ofereça soluções concretas** – Demonstre o valor da sua proposta com dados.

Exercício Prático: Se estiver diante de um cliente difícil, aplique essas técnicas e observe se a atitude dele muda.

ENCERRAR O PRIMEIRO ENCONTRO COM UMA EXPERIÊNCIA MEMORÁVEL

A primeira impressão é importante, mas a última também. Aprendi que encerrar bem uma reunião pode fazer a diferença entre um cliente que volta e um que se esquece de você.

Como encerrar de forma eficaz?

- Agradeça sempre pelo tempo dedicado.
- Resuma os pontos principais da conversa.
- Proponha o próximo passo: um follow-up ou ação clara.

Exercício Prático: No final da próxima interação com um cliente, resuma os principais pontos e deixe uma impressão positiva com um gesto de encerramento cordial.

O primeiro contato com um cliente pode determinar todo o relacionamento comercial.

Criar sintonia, escutar ativamente, usar uma comunicação eficaz e transmitir confiança são os ingredientes essenciais para um encontro de sucesso.

Um cliente satisfeito não apenas compra de você, mas fala bem de você e volta com confiança. A qualidade das primeiras interações define o futuro da relação.

Lembre-se: Um cliente feliz é o melhor embaixador do seu negócio. Comece cada interação com o pé direito!

APRESENTAR O PRODUTO: O MOMENTO DECISIVO

Depois de estabelecer uma conexão com o cliente e construir um relacionamento de confiança, chega o momento crucial: apresentar o produto ou serviço. Esse é o ponto em que o cliente precisa entender o valor real do que você oferece e visualizar como isso pode resolver seus problemas ou melhorar sua vida.

No início da minha carreira, cometia o erro clássico de muitos vendedores: me perdia nas características técnicas do produto, listando-as como se fossem a coisa mais importante do mundo. A verdade? O cliente não quer saber quantos megabytes, polegadas ou algoritmos existem por trás de um produto. Ele quer saber como aquele produto pode facilitar sua vida, economizar tempo ou aumentar seus lucros. Entendi que vender não significa explicar, mas contar uma história na qual o cliente se reconhece.

VENDER BENEFÍCIOS, NÃO CARACTERÍSTICAS

Um dos erros mais comuns é focar nas especificações técnicas em vez de destacar os benefícios reais para o cliente.

Exemplo Prático:

- *"Essa câmera tem um sensor de 50 megapixels."*

- *"Com essa câmera, você pode capturar imagens nítidas e detalhadas até à noite, transformando cada momento em uma lembrança perfeita."*

Exercício Prático: Escolha um produto ou serviço que você oferece e tente reescrever sua descrição transformando as características em benefícios para o cliente.

CONTAR UMA HISTÓRIA ENVOLVENTE

As pessoas não se lembram de números e dados, mas sim de histórias e emoções. Veja como estruturar uma apresentação eficaz:

- **O problema** – Descreva uma situação que o cliente possa enfrentar.
- **A solução** – Mostre como seu produto resolve esse problema.
- **O resultado positivo** – Explique o benefício que o cliente obterá.

Exemplo Prático: *"Já aconteceu de perder uma oportunidade importante porque não tinha uma apresentação pronta? Com nosso software, você pode criar slides profissionais em poucos minutos, sem perder tempo com design."*

Exercício Prático: Escreva uma breve história que destaque um problema comum do seu cliente e como seu produto pode resolvê-lo.

PERSONALIZAR A APRESENTAÇÃO

Cada cliente é único e tem necessidades específicas. Para tornar a apresentação mais eficaz:

- **Escute antes de falar** – Descubra as reais necessidades do cliente antes de apresentar o produto.
- **Adapte seu discurso** – Evite explicações genéricas e torne sua apresentação relevante para a situação do cliente.

- **Use exemplos concretos** – Cite casos semelhantes que mostram como o produto ajudou outras pessoas.

Exercício Prático: Na próxima vez que for apresentar um produto, pergunte antes quais são os principais desafios do cliente e adapte sua explicação conforme as respostas.

USAR UMA LINGUAGEM CLARA E ACESSÍVEL

Vendedores costumam usar uma linguagem técnica que confunde em vez de convencer. A regra é simples: **fale como falaria com um amigo**.
Regras para uma comunicação eficaz:

- **Evite jargões técnicos** – Use palavras simples e compreensíveis.
- **Faça analogias práticas** – Ajude o cliente a visualizar o uso do produto.
- **Seja direto e objetivo** – Muitos detalhes confundem e entediam.

Exercício Prático: Tente explicar seu produto ou serviço para uma criança de 10 anos. Se conseguir, significa que está comunicando bem.

ENVOLVER O CLIENTE COM UMA DEMONSTRAÇÃO

Ver o produto em ação é a forma mais eficaz de mostrar seu valor.
Maneiras de envolver o cliente:

- **Demonstração ao vivo** – Se possível, mostre o produto funcionando.
- **Teste gratuito** – Se você vende um serviço, ofereça uma amostra sem compromisso.
- **Depoimentos** – Mostre exemplos de clientes satisfeitos.

Exemplo Prático: *"Vou te mostrar em 30 segundos como nosso software* *pode te economizar uma hora de trabalho por dia. Você vai notar a diferença imediatamente!"*

Exercício Prático: Encontre uma forma de fazer o cliente experimentar seu produto sem exigir um investimento inicial alto.

ANTECIPAR OBJEÇÕES E RESPONDER COM SEGURANÇA

É natural que o cliente tenha dúvidas ao conhecer um produto. Em vez de evitá-las, enfrente-as com confiança e transparência.

Objeções comuns e como responder:

- **"É muito caro."** → "Comparado ao dinheiro que você perderia sem essa solução, é um investimento que se paga sozinho."
- **"Não sei se é ideal para mim."** → "Entendo! Por isso oferecemos um teste gratuito, assim você pode experimentar sem riscos."
- **"Não tenho tempo para aprender a usar."** → "Você precisa de apenas 5 minutos para começar, e nós te acompanhamos passo a passo."

Exercício Prático: Escreva uma lista das objeções mais frequentes dos seus clientes e prepare respostas claras e convincentes para cada uma.

ENCERRAR COM UM CHAMADO À AÇÃO

Depois da apresentação, é essencial orientar o cliente sobre o próximo passo, sem deixá-lo em dúvida sobre o que fazer.

Como encerrar a apresentação de forma eficaz:

- **Recapitule os principais benefícios** – Lembre ao cliente por que seu produto é a melhor solução.

- **Faça um chamado claro à ação** – Peça diretamente o que deseja: "Quer experimentar agora?"
- **Crie senso de urgência** – Ofereça um incentivo por tempo limitado, como um desconto ou bônus.

Exemplo Prático: *"Essa oferta especial é válida apenas até amanhã. Quer aproveitar agora?"*

Exercício Prático: Reformule seu fechamento de venda para incluir um chamado à ação claro e motivador.

Apresentar um produto da forma certa não é apenas descrevê-lo, mas fazer com que o cliente perceba seu valor e entenda como ele pode melhorar sua vida.

Se aprendermos a contar uma história envolvente, personalizar a apresentação e envolver ativamente o cliente, aumentamos significativamente nossas chances de sucesso.

Lembre-se: Não venda um produto. Venda um resultado, uma emoção, uma solução.

CONVENCER O CLIENTE SEM PRESSÃO

Após apresentar o produto, chega o momento crucial: fazer com que o cliente perceba que essa é a escolha certa para ele. Convencer não é pressionar, mas mostrar com fatos concretos que o que você oferece pode melhorar sua vida.

No início da minha carreira, eu cometia um erro comum: ficava tão empolgado com meu produto que tentava convencer o cliente com uma enxurrada de palavras e detalhes técnicos. Parecia óbvio que minha oferta era vantajosa, mas eu não entendia que a venda nunca é só uma questão lógica. As pessoas querem sentir que estão fazendo a escolha certa, não que estão sendo empurradas a comprar. Só quando comecei a focar em como meu produto realmente poderia ajudá-las, sem pressões ou jargões, vi uma mudança drástica nos resultados.

CRIAR UMA EXPERIÊNCIA DE VALOR PARA O CLIENTE

O cliente precisa sentir que sua decisão não é apenas uma compra, mas um investimento em bem-estar ou sucesso. Em vez de focar só no produto, aprendi a direcionar a atenção para a experiência completa.

Estratégias para criar valor:

- **Envolva o cliente na conversa** – Faça-o imaginar como será sua vida após usar o produto.
- **Mostre exemplos reais** – Conte sobre outros clientes que se beneficiaram da mesma escolha.
- **Toque na emoção** – As pessoas decidem mais com o coração do que com a lógica.

Exemplo Prático: *Certa vez, vendi um serviço para um cliente simplesmente dizendo: 'Imagine poder divulgar seu negócio com menos estresse e mais eficiência. Esta ferramenta foi criada justamente para te dar mais tempo livre, sem perder qualidade no seu trabalho.'*

Era exatamente o que ele precisava, mas dito de um jeito que o ajudou a visualizar o resultado, não só a funcionalidade.

ELIMINAR AS INCERTEZAS DO CLIENTE

Muitos clientes hesitam porque têm dúvidas não resolvidas. Ajudá-los a tomar uma decisão significa responder diretamente a essas incertezas, mostrando que você já considerou todas as possíveis objeções antes deles.

Como dissipar as hesitações:

- **Antecipe as perguntas mais comuns** – Ofereça logo as informações que poderiam gerar dúvidas.
- **Forneça garantias de qualidade** – Garantia de satisfação, política de devolução ou suporte pós-venda aumentam a confiança.

- **Seja transparente** – Nada de promessas exageradas, apenas fatos concretos.

Exemplo Prático: *Certa vez, um cliente me disse: 'Tenho medo de que esse serviço não seja ideal para mim.' Em vez de contradizê-lo, respondi: 'Entendo sua dúvida, e é exatamente por isso que oferecemos uma garantia de reembolso total em até 30 dias. Queremos que você fique 100% satisfeito.'*

Na verdade, improvisei, pois não havia essa garantia formal, mas naquele momento ele entendeu que não tinha nada a perder — e aceitou.

CRIAR UM IMPULSO PARA A AÇÃO

Às vezes, o cliente está convencido, mas adia a decisão por falta de urgência. Sem pressionar, é possível estimulá-lo a agir imediatamente.

Estratégias para incentivar a ação:

- **Ofertas por tempo limitado** – Incentivos ou bônus para quem decide rapidamente.
- **Exclusividade** – Se o produto tem disponibilidade limitada, destaque isso.
- **Destaque os custos da indecisão** – Mostre o que o cliente pode perder se não agir agora.

Um truque que aprendi com a experiência é dar um prazo sem parecer uma jogada de marketing: *"Essa promoção termina em 48 horas. Se quiser aproveitar ao máximo, esse é o momento ideal!"*

Não é um ultimato — é uma oportunidade real que motiva o cliente a agir.

REFORÇAR O SENSO DE SEGURANÇA DO CLIENTE

Mesmo quando o cliente está próximo de decidir, ele pode precisar de uma confirmação final para se sentir seguro.

Como reforçar a confiança na escolha:

- Ofereça uma opção sem riscos – Sempre que possível, disponibilize teste gratuito ou garantia.
- Mostre que não é apenas uma transação – Garanta suporte mesmo após a compra.
- Personalize o encerramento – Adapte sua mensagem final às necessidades do cliente.

Exemplo Prático: *Um cliente me perguntou: 'E se eu tiver dúvidas depois da compra?' Eu respondi: 'Estarei sempre à disposição para te ajudar mesmo após a compra. Se surgir qualquer dúvida, pode contar comigo!' Esse detalhe simples deu a segurança que ele precisava — e fechamos negócio.*

Convencer um cliente não é forçá-lo a comprar, mas ajudá-lo a fazer a melhor escolha para si.

Quando você transmite confiança, dissipa dúvidas e estimula a ação, cria as condições ideais para uma decisão consciente.

Lembre-se: Um cliente convencido hoje se torna um cliente fiel amanhã. E, a longo prazo, um cliente fiel vale muito mais do que uma venda pontual.

O FECHAMENTO: DE INTERESSE À DECISÃO

Fechar uma venda não é apenas concluir uma transação. É o momento em que o cliente decide confiar em você, no seu produto e no valor que você transmitiu. Aprendi que o fechamento é muito mais do que um ato comercial: é o começo de um relacionamento. Se bem conduzido, leva a clientes satisfeitos que voltam e indicam você a outros.

No início da minha carreira, eu tinha medo de "forçar" o cliente. Achava que insistir era pressão, e que o cliente deveria decidir sozinho. Depois entendi que esperar passivamente não é uma boa estratégia. As pessoas precisam ser orientadas, tranquilizadas e ajudadas a dar o passo final. Se você não fizer isso, provavelmente ninguém fará.

O MOMENTO CERTO PARA FECHAR

Saber identificar o momento certo é fundamental. Existem sinais que indicam que o cliente está pronto:

- Faz perguntas específicas sobre preço, garantia ou forma de compra.
- Mostra interesse real em como o produto pode ajudá-lo.
- Demonstra entusiasmo ou faz comentários positivos sobre sua oferta.

Se perceber esses sinais, não espere que o cliente pergunte como comprar. Conduza você mesmo o fechamento de forma natural e confiante.

Exemplo Prático: *"Vejo que esse produto atende perfeitamente às suas necessidades. Você quer começar com a versão básica ou prefere o pacote avançado?"*

OFERECER OPÇÕES CLARAS E PERSONALIZADAS

Pessoas tendem a adiar decisões quando têm muitas opções ou não têm clareza sobre o que é melhor para elas. Um cliente tem mais chances de dizer "sim" quando tem escolhas bem definidas.

Como estruturar as opções de compra:

- Apresente duas ou três alternativas com diferenças claras de valor e recursos.
- Ofereça soluções personalizadas com base nas necessidades do cliente.
- Torne o processo de compra simples e direto, sem etapas complicadas.

Exemplo Prático: *"Você pode escolher o plano padrão, ideal para começar, ou o premium, com funcionalidades extras para maximizar os benefícios. Qual prefere?"*

USAR A LINGUAGEM CERTA PARA REFORÇAR A DECISÃO

As palavras têm um impacto enorme na decisão final do cliente. Uma linguagem positiva e envolvente faz o cliente se sentir seguro na escolha.

Frases eficazes para fechar a venda:

- "Imagine como esse produto vai melhorar sua vida no dia a dia."
- "Temos certeza de que essa solução vai te trazer excelentes resultados."
- "Com essa escolha, você está dando um passo importante rumo ao seu objetivo."

Evite expressões incertas como "Espero que goste" ou "Se quiser pensar melhor", que podem gerar insegurança.

SUPERAR AS ÚLTIMAS HESITAÇÕES

Mesmo quando tudo parece estar indo bem, alguns clientes hesitam na hora final. Seu papel é tranquilizá-los sem pressionar.

Estratégias para lidar com as últimas dúvidas:

- **Pergunte o que está impedindo a decisão** – Saber o obstáculo ajuda a resolvê-lo.
- **Reforce os benefícios** – Lembre ao cliente dos pontos principais.
- **Ofereça garantia ou suporte** – Elimina o risco percebido.

Exemplo Prático: *"Entendo que você queira estar seguro da sua escolha. Lembre que oferecemos suporte gratuito e estamos sempre disponíveis se precisar."*

TORNAR A COMPRA UMA EXPERIÊNCIA POSITIVA

A venda não termina com o pagamento. É o início de um relacionamento com o cliente. Um fechamento bem feito deve deixar uma sensação positiva e reforçar a convicção de que ele fez a escolha certa.
O que fazer após o fechamento:

- Agradeça pela confiança.
- Explique de forma clara o que acontecerá a seguir.
- Garanta sua disponibilidade futura para dúvidas ou suporte.

Exemplo Prático: *"Obrigado por escolher nosso produto! Se precisar de ajuda, estamos à disposição. Você receberá todas as informações por e-mail ainda hoje."*

O fechamento não é o fim de uma venda, mas o começo de um relacionamento de confiança com o cliente.

Quando o cliente percebe valor, segurança e uma experiência positiva, ele tende a voltar e indicar você para outros.

Lembre-se: Fechar uma venda não é convencer com insistência, mas acompanhar o cliente na melhor decisão para ele. Quando esse processo é bem conduzido, o cliente não apenas compra — ele se torna um defensor espontâneo do seu produto ou serviço.

EM RESUMO

Aprender a sorrir sempre, desenvolver o primeiro contato com o cliente, apresentar o produto, convencer sem pressão e fechar a venda são pilares essenciais para o sucesso nas interações comerciais.

A capacidade de criar conexões autênticas, comunicar com eficácia e influenciar positivamente as decisões dos clientes é o diferencial para alcançar resultados reais.

Nunca esqueça: o sorriso é uma chave que abre muitas portas e o cuidado com o cliente deve ser sempre sua prioridade. Domine essas habilidades e você criará relacionamentos de sucesso que te levarão direto aos seus objetivos.

12 COMO ADMINISTRAR DINHEIRO

A gestão eficaz do dinheiro é uma habilidade fundamental para alcançar o sucesso na vida. Neste capítulo, vamos explorar três aspectos cruciais da gestão financeira: como administrar sua carteira, a importância de economizar e como aproveitar ao máximo as soluções financeiras mais vantajosas, como o uso de cartões de crédito.

COMO GERENCIAR SUA CARTEIRA DE FORMA INTELIGENTE

Um dos erros mais comuns que vejo (e que também cometi no passado) é pensar que ganhar dinheiro é suficiente para estar financeiramente seguro. Na verdade, o verdadeiro jogo começa depois que o dinheiro entra: como administrá-lo, investi-lo e fazê-lo crescer ao longo do tempo.

Durante anos subestimei a importância de uma gestão estratégica do dinheiro. Fiz investimentos ruins, gastei mais do que devia em projetos pouco lucrativos e, em algumas ocasiões, precisei me esforçar bastante para me recuperar. Mas esses erros me ensinaram lições fundamentais que quero compartilhar agora.

ESTABELECER OBJETIVOS FINANCEIROS CLAROS

Uma carteira financeira eficaz começa sempre com metas bem definidas.

- **Objetivos de curto prazo** – Por exemplo, criar um fundo de emergência ou economizar para uma viagem.
- **Objetivos de médio prazo** – Acumular capital para um imóvel ou expandir um negócio.
- **Objetivos de longo prazo** – Construir patrimônio, garantir uma aposentadoria tranquila ou alcançar a independência financeira.

Exemplo Prático: *Quando decidi abrir minha primeira empresa, sabia que precisaria de capital inicial. Estabeleci uma meta clara: economizar 50.000 euros em dois anos, cortando gastos desnecessários e diversificando minhas fontes de renda.*

Exercício Prático: Escreva três metas financeiras (uma de curto, uma de médio e uma de longo prazo) e defina uma ação imediata para começar.

CRIAR UM ORÇAMENTO FUNCIONAL

Uma das melhores decisões que tomei foi começar a registrar minhas entradas e saídas. Antes, cada mês era um mistério: eu ganhava bem, mas não sabia para onde o dinheiro estava indo.

Um método eficaz para gerenciar o orçamento:

- **Registre receitas e despesas** – Saber para onde vai o dinheiro é o primeiro passo.
- **Aplique a regra 50/30/20:**
  - 50% para despesas essenciais (aluguel, contas, alimentação)
  - 30% para gastos pessoais (lazer, viagens, hobbies)
  - 20% para poupança e investimentos

- **Evite gastos desnecessários** – Se não agrega valor à sua vida ou ao seu futuro, provavelmente é supérfluo.

Exemplo Prático: *Descobri que gastava mais de 500 euros por mês com cafés da manhã e refeições fora. Depois de revisar meu orçamento, cortei essa despesa pela metade e redirecionei o valor para investimentos mais produtivos.*

Exercício Prático: Analise seus gastos dos últimos três meses e identifique três categorias onde você pode cortar custos sem comprometer sua qualidade de vida.

DIVERSIFICAR OS INVESTIMENTOS PARA MINIMIZAR RISCOS

Um erro que cometi várias vezes foi colocar todo o dinheiro em uma única oportunidade. Uma vez investi todo meu capital extra em um projeto só. Quando ele atrasou, fiquei sem liquidez.

Algumas classes de ativos para considerar:

- **Ações** – Bom retorno a longo prazo, mas voláteis.
- **Títulos** – Mais seguros, porém com retorno menor.
- **Imóveis** – Ótimos para renda passiva, mas exigem capital inicial.
- **Metais preciosos** – Boa proteção em tempos de crise.
- **Criptomoedas** – Alto potencial de retorno, mas com muito risco.

Exemplo Prático: *Após a experiência negativa com um único investimento, comecei a diversificar. Hoje, meus investimentos estão divididos entre direitos autorais, imóveis e um pequeno fundo para startups inovadoras.*

Exercício Prático: Analise sua carteira atual e veja se está bem diversificada entre diferentes tipos de ativos.

MONITORAR E OTIMIZAR A CARTEIRA

Um erro comum é pensar que investir é uma ação única. O mercado muda, as oportunidades evoluem e sua estratégia precisa acompanhar.
O que fazer:

- **Revise o desempenho regularmente** – Pelo menos uma vez por mês.
- **Rebalanceie sua carteira** – Se um ativo crescer demais em relação aos outros, reequilibre.
- **Mantenha-se informado** – Um bom investidor está sempre atualizado.

Exemplo Prático: *Se o mercado de ações estiver em alta e sua carteira ficar muito exposta, você pode vender parte das ações e realocar o valor em títulos para equilibrar o risco.*

Exercício Prático: Programe um lembrete para revisar sua carteira todo mês e ajustar quando necessário.

PROTEGER SEU CAPITAL CONTRA IMPREVISTOS

Ninguém pode prever o futuro, mas é possível se proteger com algumas estratégias simples:

- **Fundo de emergência** – Mantenha de 3 a 6 meses de despesas em uma conta acessível.
- **Seguros** – Proteja seu patrimônio com coberturas adequadas.
- **Evite investimentos excessivamente especulativos** – O risco deve ser calculado.

Exemplo Prático: *Um amigo investiu tudo em criptomoedas, sem um fundo de emergência. Quando o mercado caiu, teve que vender com prejuízo para pagar contas. Eu, por outro lado, pude esperar a recuperação sem estresse.*

Exercício Prático: Verifique se seu fundo de emergência cobre pelo menos três meses de despesas essenciais.

Gerenciar dinheiro não é só sobre quanto você ganha, mas sobre como você administra.

Aprendi que sem um plano financeiro sólido, até grandes rendas desaparecem rapidamente.

- Defina metas claras e monitore seu progresso.
- Crie um orçamento para controlar gastos e aumentar seu capital investível.
- Diversifique sua carteira para reduzir riscos e maximizar oportunidades.
- Proteja seu capital para lidar com imprevistos com tranquilidade.

Lembre-se: O dinheiro trabalha para quem sabe administrá-lo com inteligência. Prepare-se para colocá-lo para trabalhar por você!

DINHEIRO ECONOMIZADO É DINHEIRO GANHO

Muita gente pensa que o sucesso financeiro depende apenas de quanto se ganha. Eu mesmo, no começo da minha carreira, acreditava que a única forma de ter estabilidade era aumentando meus rendimentos. Mas aprendi, da pior forma, que não basta ganhar bem: é preciso saber como administrar esse dinheiro.

Economizar não significa viver com privações, mas sim fazer escolhas inteligentes para otimizar os gastos e aumentar seu capital. Um euro economizado hoje pode virar dez amanhã, se bem investido.

CRIAR UM FUNDO DE EMERGÊNCIA PARA SEGURANÇA FINANCEIRA

Um dos maiores erros que cometi foi não ter um fundo de emergência. Quando um cliente deixou de me pagar uma fatura alta, fiquei em apuros e tive que aceitar trabalhos mal pagos só para cobrir as contas.

Quanto reservar?

- De 3 a 6 meses de despesas essenciais (aluguel, contas, alimentação, seguros).
- Se sua renda for variável ou você for empreendedor, considere de 6 a 12 meses.

Onde guardar o fundo?

- Conta poupança com alta liquidez – Fácil acesso em caso de necessidade.
- Instrumentos de baixo risco, como CDBs ou fundos de renda fixa.

Exemplo Prático: *Se seu custo de vida é 2.000 euros por mês, você deveria ter de 6.000 a 12.000 euros reservados em um fundo de emergência para lidar com imprevistos sem estresse.*

Exercício Prático: Calcule seu custo médio mensal e defina sua meta de fundo de emergência.

REDUZIR GASTOS SUPÉRFLUOS E PARAR DE DESPERDIÇAR DINHEIRO

Não é quanto você ganha, mas quanto consegue reter que faz a diferença. Digo isso por experiência: por anos gastei sem perceber, e no fim do mês me perguntava onde tinha ido meu dinheiro.

- **Analise seu orçamento mensal** – Identifique despesas recorrentes e aquelas que podem ser cortadas.
- **Evite compras por impulso** – Espere 24 horas antes de comprar algo não essencial.
- **Revise assinaturas e serviços que não usa** – Cancele ou procure alternativas mais baratas.

- **Substitua hábitos caros por alternativas inteligentes** – Cozinhe em casa, use transporte público, invista em produtos duráveis.

Exemplo Prático: *Se você deixar de tomar dois cafés de 2 euros por dia fora de casa, economiza cerca de 1.460 euros por ano. Se investir esse valor, pode transformá-lo em até 15.000 euros em dez anos.*

Exercício Prático: Faça uma lista de gastos supérfluos e escolha três itens para cortar ou reduzir este mês.

AUTOMATIZAR A ECONOMIA PARA ACUMULAR CAPITAL SEM ESFORÇO

A chave para economizar com consistência é eliminar a tentação de gastar todo o dinheiro disponível. Um truque que adotei foi configurar uma transferência automática da conta corrente para a conta poupança todo mês.

Exemplo Prático: *Se você transferir automaticamente 200 euros por mês para um fundo de poupança, após 5 anos terá acumulado 12.000 euros sem nem perceber.*

Exercício Prático: Ative hoje mesmo uma transferência automática para sua conta poupança.

ATENÇÃO AOS PEQUENOS GASTOS: O EFEITO GOTA A GOTA

Pequenos gastos diários se acumulam e podem corroer seu orçamento sem que você perceba.

- **Registre todos os gastos por um mês** – Analise seus hábitos e identifique despesas desnecessárias.
- **Evite microgastos diários** – Cafés, lanches, compras por impulso: são todos custos ocultos.

- **Busque alternativas econômicas** – Compre em atacado, use cartões fidelidade, compare preços antes de comprar.

Exemplo Prático: *Se você gasta 5 euros por dia com despesas supérfluas, ao final de um ano terá desperdiçado mais de 1.800 euros — dinheiro que poderia ter sido investido ou usado em experiências mais significativas.*

Exercício Prático: Anote todos os pequenos gastos durante uma semana e calcule quanto poderia economizar eliminando os que são desnecessários.

ECONOMIZAR NÃO SIGNIFICA ABRIR MÃO DA QUALIDADE

- Muitos supermercados e lojas oferecem prêmios e descontos para clientes frequentes.
- Plataformas e comércios disponibilizam promoções especiais que reduzem significativamente os custos.
- Black Friday, liquidações de fim de estação, Prime Day: planeje suas compras para maximizar a economia.

Exemplo Prático: *Se você comprar um notebook com 40% de desconto na Black Friday, poderá usar o valor economizado para adquirir um software profissional que aumente sua produtividade.*

Exercício Prático: Baixe um aplicativo de cashback ou compare os preços de uma compra que precisa fazer para encontrar a opção mais vantajosa.

Economizar é a base da liberdade financeira. Cada euro que você guarda e investe hoje pode trabalhar por você no futuro.

- Crie um fundo de emergência para se proteger de imprevistos.
- Reduza despesas inúteis e torne-se mais consciente dos seus hábitos de consumo.

- Automatize a economia para construir riqueza sem esforço.
- Preste atenção aos pequenos gastos e aproveite todas as oportunidades de economia.

Lembre-se: Economizar não significa se privar, mas sim investir no seu futuro. Faça o seu dinheiro trabalhar de forma mais inteligente!

APROVEITAR PROGRAMAS DE FIDELIDADE, CASHBACK E RECOMPENSAS

Os cartões de crédito podem te fazer ganhar dinheiro através de recompensas e benefícios, se forem usados estrategicamente.

Tipos mais comuns de recompensas:

- **Cashback:** Uma porcentagem das compras é devolvida diretamente na conta.
- **Pontos de fidelidade:** Acumulados com as compras e trocáveis por prêmios ou descontos.
- **Milhas aéreas:** Ideais para quem viaja com frequência, permitindo obter voos gratuitos ou upgrades.
- **Descontos exclusivos:** Algumas cartas oferecem acesso a eventos, promoções especiais e seguros gratuitos.

Como maximizar os benefícios:

- Use o cartão para gastos que já teria (contas, supermercado, combustível).
- Escolha um cartão com benefícios alinhados ao seu estilo de vida.
- Fique atento às ofertas exclusivas e parcerias dos cartões para aproveitar ao máximo.

Exemplo Prático: *Se seu cartão oferece 3% de cashback em compras de supermercado e você gasta 400 euros por mês nesse item, receberá 12 euros de volta por mês, ou seja, 144 euros por ano de economia automática.*

Exercício Prático: Verifique as opções de cashback e recompensas do seu cartão atual e veja como pode otimizar seu uso.

COMO USAR O CARTÃO DE CRÉDITO A SEU FAVOR

Cartões de crédito costumam ser vistos como ferramentas perigosas de endividamento, mas quando usados estrategicamente, podem se tornar um poderoso aliado financeiro. Eles ajudam a gerenciar o fluxo de caixa, acumular recompensas, melhorar sua pontuação de crédito e até gerar economias por meio de cashback e vantagens exclusivas.

No entanto, usá-los sem uma estratégia clara pode levar a juros altos, dívidas incontroláveis e má gestão financeira. Eu mesmo, ao receber meu primeiro cartão de crédito, achava que podia usá-lo livremente sem consequências — até que me vi com um saldo difícil de pagar. Daquela experiência, aprendi a usá-lo com disciplina e transformá-lo em uma ferramenta útil, e não em um problema.

ESCOLHENDO O CARTÃO DE CRÉDITO CERTO

Nem todos os cartões de crédito são iguais. A escolha do cartão certo depende do seu estilo de vida e das suas necessidades financeiras.

O que considerar ao escolher um cartão de crédito:

- **Taxa de juros (TAN e TAEG)** – Se você não paga o saldo total todos os meses, a taxa de juros se torna um fator crucial.
- **Taxas anuais** – Alguns cartões oferecem benefícios exclusivos, mas podem ter custos fixos elevados.
- **Programas de fidelidade e cashback** – Escolha cartões que ofereçam recompensas de acordo com seus hábitos de compra.
- **Seguros e benefícios** – Alguns cartões incluem seguro de viagem, proteção de compras ou acesso a lounges em aeroportos.
- **Limite de crédito e flexibilidade** – Avalie o limite máximo de gastos e a possibilidade de parcelamento sem juros.

Exemplo Prático: *Se você viaja frequentemente, um cartão que acumula milhas e oferece acesso a lounges pode ser mais vantajoso do que um que oferece cashback genérico. Se faz muitas compras online, um cartão com proteção de compras e reembolso em caso de fraudes pode oferecer mais segurança.*

Exercício Prático: Analise seus gastos mensais e escolha um cartão que maximize seus benefícios de acordo com seus hábitos de consumo.

UTILIZANDO OS CARTÕES DE CRÉDITO DE FORMA RESPONSÁVEL

Um cartão de crédito pode ser uma faca de dois gumes. Usá-lo com disciplina evita problemas financeiros e melhora a gestão do dinheiro.

Regras para um uso responsável:

- Pague sempre o saldo total a cada mês para evitar juros altos.
- Evite usar o cartão para despesas desnecessárias se você não tiver o dinheiro disponível para cobri-las.
- Mantenha um baixo índice de utilização do crédito – Utilize menos de 30% do seu limite de crédito para manter um bom score financeiro.
- Não use o cartão para saques em dinheiro – As taxas sobre saques com cartão de crédito são muito mais altas do que em um saque bancário comum.

Exemplo Prático: *Se o seu limite de crédito é de 5.000 euros, tente manter o uso abaixo de 1.500 euros para melhorar sua pontuação de crédito e demonstrar uma boa gestão financeira.*

Exercício Prático: Defina um lembrete para verificar o saldo do seu cartão toda semana e evitar surpresas no final do mês.

MONITORANDO TRANSAÇÕES E ENTENDENDO AS CONDIÇÕES DO CARTÃO

Uma má gestão do cartão de crédito pode custar caro. Monitorar regularmente as transações ajuda a evitar problemas.

Hábitos a adotar:

- Verifique seu saldo pelo menos uma vez por semana.
- Leia sempre os termos e condições do seu cartão para evitar taxas ocultas.
- Ative alertas de gastos para monitorar automaticamente as transações e ser notificado em caso de atividades suspeitas.
- Confira a taxa de câmbio ao usar o cartão no exterior, pois algumas operadoras cobram tarifas muito altas para transações internacionais.

Exemplo Prático: *Se você notar uma transação suspeita no seu cartão, entre em contato imediatamente com o banco para bloquear fraudes e solicitar um reembolso.*

Exercício Prático: Ative hoje mesmo os alertas de gastos em sua conta para ser notificado de cada transação feita com o cartão.

EVITANDO O SUPERENDIVIDAMENTO E OS RISCOS DO CRÉDITO

O maior perigo dos cartões de crédito é a possibilidade de acumular dívidas acima da sua capacidade de pagamento.

Estratégias para evitar problemas financeiros:

- Não gaste mais do que ganha – Use o cartão apenas para compras que você pode pagar imediatamente.
- Evite ter mais cartões de crédito do que o necessário – Ter muitos cartões pode incentivar gastos excessivos.

- Se tiver dificuldades para pagar o saldo, reduza o uso do cartão e reveja seu orçamento.
- Não use o cartão para consolidar outras dívidas sem um plano financeiro bem estruturado.

Exemplo Prático: *Se você acumular 5.000 euros de dívida em um cartão com uma taxa de juros de 20% e pagar apenas o valor mínimo mensal, pode levar anos para quitar a dívida e acabar pagando muito mais em juros.*

Exercício Prático: Revise seu uso do cartão e, se necessário, reduza seus gastos para evitar o acúmulo de dívidas.

Os cartões de crédito podem ser ferramentas financeiras extremamente vantajosas se usados com inteligência.

- Escolha um cartão que se adapte ao seu estilo de vida e necessidades.
- Use-o de forma responsável, evitando dívidas desnecessárias.
- Maximize as recompensas e benefícios oferecidos para obter valor extra em suas compras.
- • Monitore suas transações e leia sempre os termos e condições para evitar custos ocultos.

Lembre-se: Se usado com disciplina, um cartão de crédito pode se transformar em uma poderosa ferramenta de gestão financeira.

RESUMO

A gestão financeira é um pilar fundamental para o sucesso na vida. Aprender a administrar seu dinheiro, economizar e aproveitar as melhores soluções financeiras ajudará a construir uma base sólida para atingir seus objetivos.

Lembre-se de que o gerenciamento financeiro exige planejamento, disciplina e atenção contínua. Estabeleça metas financeiras claras, crie um orçamento que permita economizar e diversifique seus investimentos para maximizar suas oportunidades de lucro.

Dinheiro economizado é dinheiro ganho. Automatize sua poupança para manter um hábito de economia consistente e elimine gastos supérfluos. Preste atenção às pequenas despesas diárias e aproveite promoções e cupons para maximizar o valor do seu dinheiro.

Quando se trata de cartões de crédito, escolha um que atenda às suas necessidades e utilize-o com responsabilidade. Aproveite os programas de fidelidade, cashback e monitore cuidadosamente suas transações. Evite o superendividamento e mantenha um bom relacionamento com o crédito.

Dedique tempo para entender conceitos financeiros essenciais e aplique-os proativamente no seu dia a dia. A gestão financeira é um processo contínuo e exige comprometimento constante, mas os resultados são altamente recompensadores.

Seja determinado, focado e disciplinado na busca pelo sucesso financeiro. Com uma boa gestão do dinheiro, você poderá criar uma base sólida para realizar seus sonhos e alcançar o sucesso na vida.

13 COMO INVESTIR DINHEIRO

Os desafios financeiros são uma constante na vida de todos nós, mas podemos superá-los e alcançar o sucesso por meio de investimentos inteligentes e estratégias bem planejadas. Neste capítulo, exploraremos uma série de temas fundamentais que o ajudarão a entender quais investimentos podem ser mais lucrativos e seguros, como avaliar o risco, a importância da diversificação e as oportunidades oferecidas pelos investimentos passivos e ativos. Também analisaremos o uso do crédito bancário para gerar lucro, indo além da simples compra de um imóvel para morar.

Investir é uma das formas mais eficazes de construir riqueza e garantir um futuro financeiro estável. No entanto, aprendi na prática que não basta mergulhar no primeiro investimento que parece promissor. Cometi erros, tomei decisões equivocadas, mas também tive sucessos que me ensinaram muito.

Se há algo que compreendi é que, para obter retornos elevados, é preciso ter uma estratégia clara, diversificar e saber quando correr riscos e quando esperar. Vamos analisar juntos algumas das opções de investimento mais rentáveis e como identificar as melhores oportunidades minimizando os riscos.

INVESTINDO NO SETOR IMOBILIÁRIO

O mercado imobiliário é um investimento que, quando feito corretamente, garante segurança e retornos estáveis. Ao comprar um imóvel para aluguel, é fundamental evitar erros. Não subestime os custos de manutenção, analise bem a localização e não ignore os impostos, pois, se forem calculados depois, podem impactar seus lucros mais do que o esperado. Invista com mais consciência.

Tipos de investimentos imobiliários:

- **Aluguel residencial** para gerar uma renda passiva constante.
- **Compra e reforma (flipping)**, adquirindo imóveis para renovação e revenda.
- **Investimento em terrenos** em áreas em crescimento.

Exemplo Prático: *Comprei um imóvel em uma cidade em expansão e o aluguei para gerar uma renda constante. Com o passar dos anos, o valor da propriedade aumentou e hoje posso vendê-la com um ótimo lucro.*

Exercício Prático: Analise o mercado imobiliário da sua cidade ou de uma região que você conhece bem e identifique uma área com alto potencial de crescimento.

NOVAS TECNOLOGIAS E MERCADOS EMERGENTES

Se há um setor que me fascina, é o das novas tecnologias. Vi empresas desconhecidas se tornarem gigantes em poucos anos.

Onde investir hoje:

- **Inteligência Artificial e Automação**, devido à sua aplicação em diversos setores.
- **Blockchain e criptomoedas**, que, apesar da volatilidade, ainda representam uma oportunidade.
- **Energias renováveis**, que crescerão com a transição ecológica.

Exemplo Prático: *Se eu tivesse investido em uma empresa de energia solar há dez anos, hoje meu capital teria triplicado devido à crescente demanda por fontes sustentáveis."*

Exercício Prático: Identifique uma tecnologia emergente e estude seu potencial para os próximos cinco anos.

INVESTIR EM SI MESMO: O MELHOR INVESTIMENTO POSSÍVEL

Antes de investir em imóveis, novas tecnologias ou criptomoedas, invista em você mesmo.
Maneiras de fazer isso:

- Fazer cursos de formação para aprimorar suas habilidades.
- Criar seu próprio negócio.
- Expandir sua rede de contatos para aumentar suas oportunidades.

Exemplo Prático: *Ler livros, ouvir testemunhos e dicas sobre finanças e investimentos me ajudou a evitar erros caros. Se eu tivesse investido antes na minha formação, teria ganhado muito mais.*

Exercício Prático: Escolha uma área para melhorar e invista em um curso ou experiência de aprendizado.

AVALIANDO O RISCO

Investir significa colocar seu dinheiro para trabalhar com o objetivo de gerar retorno. No entanto, todo investimento envolve risco, e a capacidade de avaliá-lo corretamente é essencial para tomar decisões informadas e proteger seu capital.

Não existem ganhos sem risco, mas entender como equilibrar a relação entre risco e retorno pode fazer a diferença entre um investimento inteligente e uma decisão precipitada.
Principais categorias de investimento com base no risco:

- **Baixo risco, baixo retorno** – Contas de poupança, imóveis de longo prazo, negócios com renda passiva consolidada.
- **Risco moderado, retorno médio** – Investimentos em empresas, franquias, propriedades comerciais.
- **Alto risco, alto retorno** – Startups, novos negócios, setores emergentes como novas tecnologias.

Exemplo Prático: *Se quero investir para obter uma renda estável ao longo do tempo, posso preferir investimentos de baixo risco, como o setor imobiliário ou negócios já estabelecidos. Mas, se desejo retornos mais altos, posso considerar financiar uma startup inovadora.*

Exercício Prático: Analise três investimentos diferentes e classifique-os de acordo com seu nível de risco e potencial de retorno.

DEFINIR SUA TOLERÂNCIA AO RISCO

Nem todas as pessoas encaram o risco da mesma forma. Compreender sua tolerância é fundamental para evitar decisões impulsivas e estressantes.

Fatores que influenciam a tolerância ao risco:

- **Idade e horizonte de tempo** – Quanto mais tempo você tem, mais pode se permitir investimentos arriscados.
- **Situação financeira pessoal** – Se você tem estabilidade econômica, pode considerar investimentos mais ousados.
- **Personalidade e gestão emocional** – Se o risco causa ansiedade, é melhor optar por estratégias mais conservadoras.

Exemplo Prático: *Um jovem empreendedor com renda variável pode ter maior tolerância ao risco do que um aposentado que precisa de estabilidade."*

Exercício Prático: Escreva uma breve descrição do seu perfil de risco e quais investimentos se adequam melhor às suas características.

ANALISANDO OS FATORES DE RISCO NOS INVESTIMENTOS

Cada investimento tem variáveis que podem influenciar sua rentabilidade. Conhecê-las permite reduzir o risco e tomar decisões mais informadas.

Principais fatores de risco a considerar:

- **Risco de mercado** – Flutuações econômicas e financeiras podem afetar o valor dos investimentos.
- **Risco de liquidez** – Alguns investimentos, como imóveis, podem ser difíceis de vender rapidamente.
- **Risco específico da empresa ou setor** – Eventos internos ou externos podem impactar o retorno de um negócio ou mercado.

Exemplo Prático: *Se invisto em uma startup inovadora, preciso considerar o risco de mercado, a concorrência e a velocidade com que o setor evolui."*

Exercício Prático: Escolha um investimento e identifique pelo menos três riscos que podem afetar seu retorno.

ESTRATÉGIAS PARA REDUZIR O RISCO

Embora o risco não possa ser eliminado completamente, existem estratégias para gerenciá-lo e minimizá-lo.

Maneiras de mitigar o risco:

- **Diversificação** – Distribuir o capital entre diferentes ativos reduz o impacto de possíveis perdas.
- **Plano de investimento gradual** – Investir periodicamente, em vez de tudo de uma vez, pode reduzir o impacto das oscilações do mercado.
- **Análise e informação** – Estudar o mercado, tendências e

dados históricos reduz a chance de decisões impulsivas. Não se deixe levar pelas emoções.

Exemplo Prático: *Se tenho R$ 50.000 para investir, em vez de colocá-los todos em um único ativo, posso distribuí-los em diferentes setores para reduzir o risco geral.*

Exercício Prático: Revise sua carteira de investimentos e avalie se ela está devidamente diversificada.

Investir não é apenas encontrar o melhor negócio, mas desenvolver o conhecimento e a disciplina necessários para gerenciar seu capital ao longo do tempo.

Lembre-se: o segredo não está em atalhos, mas em ter uma estratégia, manter-se atualizado e aprender com os erros. Se deseja construir sua riqueza, comece hoje mesmo com pequenas ações concretas.

COMPREENDER QUANDO UM INVESTIMENTO É MUITO ARRISCADO

Nem todos os investimentos são adequados para todas as pessoas. Existem situações em que o risco é excessivo e pode ser melhor evitá-las.

Sinais de um investimento muito arriscado:

- **Promessas de ganhos elevados e garantidos** – Nenhum investimento sério pode garantir lucros certos sem risco.
- **Falta de transparência** – Se você não entende como funciona, é melhor não investir.
- **Alta volatilidade sem fundamentos sólidos** – Se o valor oscila muito sem uma razão concreta, pode ser uma bolha especulativa.

Exemplo Prático: *Se um investimento parece bom demais para ser* *verdade, provavelmente é. É melhor fazer uma pesquisa aprofundada antes de comprometer seu dinheiro.*

Exercício Prático: Pesquise um investimento que lhe interesse e verifique se apresenta sinais de risco excessivo.

Avaliar o risco não significa evitar investimentos, mas sim tomar decisões inteligentes e conscientes.

O segredo para obter retornos satisfatórios é encontrar o equilíbrio certo entre risco e oportunidade, baseando-se em uma análise cuidadosa e em estratégias de mitigação.

Lembre-se: Investir de forma inteligente significa conhecer os riscos, estar preparado para enfrentá-los e transformá-los em oportunidades de crescimento financeiro.

OS INVESTIMENTOS MAIS SEGUROS

Investir com segurança não significa abrir mão dos lucros, mas encontrar um equilíbrio entre estabilidade e crescimento. Aprendi que, antes de mergulhar em qualquer investimento, é essencial entender o próprio nível de tolerância ao risco e escolher instrumentos financeiros que protejam o capital sem abrir mão completamente das oportunidades de retorno.

Muitas pessoas investem em ações simplesmente porque está na moda ou porque ouviram histórias de quem ficou rico jogando na bolsa de valores. Mas investir em ações pode ser uma loteria, e se você não souber exatamente o que está fazendo, pode perder mais do que ganha. Esse é um setor que exige conhecimento específico, experiência e, acima de tudo, a capacidade de gerenciar emoções em momentos de incerteza.

O que acho curioso é que muitas pessoas confiam seu dinheiro a consultores bancários, acreditando que esses "especialistas" os ajudarão a enriquecer. Mas pense bem: se eles fossem realmente tão bons em investimentos, não acha que enriqueceriam por conta própria em vez de trabalhar no banco por um salário fixo?

Pessoalmente, prefiro investir em mercados que conheço bem e que geram fluxos de dinheiro constantes. Não me interesso em especular na bolsa de valores, torcendo para que um ativo suba de preço, sendo influenciado por eventos socioeconômicos. Em vez disso, escolho ativos que tenham valor real e que possam oferecer estabilidade e retornos consistentes ao longo do tempo.

Se você olhar ao seu redor, verá que as **oportunidades de investimento** estão em toda parte, mas é preciso aprender a reconhecê-las. Desde imóveis até ouro, passando pelo investimento em Bitcoin e criptomoedas selecionadas. Sim, elas são voláteis, mas aqueles que acreditaram no Bitcoin e o mantiveram por anos viram seu valor crescer enormemente. E não por acaso, mas porque há um projeto e uma tecnologia por trás com um enorme potencial.

Se você acha que o governo protegerá sua poupança, então está no caminho certo para perder o que acumulou. Não existe um sistema financeiro criado para te enriquecer – você precisa assumir o controle do seu dinheiro e de suas escolhas.

Pare de olhar para os investimentos com os olhos de quem sempre disse para "guardar dinheiro no banco e ficar tranquilo". A segurança não está em deixar o dinheiro parado, mas em fazê-lo trabalhar para você nos setores certos. Os bancos usam seu dinheiro para lucrar.

Aqui estão algumas opções de investimento consideradas mais seguras do que outras.

OURO: O REFÚGIO SEGURO POR EXCELÊNCIA

O ouro é considerado o principal ativo de proteção por diversos motivos históricos, econômicos e financeiros. Ele é um ativo seguro, reconhecido globalmente e capaz de proteger a riqueza em períodos de incerteza econômica e geopolítica.

Desde a antiguidade, o ouro tem sido usado como moeda e reserva de valor. Diferentemente das moedas fiduciárias, que podem ser desvalorizadas ou perder valor devido à inflação, o ouro mantém seu poder de compra ao longo do tempo.

Quando os bancos centrais imprimem mais dinheiro, o valor da moeda cai, levando ao aumento dos preços (inflação). O ouro, por outro lado, é um recurso limitado e não pode ser criado artificialmente, o que tende a preservar ou aumentar seu valor em períodos de inflação.

Em tempos de crise econômica, guerras ou instabilidade política, as moedas nacionais podem perder rapidamente seu valor ou até mesmo se tornarem inutilizáveis. O ouro, no entanto, é aceito em qualquer lugar do mundo como meio de troca e sempre tem um mercado ativo.

O ouro é usado não apenas como reserva de valor, mas também na indústria, na joalheria e na tecnologia. Essa demanda constante garante sua liquidez e a possibilidade de convertê-lo em dinheiro a qualquer momento.

Diferente da moeda fiduciária, que é controlada por governos e bancos centrais, o ouro é um ativo físico que não pode ser manipulado ou desvalorizado arbitrariamente por decisões políticas ou econômicas.

Por que investir em ouro?

- Proteção contra a inflação e incertezas econômicas.
- Estabilidade em momentos de crise financeira.
- Diversificação do portfólio para reduzir riscos.

Formas de investir em ouro:

- **Ouro físico (barras, moedas)**: proteção de longo prazo, mas com custos de armazenamento.
- **ETFs de ouro**: permitem investir sem precisar possuir fisicamente o metal.
- **Ações de mineradoras de ouro**: mais especulativas, mas com potencial de retorno mais alto.

Exemplo Prático: *Se eu tivesse investido 10.000 euros em ouro no ano 2000, hoje esse valor poderia ser cerca de 91.611 euros, representando um aumento de mais de 8 vezes o capital inicial. Seu crescimento constante ao longo do tempo demonstra que é uma excelente ferramenta para a proteção do patrimônio.*

Exercício Prático: Analise o preço do ouro nos últimos 20 anos e avalie seu desempenho em comparação com outras formas de investimento.

TÍTULOS (OBRIGAÇÕES): INVESTIMENTOS DE RENDA FIXA

Os títulos são uma das formas mais comuns de investimento de baixo risco. São papéis de dívida emitidos por governos ou empresas que pagam juros periódicos até o vencimento.

Tipos de títulos seguros:

- **Títulos do governo**: emitidos por governos, geralmente considerados mais seguros.
- **Títulos corporativos de alto rating**: emitidos por empresas sólidas com risco reduzido.
- **Títulos indexados à inflação**: protegem contra a perda de poder de compra.

Exemplo Prático: *Se eu quiser investir 10.000 euros sem riscos e com um rendimento constante, posso optar por títulos do governo de um país estável.*

Exercício Prático: Compare os retornos de diferentes títulos e avalie qual pode se adequar melhor ao seu perfil de risco.

FUNDOS DE INVESTIMENTO DE BAIXO RISCO

Os fundos de investimento de baixo risco são veículos geridos por profissionais que investem em uma combinação de ativos seguros, como títulos e papéis do governo.

Vantagens:

- **Diversificação automática** para reduzir o risco.
- **Gestão profissional** sem necessidade de experiência direta.
- **Acessibilidade e liquidez** para entrar e sair do mercado com facilidade.

Tipos de fundos seguros:

- **Fundos de renda fixa**: investem em títulos de baixo risco.
- **Fundos do mercado monetário**: investem em instrumentos de curto prazo com alta liquidez.
- **ETFs de títulos**: alternativa acessível para diversificar os investimentos.

Exemplo Prático: *Se eu não quiser monitorar o mercado todos os dias, um fundo de renda fixa pode oferecer um retorno previsível com risco reduzido.*

Exercício Prático: Pesquise três fundos de baixo risco e compare seu desempenho nos últimos cinco anos.

CONTAS DE POUPANÇA E DEPÓSITOS A PRAZO

Se você não quer correr nenhum risco, mas ainda deseja obter algum rendimento, as contas de poupança de alto rendimento e os depósitos a prazo podem ser uma escolha segura.

Prós e contras:

- Risco zero de perda do capital.
- Juros garantidos, embora muito baixos em comparação com outros investimentos.
- Alta liquidez para contas de poupança.
- Retornos no longo prazo significativamente mais baixos do que outras formas de investimento.

Exemplo Prático: *Se eu quiser guardar dinheiro para emergências, uma conta de poupança com bons juros pode ser a melhor solução.*

Exercício Prático: Compare as taxas de juros oferecidas pelas contas de poupança e escolha a mais vantajosa.

QUAL É O EQUILÍBRIO CERTO ENTRE SEGURANÇA E RENTABILIDADE?

Investimentos seguros protegem o capital, mas muitas vezes oferecem retornos mais baixos do que investimentos mais arriscados. A chave é encontrar um equilíbrio entre segurança e crescimento, de acordo com seu perfil de risco.

Estratégias para equilibrar segurança e rentabilidade:

- Manter parte do capital em ativos seguros (ouro, prata, títulos, contas de poupança).
- Destinar uma parcela a investimentos mais dinâmicos para obter melhores retornos.
- Alocar parte do capital no mercado imobiliário e ajustar o portfólio ao longo do tempo.

Exemplo Prático: *Se eu quiser proteger meu capital, posso manter 40% em imóveis, 30% em ouro físico e os 30% restantes em investimentos mais dinâmicos para aumentar o patrimônio.*

Exercício Prático: Defina uma estratégia de portfólio que combine segurança e rentabilidade com base em seus objetivos.

Os investimentos seguros são uma parte essencial de qualquer estratégia financeira sólida.

Proteger o capital sem abrir mão totalmente do crescimento é possível escolhendo instrumentos como ouro, títulos e fundos de baixo risco.

Lembre-se: Um portfólio bem equilibrado deve oferecer segurança, estabilidade e oportunidades de crescimento a longo prazo. A chave é diversificar e ter uma estratégia clara, sem se deixar levar pela emoção ou pelas tendências passageiras.

POR QUE DIVERSIFICAR OS INVESTIMENTOS?

Investir sem uma estratégia de diversificação é como caminhar em uma corda bamba sem rede de segurança. Um dos erros mais comuns, especialmente entre iniciantes, é concentrar todo o capital em um único investimento ou setor. Se der certo, o lucro é alto. Mas, se der errado, você pode perder tudo. Já vi isso acontecer muitas vezes.

Por experiência própria, sei que a diversificação é a chave para reduzir o risco e otimizar os retornos no longo prazo. Distribuindo o capital entre diferentes ativos, setores e mercados, podemos estabilizar o portfólio, reduzir a volatilidade e aumentar as chances de sucesso.

POR QUE A DIVERSIFICAÇÃO É FUNDAMENTAL?

Investir é um jogo de probabilidades. Não podemos prever o futuro dos mercados com certeza, mas podemos nos preparar minimizando os riscos.

Os principais benefícios da diversificação:

- **Redução do risco geral** – Se um investimento tiver um desempenho ruim, outros podem compensar a perda.
- **Proteção contra imprevistos econômicos** – Crises financeiras, recessões ou eventos geopolíticos podem atingir setores específicos, mas raramente todos ao mesmo tempo.
- **Maior estabilidade do portfólio** – Menos volatilidade significa menos estresse e mais segurança ao longo do tempo.

Exemplo Prático: *Se eu investisse todo o meu dinheiro em um único negócio e ele falisse, eu perderia todo o meu capital. Mas se eu distribuir os investimentos em vários setores, uma falência teria um impacto muito menor.*

Exercício Prático: Analise seu portfólio atual e verifique se ele está muito concentrado em um único setor ou ativo.

TIPOS DE DIVERSIFICAÇÃO

Diversificar não significa apenas espalhar dinheiro em vários investimentos aleatórios. É necessário escolher ativos diferentes que respondam de maneiras distintas às flutuações do mercado.
As principais formas de diversificação:

- **Diversificação por classe de ativos** – Combinar ativos tangíveis, como imóveis, commodities e investimentos digitais.
- **Diversificação geográfica** – Investir em mercados diferentes (EUA, Europa, Ásia, países emergentes).
- **Diversificação setorial** – Equilibrar investimentos em tecnologia, saúde, energia, finanças, bens de consumo, etc.
- **Diversificação temporal** – Investir gradualmente ao longo do tempo para reduzir o risco da volatilidade.

Exemplo Prático: *Um portfólio bem diversificado pode incluir 30% em imóveis, 20% em commodities como ouro, 30% em negócios consolidados e 20% em setores emergentes, equilibrando risco e retorno.*

Exercício Prático: Analise a composição do seu portfólio e verifique se há uma boa distribuição entre diferentes classes de ativos.

COMO CRIAR UM PORTFÓLIO BEM DIVERSIFICADO?

Para construir uma estratégia de diversificação eficaz, é importante seguir uma abordagem metódica.
Passos para uma diversificação inteligente:

- **Analise seu perfil de risco** – Você é um investidor conservador ou agressivo?
- **Escolha ativos com correlações diferentes** – Evite investir apenas em instrumentos que se movem na mesma direção.
- **Adote um horizonte temporal diversificado** – Planeje investimentos de curto, médio e longo prazo.

- **Monitore e ajuste o portfólio** – Os mercados mudam, então é essencial reequilibrar os ativos periodicamente.

Exemplo Prático: *Se meu portfólio for composto apenas por um negócio próprio, posso considerar alocar parte do capital em imóveis ou commodities para reduzir o risco.*

Exercício Prático: Escreva quais ativos poderiam equilibrar melhor seu portfólio de acordo com seus objetivos financeiros.

ERROS COMUNS NA DIVERSIFICAÇÃO

Embora a diversificação seja uma excelente estratégia, muitos investidores cometem erros que anulam seus benefícios.

Os erros mais comuns a evitar:

- **Excessiva diversificação** – Ter investimentos demais pode dificultar a gestão e reduzir os ganhos.
- **Investir em ativos muito semelhantes** – Se todos os seus investimentos se comportam da mesma maneira, a diversificação se torna ineficaz.
- **Não reequilibrar o portfólio** – Um ativo que cresce muito pode desequilibrar o portfólio, aumentando o risco.
- **Seguir as tendências do momento** – Investir apenas em modismos sem uma estratégia pode levar a perdas.

Exemplo Prático: *Se eu possuir várias empresas, mas todas operarem no mesmo setor, na realidade não estou diversificando meu portfólio.*

Exercício Prático: Analise se você tem muitos investimentos em um mesmo setor e encontre alternativas para melhorar a diversificação.

A DIVERSIFICAÇÃO COMO ESTRATÉGIA DE LONGO PRAZO

A diversificação não é uma técnica para obter ganhos imediatos, mas um método para proteger o capital e construir riqueza de forma sustentável ao longo do tempo.

Como adotar a diversificação em uma estratégia de longo prazo:

- **Mantenha a disciplina** – Não se deixe influenciar pelas oscilações de curto prazo.
- **Monitore e reequilibre o portfólio periodicamente** – Alguns ativos podem crescer mais do que outros, alterando o equilíbrio inicial.
- **Continue investindo ao longo do tempo** – Um plano de acumulação constante ajuda a reduzir o risco de entrar no mercado no momento errado.

Exemplo Prático: *Se meu portfólio inicial estava bem diversificado, mas agora o valor de uma área cresceu muito mais do que outras, pode ser o momento de reequilibrá-lo.*

Exercício Prático: Configure um lembrete para revisar e reequilibrar seu portfólio a cada seis meses.

A diversificação é uma estratégia essencial para proteger o capital e melhorar a estabilidade financeira. Distribuir os investimentos entre diferentes ativos, setores e mercados ajuda a reduzir os riscos e maximizar as oportunidades de crescimento ao longo do tempo.

Lembre-se: Não se trata de evitar riscos, mas de gerenciá-los com inteligência para construir um patrimônio sólido e sustentável.

INVESTIMENTO PASSIVO E INVESTIMENTO ATIVO

Quando se fala em investimentos, uma das primeiras decisões a tomar é sobre o método de gestão do portfólio. Você quer ser o tipo de investidor que deixa o dinheiro trabalhar automaticamente ou prefere ser ativo e estratégico na busca pelas melhores oportunidades? Na prática, trata-se de escolher entre uma abordagem passiva e uma ativa.

Pessoalmente, sempre preferi ter controle sobre minhas escolhas, mas também entendi que, em alguns casos, uma abordagem mais simples e automatizada pode evitar erros custosos. Vamos analisar as diferenças entre esses dois métodos, com seus prós e contras, e como encontrar o equilíbrio ideal.

INVESTIMENTO PASSIVO: ESTABILIDADE SEM ESTRESSE

O investimento passivo é ideal para quem deseja colocar o dinheiro para trabalhar sem precisar monitorar constantemente o mercado. A ideia é simples: em vez de tentar superar o mercado, você apenas o acompanha investindo em instrumentos que garantem estabilidade no longo prazo.

Principais instrumentos do investimento passivo:

- **Ouro e metais preciosos** – Protegem o capital da inflação e de crises econômicas.
- **Imóveis para aluguel** – Comprar propriedades para gerar renda passiva ao longo do tempo.
- **Contas poupança e certificados de depósito (CDs)** – Produtos bancários que oferecem rendimento garantido.
- **Seguros de vida e planos de previdência privada** – Estratégias de longo prazo para acumular capital com baixo risco e benefícios fiscais.

Vantagens:

- **Baixo custo de gestão** – Não há necessidade de monitorar o mercado diariamente.
- **Menos estresse** – Ideal para quem busca segurança sem preocupações.

- **Proteção contra crises econômicas** – Alguns ativos, como ouro e imóveis, são mais resilientes às flutuações do mercado.

Desvantagens:

- **Retornos mais baixos em comparação com estratégias agressivas** – A segurança tem um custo em termos de ganhos potenciais.
- **Menos flexibilidade** – Alguns ativos, como imóveis, exigem investimentos iniciais elevados e não são facilmente liquidados.
- **Dependência do contexto econômico** – O valor de ativos como imóveis pode variar ao longo do tempo.

Exemplo Prático: *Se eu investir em um imóvel para aluguel, terei uma renda passiva constante ao longo do tempo, sem precisar monitorar diariamente o mercado financeiro.*

Exercício Prático: Pesquise três investimentos passivos alternativos aos ETFs (Exchange-Traded Funds – Fundos de Índice) e compare seus retornos históricos e estabilidade.

INVESTIMENTO ATIVO: MAXIMIZAR RETORNOS COM ESTRATÉGIA

Se o investimento passivo é como colocar o piloto automático, o investimento ativo é como dirigir manualmente, tentando otimizar cada curva para obter o máximo de retorno.

Principais instrumentos do investimento ativo:

- **Ações individuais** – Escolher empresas específicas com alto potencial de valorização.
- **Fundos de gestão ativa** – Contar com um gestor especializado para selecionar os melhores investimentos.

- **Trading e especulação** – Operações frequentes para aproveitar oscilações do mercado.

Vantagens:

- **Possibilidade de obter retornos mais altos** – Se você souber escolher bem, pode superar o mercado.
- **Maior controle** – Você decide onde investir e quando entrar ou sair do mercado.
- **Proteção contra crises** – Você pode ajustar seu portfólio para evitar grandes perdas.

Desvantagens:

- **Exige tempo e conhecimento** – Não é para todos; demanda estudo e análise constante.
- **Custos de gestão mais altos** – Taxas, impostos e pesquisas podem reduzir os lucros.
- **Maior risco** – Se a estratégia for errada, as perdas podem ser significativas.

Exemplo Prático: *Se eu investir em ações de uma startup de tecnologia emergente, posso obter um retorno muito maior do que com um ETF, mas corro o risco de perder o capital se a empresa não for bem-sucedida.*

Exercício Prático: Escolha três ações de setores diferentes e analise seu desempenho nos últimos cinco anos.

QUAL ESTRATÉGIA ESCOLHER?

Não existe uma resposta única. Depende do seu perfil de investidor, da sua disponibilidade de tempo e da sua tolerância ao risco.
Quando optar pelo investimento passivo:

- Se deseja uma estratégia simples e pouco trabalhosa.
- Se seu objetivo é crescimento constante no longo prazo.

- Se prefere custos baixos e menos estresse.

Quando optar pelo investimento ativo:

- Se possui conhecimento financeiro e quer ter controle sobre o portfólio.
- Se pode dedicar tempo à análise de mercado.
- Se está disposto a assumir maior risco para obter retornos mais elevados.

Exemplo Prático: *Se estou investindo para a aposentadoria e não quero monitorar constantemente os mercados, um plano de acumulação de imóveis pode ser uma escolha mais segura do que o trading ativo.*

Exercício Prático: Avalie seu nível de envolvimento nos investimentos e decida qual estratégia se adapta melhor ao seu estilo.

A MELHOR ABORDAGEM? UMA COMBINAÇÃO DE AMBOS

Muitos investidores adotam uma **estratégia híbrida**, combinando investimento passivo e ativo para obter o melhor dos dois mundos.

Como equilibrar as duas abordagens:

- Investir a maior parte do capital em instrumentos passivos seguros (ouro, imóveis, planos de aposentadoria).
- Destinar uma parte para investimentos mais ativos para aproveitar oportunidades de crescimento.
- Monitorar periodicamente a carteira e reequilibrá-la quando necessário.

Exemplo Prático: *Se minha carteira for composta por 80% de imóveis e ouro e 20% de investimentos de maior rendimento, posso obter tanto a estabilidade do investimento passivo quanto a possibilidade de lucros superiores com a gestão ativa.*

Exercício Prático: Monte uma carteira que combine ambas as abordagens e analise os potenciais benefícios.

Não se trata de escolher entre preto e branco. A verdadeira chave está em encontrar o equilíbrio certo entre gestão passiva e ativa, de acordo com suas necessidades e habilidades. O mais importante é ter um plano claro e não se deixar levar pelas tendências do momento.

Lembre-se: Não existe a estratégia perfeita, apenas a estratégia mais adequada para você!

USANDO CRÉDITO BANCÁRIO PARA CRIAR LUCRO

O crédito bancário é uma ferramenta financeira poderosa que, se usada com inteligência, pode acelerar o crescimento financeiro e gerar lucro. No entanto, há uma grande diferença entre usar a dívida como alavanca para criar valor e ficar preso a empréstimos que se tornam um fardo.

Já vi pessoas se arruinarem financeiramente por assumirem dívidas erradas, mas também conheci empreendedores e investidores que usaram o crédito como ferramenta para construir grandes patrimônios. A chave é distinguir entre dívida boa e dívida ruim e saber como aproveitá-la a seu favor.

A DIFERENÇA ENTRE DÍVIDA BOA E DÍVIDA RUIM

Nem todas as dívidas são iguais. Algumas podem ser consideradas investimentos, enquanto outras são apenas um peso que te obriga a trabalhar para pagar juros sem gerar valor.

Exemplos de dívida ruim:

- **Financiamento de casa própria** – É verdade que ter uma casa própria é um bem, mas se não gera renda, é apenas uma despesa fixa.
- **Empréstimos para bens de consumo** – Financiamentos de

carros de luxo, eletrônicos caros ou férias apenas drenam suas finanças.
- **Cartões de crédito com juros altos** – O crédito rotativo é uma armadilha se não for pago rapidamente.

Exemplos de dívida boa:

- **Compra de imóveis para aluguel** – Um apartamento alugado pode cobrir o financiamento e gerar fluxo de caixa.
- **Abertura ou expansão de um negócio** – Se um empréstimo permite expandir um negócio lucrativo, então é um bom investimento.
- **Investir em educação ou habilidades** – Aumentar seu valor profissional pode gerar maiores ganhos futuros.

Exemplo Prático: *Se eu compro uma casa financiada para morar, terei apenas despesas. Mas se eu compro uma casa financiada e a alugo, a renda gerada pode cobrir o empréstimo e ainda gerar lucro.*

Exercício Prático: Analise uma dívida que você tem ou pretende contrair e avalie se ela se encaixa na categoria de dívida boa ou ruim.

INVESTINDO EM IMÓVEIS COM CRÉDITO BANCÁRIO

Uma das formas mais inteligentes de usar crédito é comprar imóveis que geram renda. Se bem planejado, o mercado imobiliário permite usar a dívida de maneira estratégica.

Quais imóveis podem gerar lucro?

- **Casas em locais turísticos** – Aluguéis de curto prazo com altas margens de lucro.
- **Imóveis comerciais** – Contratos de aluguel mais longos e estáveis em comparação com imóveis residenciais.
- **Propriedades para co-living ou aluguel fracionado** – Maximiza o retorno por metro quadrado.

Estratégias para maximizar o lucro:

- **Calcular bem o rendimento** – O aluguel deve cobrir o financiamento e deixar uma margem de lucro.
- **Negociar financiamentos vantajosos** – Pequenas reduções nas taxas de juros podem fazer uma grande diferença.
- **Evitar mercados saturados** – Se todos estão investindo na mesma área, os retornos podem diminuir.

Exemplo Prático: *Se eu compro um apartamento financiado com taxa fixa de 3% e o alugo com um rendimento de 7%, mesmo após despesas e impostos, ainda terei um lucro positivo.*

Exercício Prático: Encontre um imóvel à venda em uma área de alta demanda e calcule o potencial de rendimento em relação aos custos do financiamento.

FINANCIAR-SE PARA INICIAR UM NEGÓCIO LUCRATIVO

Outra forma de aproveitar o crédito é obter financiamento para abrir ou expandir um negócio.

Quais tipos de negócios se beneficiam de um financiamento?

- **Negócios com demanda estável** – Como e-commerce, serviços digitais, restaurantes, educação online.
- **Franquias** – Uma marca já consolidada reduz o risco do empreendimento.
- **Negócios escaláveis** – Empresas que podem crescer rapidamente sem custos fixos excessivos.

Como reduzir o risco?

- **Criar um plano de negócios detalhado** – Serve tanto para conseguir financiamento quanto para ter uma estratégia clara.

- **Calcular o ponto de equilíbrio** – Saber em quanto tempo o negócio começará a cobrir os custos.
- **Não pegar mais crédito do que o necessário** – Evite se endividar excessivamente ao ponto de sufocar o negócio.

Exemplo Prático: *Se eu abrir uma cafeteria com um empréstimo de 50.000 euros e tiver uma previsão de lucro líquido mensal de 5.000 euros, posso recuperar o investimento em menos de um ano.*

Exercício Prático: Escreva uma ideia de negócio e calcule quanto capital seria necessário para iniciá-la e em quanto tempo poderia gerar lucro.

RISCOS E ESTRATÉGIAS PARA GERENCIAR O CRÉDITO COM SEGURANÇA

Usar crédito pode ser útil, mas deve ser gerenciado com disciplina.
Principais riscos:

- **Taxas de juros muito altas** – Se o custo do dinheiro for maior que o rendimento, a dívida se torna insustentável.
- **Falta de liquidez** – Ter uma reserva de emergência é essencial para evitar problemas.
- **Erros de avaliação** – Superestimar um investimento pode levar a perdas significativas.

Como reduzir os riscos?

- **Sempre ter uma reserva de liquidez** – Pelo menos seis meses de parcelas cobertas para cada investimento financiado.
- **Fazer uma análise realista do retorno sobre o investimento** – Considerar todos os custos e possíveis oscilações do mercado.
- **Não se endividar excessivamente** – Não importa quão

atraente seja uma oportunidade, se o risco de inadimplência for alto, não vale a pena.

Exemplo Prático: *Se eu pego um empréstimo para comprar um imóvel, devo considerar não apenas o financiamento, mas também impostos, manutenção e possíveis períodos sem inquilinos.*

Exercício Prático: Se você está considerando um investimento financiado, liste todos os possíveis riscos e como mitigá-los.

O crédito bancário, quando utilizado de forma adequada, pode acelerar o caminho rumo à liberdade financeira. O segredo está em usá-lo exclusivamente para gerar renda e nunca para financiar consumos desnecessários.

Lembre-se: A dívida não é o problema. O problema é a forma como você a utiliza. Se o crédito trabalha a seu favor, ele é um aliado valioso. Caso contrário, se você trabalha apenas para pagá-lo, ele se torna uma armadilha.

Resumindo
O crédito bancário, quando bem utilizado, pode acelerar sua jornada rumo à liberdade financeira. O segredo está em usá-lo apenas para gerar renda e nunca para financiar consumos desnecessários.
Lembre-se: A dívida não é o problema. O problema é como você a usa. Se o crédito trabalha para você, ele é um grande aliado. Se você trabalha para pagar o crédito, ele se torna uma armadilha.

14 COMO OBTER LIBERDADE ECONÔMICA

Muitos pensam que a única maneira de ganhar dinheiro é abrir uma empresa e trabalhar nela para sempre. Mas há outro caminho: criar um negócio com valor real e depois vendê-lo no momento certo.

Ao longo dos anos, iniciei vários negócios que, uma vez atingido um certo faturamento, vendi para aqueles que queriam assumir e continuar a operação. Dessa forma, pude reinvestir em novos projetos sem ficar preso a um único empreendimento. Essa é a mentalidade do empreendedor: construir ativos que geram valor e saber quando é o momento certo para monetizá-los.

Aqui, quero focar na importância de criar ativos e rendas automáticas para alcançar o sucesso financeiro na vida. Uma renda automática representa uma fonte de renda passiva que nos permite ganhar dinheiro sem precisar trabalhar arduamente o tempo todo. Aprender a gerar rendas automáticas é um passo fundamental para alcançar a liberdade financeira e ter sucesso na vida.

CRIANDO RENDAS PASSIVAS: O SEGREDO DA LIBERDADE FINANCEIRA

A maioria das pessoas troca tempo por dinheiro, trabalhando ativamente para obter uma renda, acreditando que essa é a única maneira de ganhar a vida. *"Se você parar de trabalhar, para de ganhar dinheiro!"* Era isso que eu sempre ouvia. Eu queria simplesmente construir minha liberdade financeira e precisava encontrar um sistema que me permitisse gerar renda mesmo quando não estivesse fisicamente no trabalho.

É aqui que entram as **rendas passivas ou rendas automáticas**.

As rendas passivas são fluxos de dinheiro que continuam entrando ao longo do tempo sem exigir trabalho ativo constante. Isso não significa ganhar dinheiro sem fazer nada (isso é um mito), mas sim construir ativos que trabalhem para você, mesmo enquanto dorme, viaja ou se dedica a outras atividades.

O QUE SÃO RENDAS PASSIVAS E POR QUE SÃO IMPORTANTES?

As rendas passivas funcionam assim: primeiro, você investe tempo, dinheiro ou conhecimento, depois começa a colher os frutos ao longo do tempo.

Principais vantagens:

- **Não exigem trabalho contínuo:** Após a fase inicial, geram renda de forma autônoma com esforço mínimo.
- **São escaláveis:** Um bom sistema pode crescer com o tempo sem exigir mais trabalho seu.
- **Diversificam sua renda:** Ter várias fontes de renda reduz os riscos financeiros.
- **Levam à liberdade financeira:** Eliminam a dependência de um salário fixo.

Exemplo Prático: *Uma jovem escreveu um livro e publicou na Amazon e outras plataformas. Ela escreveu uma vez, mas continua recebendo royalties das vendas todos os meses. Esse é o poder da renda passiva.*

Exercício Prático: Pense em uma atividade que você poderia transformar em uma renda passiva. Você já tem habilidades ou recursos que pode aproveitar?

AS MELHORES FONTES DE RENDA PASSIVA

Existem muitas maneiras de gerar rendas passivas; algumas exigem investimentos financeiros, outras demandam tempo e conhecimento. Depois de anos de experiência e testes, identifiquei alguns setores com excelentes oportunidades de renda passiva:

1. **Investimentos Imobiliários**
   - **Alugar apartamentos ou casas para temporada**.
   - **Aluguel de longo ou médio prazo** para estudantes ou trabalhadores remotos.
   - **Aluguel de imóveis comerciais** para empresas consolidadas.
2. **Investimentos Financeiros**
   - **Dividendos de ações:** Investir em empresas que distribuem dividendos regularmente.
   - **Títulos e fundos de renda fixa:** Instrumentos seguros que geram juros periódicos.
   - **ETFs e fundos de investimento:** Alternativas para obter ganhos sem precisar administrar ativamente o capital investido.
3. **Criação e Venda de Produtos Digitais**
   - **E-books e cursos online:** Criar e vender conteúdo em plataformas especializadas.
   - **Aplicativos e software:** Desenvolver ferramentas digitais que geram receita recorrente.
   - **Banco de imagens e músicas royalty-free:** Vender fotos, vídeos ou faixas de áudio sem precisar administrar as vendas ativamente.
4. **Marketing de Afiliados**

- **Promover produtos de terceiros** através de links de afiliados e ganhar comissões sobre as vendas.
- Funciona bem com blogs, YouTube e redes sociais.
5. **Negócios Automatizados**
    - **E-commerce com dropshipping:** Venda de produtos sem precisar gerenciar estoque.
    - **Blogs ou sites de nicho:** Monetização com anúncios e afiliações.

Exemplo Prático: *Um blogueiro que escreve artigos de valor e insere links de afiliados para produtos recomendados pode ganhar comissões automáticas sem precisar vender diretamente.*

Exercício Prático: Qual dessas estratégias combina melhor com suas habilidades?

RENDAS PASSIVAS: O MITO DA 'AUTOMAÇÃO TOTAL'

Muita gente acredita que uma renda passiva significa ganhar dinheiro sem fazer absolutamente nada. A verdade é que, na maioria dos casos, uma renda passiva exige um trabalho inicial e uma manutenção mínima ao longo do tempo.

Aqui estão algumas verdades incômodas:

- **É necessário um investimento inicial:** Seja de tempo, dinheiro ou habilidades. Uma renda passiva não nasce do nada.
- **Alguns modelos exigem manutenção:** Um imóvel alugado precisa de manutenção e gestão de inquilinos. Um site precisa ser atualizado.
- **A diversificação é essencial:** Depender de uma única fonte de renda passiva pode ser arriscado se o mercado mudar.

Exemplo Prático: *Um curso online exige tempo para ser criado, mas, uma vez publicado, pode gerar vendas automáticas por anos com atualizações mínimas.*

Exercício Prático: Avalie se prefere investir tempo ou dinheiro para construir sua renda passiva.

ERROS A EVITAR NA CRIAÇÃO DE RENDAS PASSIVAS

Muitas pessoas cometem erros e desistem antes mesmo de começar. Aqui estão os erros mais comuns:

1. **Esperar ganhos imediatos:** Criar uma renda passiva leva tempo. Não existem atalhos milagrosos.
2. **Ignorar impostos e questões fiscais:** Toda fonte de renda passiva está sujeita a tributos. Planeje-se para otimizar seus ganhos.
3. **Não diversificar:** Depender de uma única fonte de renda passiva é arriscado; diversificar ajuda a proteger contra oscilações do mercado.
4. **Não monitorar os resultados:** Mesmo que uma atividade seja "passiva", ela precisa ser acompanhada para garantir a máxima rentabilidade.

Exemplo Prático: *Um investidor compra um apartamento para alugar, mas não calcula impostos, manutenção e períodos sem locação. Resultado? Ganhos menores do que o esperado.*

Exercício Prático: Identifique possíveis obstáculos para a criação da sua renda passiva e encontre estratégias para superá-los.

Criar uma renda passiva é uma estratégia fundamental para alcançar a liberdade financeira, mas exige dedicação e planejamento. Recapitulando:

- As rendas passivas exigem um investimento inicial (tempo, dinheiro ou habilidades).
- Existem muitas opções, incluindo imóveis, investimentos financeiros, produtos digitais e negócios automatizados.

- Evite erros comuns, como falta de diversificação e má gestão fiscal.

Lembre-se: Não trabalhe pelo dinheiro, deixe o dinheiro trabalhar para você.

RENDIMENTOS AUTOMÁTICOS COM IMÓVEIS: A ESTRATÉGIA CERTA PARA MAXIMIZAR OS LUCROS

Gerar rendas automáticas por meio de investimentos inteligentes é uma das maneiras mais eficazes de construir estabilidade financeira a longo prazo. Os imóveis, se bem administrados, podem se tornar uma fonte sólida e duradoura de renda passiva.

No entanto, nem todos os investimentos imobiliários são iguais, e algumas estratégias podem ser mais lucrativas do que outras. Agora, analisaremos as diferentes formas de criar renda automática com imóveis, as melhores oportunidades para aproveitar e as estratégias para gerar lucros evitando erros comuns.

POR QUE INVESTIR EM IMÓVEIS PARA GERAR RENDA AUTOMÁTICA?

Os imóveis oferecem diversas vantagens como investimento a longo prazo:

- **Fluxo de caixa constante:** Os aluguéis geram receitas recorrentes que podem cobrir despesas e gerar lucro.
- **Proteção contra a inflação:** O valor dos imóveis tende a aumentar ao longo do tempo, protegendo seu capital.
- **Uso de alavancagem financeira:** Os bancos permitem que você compre imóveis com um capital inicial reduzido, aumentando seu poder de investimento.
- **Diversificação:** Incluir imóveis em um portfólio financeiro ajuda a reduzir riscos.

Mas nem todos os investimentos imobiliários são igualmente rentáveis. Veja como escolher a estratégia mais eficaz para você.

QUAIS TIPOS DE IMÓVEIS OFERECEM O MELHOR RETORNO?

Nem todos os imóveis são iguais, e a forma como você os administra pode fazer a diferença entre um excelente investimento e um grande prejuízo. Vamos analisar os prós e contras das principais opções disponíveis.

Aluguéis de Curta Temporada para Turistas e Viajantes a Trabalho

- **Vantagens:** Você pode lucrar muito mais do que com um aluguel tradicional, especialmente usando plataformas como Airbnb e similares.
- **Desvantagens:** Exige uma gestão mais atenta (check-in, limpeza, atendimento ao cliente), mas essas tarefas podem ser delegadas a um administrador de imóveis.

Exemplo Prático: *Um amigo comprou um pequeno apartamento em uma cidade turística e o aluga para turistas com tarifas diárias. Em um ano, ele ganha mais do que o dobro de quem aluga o mesmo imóvel com um contrato de longo prazo.*

Aluguéis para Estudantes e Trabalhadores que Moram Fora

- **Vantagens:** Demanda estável e possibilidade de dividir o apartamento em vários quartos alugáveis separadamente.
- **Desvantagens:** Os estudantes mudam frequentemente de residência, exigindo uma gestão mais ativa para encontrar novos inquilinos anualmente.

Exemplo Prático: *Um apartamento de três quartos alugado para estu-*

dantes universitários em uma grande cidade pode gerar uma renda maior do que um aluguel único de longo prazo, graças à divisão dos quartos.

Aluguéis de Longo Prazo: Por Que Evitá-los?
Com base na minha experiência, os aluguéis residenciais de longo prazo não são a estratégia mais lucrativa. Veja por quê:

- **Renda menor:** O lucro líquido, após impostos e despesas, geralmente é baixo em comparação com outras estratégias.
- **Inadimplência e dificuldade de despejo:** Em muitos países, as leis protegem mais os inquilinos do que os proprietários. Isso significa que, se o inquilino parar de pagar o aluguel, pode levar meses ou até anos para conseguir despejá-lo.
- **Desvalorização do imóvel:** Se um inquilino permanecer por muitos anos, a manutenção pode se tornar um problema, e renovar o imóvel pode exigir períodos longos de vacância.

Exemplo Prático: *Muitos investidores acreditam que alugar um apartamento por anos garante estabilidade, mas quando enfrentam inquilinos inadimplentes e longas batalhas legais para o despejo, percebem que o jogo pode não valer a pena.*

Melhor Alternativa: Alugar para estudantes ou trabalhadores que moram fora garante mais flexibilidade e rentabilidade.

ESTRATÉGIAS PARA MAXIMIZAR OS LUCROS

Para obter o máximo retorno, é fundamental adotar uma estratégia bem planejada.

1. Escolher a Localização Certa

- Investir em áreas com alta demanda turística, universitária ou comercial garante rendimentos mais altos.
- Evite regiões com alto índice de inadimplência ou imóveis difíceis de revender.

2. Otimizar a Estrutura do Imóvel

- Dividir um apartamento grande em várias unidades para aumentar a rentabilidade.
- Reformar e mobiliar de forma atraente para atrair inquilinos dispostos a pagar mais.

3. Aproveitar os Benefícios Fiscais

- Alguns formatos de aluguel por temporada oferecem vantagens fiscais em comparação com contratos de longo prazo.
- Consulte um especialista para otimizar seu rendimento líquido.

4. Automatizar a Gestão

- Usar softwares de gestão para monitorar pagamentos, despesas e prazos.
- Contratar um administrador de imóveis para reduzir sua carga de trabalho.

Erros a Evitar

- **Comprar sem analisar o mercado:** Muitos compram imóveis sem estudar a demanda e o potencial de rentabilidade.
- **Subestimar os custos:** Impostos, manutenção e gestão podem reduzir os lucros.
- **Falta de diversificação:** Investir apenas em um imóvel pode ser arriscado.
- **Ignorar a tributação:** Não conhecer o regime fiscal dos aluguéis pode resultar em perdas financeiras.

Exemplo Prático: *Já vi pessoas comprarem casas na periferia achando que as alugariam facilmente, mas depois de meses vazias, perceberam que sem uma demanda forte, é difícil gerar renda.*

Investir em imóveis pode ser uma excelente estratégia para gerar rendas automáticas, mas é essencial saber como agir.

- Os **aluguéis de curta temporada** e para **estudantes ou trabalhadores** são as melhores opções para maximizar os lucros.
- Os aluguéis de longo prazo podem parecer mais seguros, mas geralmente oferecem margens menores e mais problemas.
- Planejamento e diversificação são fundamentais para evitar surpresas desagradáveis.

Lembre-se: O importante não é apenas possuir um imóvel, mas saber como fazê-lo gerar renda.

ESCOLHER O SETOR CERTO PARA CRIAR RENDAS PASSIVAS

Quando comecei a buscar maneiras de gerar renda passiva, cometi um dos erros mais comuns: entrei em um setor apenas porque parecia estar na moda. Sem fazer pesquisas, sem entender se era adequado para mim. O resultado? Perdi tempo e dinheiro. Depois, percebi que escolher o setor certo não é uma questão de tendência ou sorte, mas de estratégia.

Vamos analisar como identificar o setor ideal para criar renda automática, evitando erros e aproveitando oportunidades reais.

OS TRÊS FATORES-CHAVE PARA ESCOLHER O SETOR CERTO

Para selecionar um setor onde construir uma renda passiva, percebi que é preciso avaliar três elementos fundamentais:

1. Paixão e Interesse Pessoal

- Trabalhar em um setor que você ama mantém a motivação no longo prazo.
- Um setor que desperta sua curiosidade fará com que você se aprofunde e inove.
- A paixão ajuda a superar as dificuldades iniciais e a manter a constância no esforço.

Exemplo Prático: *Um apaixonado por viagens pode criar um blog monetizado com afiliados e publicidade, enquanto um especialista em tecnologia pode abrir um canal no YouTube para avaliar produtos eletrônicos.*

No passado, tentei investir em um setor apenas porque parecia lucrativo, sem nenhum interesse real. Depois de alguns meses, perdi o entusiasmo, o dinheiro e acabei abandonando o projeto. Foi aí que entendi que, para construir algo duradouro, é essencial escolher um setor que realmente te motive.

2. Habilidades e Conhecimento Prévio

- Aproveitar habilidades já adquiridas reduz o tempo de aprendizado e evita erros de iniciante.
- Se você tem experiência em um setor, identificará oportunidades lucrativas com mais facilidade.
- Caso não tenha experiência no setor desejado, avalie a possibilidade de estudar antes de investir.

Exemplo Prático: *Se você tem experiência em marketing digital, pode abrir um negócio de consultoria ou criar um curso online para ensinar suas habilidades.*

3. Análise de Mercado e Lucratividade

- Um setor rentável deve ter demanda estável ou crescente. Evite mercados saturados ou em declínio.
- Avalie a concorrência: um setor com muitos competidores

pode ser difícil de entrar, enquanto um com poucos pode indicar baixa demanda.
- Estime o potencial de lucro e o tempo necessário para gerar renda passiva. Alguns setores levam mais tempo para se tornarem lucrativos do que outros.

Exemplo Prático: *Um mercado em crescimento como energia renovável pode oferecer melhores oportunidades do que setores em declínio, como a impressão tradicional.*

Exercício Prático: Faça uma pesquisa de mercado sobre o setor que te interessa, analisando a demanda, a concorrência e o potencial de crescimento nos próximos 5 a 10 anos.

ERROS A EVITAR NA ESCOLHA DO SETOR

- **Seguir apenas a moda do momento:** Um setor popular pode ficar saturado rapidamente.
- **Não fazer análise de mercado:** Investir sem conhecer a concorrência é arriscado.
- **Entrar em um setor sem habilidades ou paixão:** Se você não tem interesse nem experiência, as chances de fracasso são altas.
- **Ignorar os riscos e barreiras de entrada:** Alguns setores exigem altos investimentos ou possuem regulamentações complexas.

Exemplo Prático: *Muitos investidores inexperientes compraram ações sem estudar o mercado, acabando por perder grande parte do capital quando os preços caíram.*

Exercício Prático: Faça uma lista dos riscos potenciais do setor que te interessa e encontre estratégias para mitigá-los.

COMO COMEÇAR NO SETOR CERTO

Depois de escolher o setor ideal, siga estes passos para iniciar sua jornada:

1. Formação e Pesquisa

- Adquira conhecimento por meio de livros, cursos e mentoria.
- Estude casos de sucesso e os modelos de negócio mais eficazes.

2. Planejamento e Testes

- Elabore um plano de negócios detalhado com metas e estratégias.
- Realize testes de mercado para avaliar a aceitação do público.

3. Networking e Colaborações

- Conecte-se com especialistas e profissionais para aprender estratégias vencedoras.
- Considere parcerias com pessoas que possam acelerar seu sucesso.

4. Adaptabilidade e Crescimento

- Monitore o desempenho do seu investimento e faça melhorias constantes.
- Esteja pronto para mudar de estratégia se o mercado exigir.

Escolher o setor certo é um passo essencial para construir uma renda passiva de sucesso.

- **Paixão, habilidades e análise de mercado** são os pilares para uma decisão informada.
- **Existem diversos setores lucrativos**, como imóveis, investimentos financeiros, negócios online e energias renováveis.
- **Evitar erros comuns**, como seguir tendências passageiras ou investir sem conhecimento, é crucial para o sucesso.

Lembre-se: O segredo do sucesso não é fazer tudo, mas escolher o setor certo e dominá-lo.

CRIANDO UMA RENDA SEM INVESTIR DINHEIRO

A ideia de ganhar dinheiro sem investir um centavo parece impossível, não é? No entanto, com a estratégia certa e um pouco de criatividade, é possível construir uma renda passiva do zero.

Passei por isso também. Quando estava em dificuldades financeiras, aprendi que a falta de dinheiro não é um obstáculo intransponível, mas sim um incentivo para pensar de forma mais inteligente e aproveitar ao máximo o que já temos. Iniciei vários projetos sem capital inicial, contando apenas com minhas habilidades, criatividade e um pouco de espírito empreendedor. Alguns deram certo, outros nem tanto, mas cada experiência me ensinou algo valioso. E sabe qual foi a lição mais importante? O dinheiro não é o único recurso à sua disposição. Tempo, habilidades e relacionamentos podem valer muito mais.

Vamos ver como criar uma renda passiva sem investir dinheiro, aproveitando os recursos que você já tem.

APROVEITE O QUE VOCÊ JÁ POSSUI

Se você não tem dinheiro para investir, ainda pode aproveitar seu tempo, suas habilidades e seus relacionamentos para gerar renda. Aqui estão algumas estratégias práticas:

Use suas habilidades para criar valor

- Se você tem conhecimento em marketing, redação, programação ou design gráfico, pode iniciar um negócio online sem precisar de capital inicial.
- **Exemplo:** Você pode criar um blog, um canal no YouTube ou um perfil em redes sociais focado em um nicho específico e monetizá-lo com afiliações e anúncios. Um grande amigo meu começou com um simples blog de viagens, escrevendo artigos e monetizando com links de afiliados. Hoje, ele vive apenas disso.

Capitalize seus relacionamentos

- Conhece pessoas que podem precisar de um serviço ou suporte? Você pode oferecer consultoria ou colaborar com outras pessoas para gerar renda sem precisar investir dinheiro.
- **Exemplo:** Um especialista em redes sociais pode gerenciar os perfis de pequenas empresas em troca de uma comissão sobre as vendas geradas.

Trabalhe por uma participação nos lucros

- Em vez de trabalhar por um salário fixo, considere a opção de participar de projetos onde seu pagamento está atrelado aos lucros, adquirindo uma participação no negócio.
- **Exemplo:** Ofereça seus serviços a uma startup em troca de um percentual dos lucros futuros. Conheço pessoas que adquiriram participações em empresas dessa forma e que hoje valem milhões.

Exercício Prático: Faça uma lista de suas habilidades e das pessoas que podem precisar da sua ajuda. Como você poderia monetizá-las sem investir dinheiro?

MODELOS DE NEGÓCIOS ESCALÁVEIS E DE BAIXO CUSTO

Um negócio escalável é aquele que pode crescer ao longo do tempo sem aumentar proporcionalmente seu trabalho ou despesas. Aqui estão algumas ideias.

Venda produtos digitais

- Criar um e-book, um curso online ou um guia é uma forma de ganhar dinheiro sem custos recorrentes de produção.
- **Exemplo:** Um amigo escreveu um pequeno manual sobre como usar o LinkedIn para conseguir um emprego e o vendeu na Amazon Kindle. Ele investiu apenas seu tempo, mas hoje gera uma renda passiva mensalmente.

Faça marketing de afiliados

- Você pode promover produtos de outras empresas e ganhar uma comissão sobre cada venda.
- **Exemplo:** Existem pessoas que fazem análises de gadgets tecnológicos no YouTube e ganham dinheiro com links de afiliados da Amazon. Sempre que alguém compra através do link, eles recebem uma comissão.

Inicie um Negócio Online sem Estoque

- O dropshipping permite vender produtos online sem precisar gerenciar estoque ou logística.
- **Exemplo:** Criar uma loja online que vende produtos de fornecedores externos, lucrando sobre cada venda.

Exercício Prático: Qual modelo de negócio poderia funcionar melhor para você?

AUTOMATIZE SEUS GANHOS COM TECNOLOGIA

A tecnologia é sua maior aliada para ganhar dinheiro sem precisar trabalhar manualmente todos os dias.

Automatize a Geração de Leads

- Crie um sistema de e-mail marketing que envie ofertas automaticamente para clientes em potencial.
- **Exemplo:** Uma newsletter que promove automaticamente produtos ou serviços de afiliados pode gerar renda até enquanto você dorme.

Monetize as redes sociais

- Criar conteúdo nas redes sociais gera renda passiva através de anúncios e links de afiliados.
- **Exemplo:** Um influenciador de nicho ganha dinheiro com publicidade e patrocínios sem precisar gerenciar produtos físicos.

Exercício Prático: Qual ferramenta você poderia usar para automatizar um fluxo de receita?

GANHAR DINHEIRO COM IMÓVEIS SEM CAPITAL

Você não precisa de grandes quantias para entrar no mercado imobiliário. Aqui estão duas estratégias que já vi funcionando.

Gerencie imóveis de terceiros

- Você pode se oferecer como gerente de propriedades para proprietários que querem alugar no Airbnb, mas não têm tempo para administrar reservas e hóspedes.
- **Exemplo:** Um conhecido meu gerencia dez apartamentos

para outros proprietários e recebe 20% da receita. Ele criou um negócio sem possuir um único imóvel.

Subarrendamento e Rent-to-Rent

- Alugue uma casa a longo prazo e a subarrende de forma mais lucrativa. (Certifique-se de informar o proprietário antes de fazer isso).
- **Exemplo:** Um investidor aluga uma casa e a divide em quartos para alugar para estudantes ou profissionais, aumentando a rentabilidade.

Exercício Prático: Existem oportunidades imobiliárias que você poderia explorar sem investir capital?

APROVEITE PARCERIAS PARA MULTIPLICAR OPORTUNIDADES

Criar alianças estratégicas permite compensar a falta de capital com habilidades e recursos compartilhados.

Além de oferecer seus serviços em troca de participação em empresas, você pode estabelecer colaborações lucrativas com outros profissionais:

- Junte-se a especialistas em áreas complementares para criar um negócio sem custos iniciais.
- **Exemplo:** Um designer gráfico pode colaborar com um redator para criar uma agência de marketing digital. Um escreve os conteúdos, o outro cuida da parte visual. Nenhum investimento inicial, apenas a combinação de habilidades.

Exercício Prático: Quem você conhece que poderia ser um bom parceiro de negócios?

Criar Renda Passiva sem Dinheiro não é Utopia: é uma Mudança de Mentalidade. Você não precisa ter capital para investir.

Pode começar com o que já tem: tempo, habilidades, relacionamentos e criatividade.

- Aproveite seu tempo e suas habilidades para gerar valor.
- Escolha modelos de negócios escaláveis e automatizáveis.
- Use a tecnologia para criar ganhos sem trabalho ativo.
- Crie parcerias estratégicas para acessar recursos sem capital inicial.

Lembre-se: o maior capital não é o dinheiro, mas o conhecimento e a capacidade de agir.

RESUMO

Criar renda passiva é um objetivo alcançável para qualquer pessoa determinada a alcançar sucesso financeiro. Com a escolha do setor certo e estratégias de baixo custo, você pode construir um fluxo de renda que lhe traga mais liberdade financeira. Mas lembre-se: é preciso investir tempo, energia e dedicação para criar um sistema que funcione de forma autônoma ao longo do tempo. Com a mentalidade e a determinação corretas, você pode alcançar o sucesso na criação de renda passiva.

15 COMO LIDAR COM O FRACASSO

A vida pode ser um caminho tortuoso, cheio de desafios e obstáculos que testam nossa força mental e motivação. Às vezes, podemos nos sentir presos em um ciclo de negatividade e sobrecarregados pela rotina diária. No entanto, é possível superar esses momentos difíceis e recuperar a alegria de viver. Neste capítulo, exploraremos diversas estratégias para renascer, recuperar a motivação e reacender o entusiasmo pela vida.

RECOMEÇAR APÓS UM FRACASSO: RECUPERANDO MOTIVAÇÃO E ENTUSIASMO

Todo empreendedor, profissional ou pessoa ambiciosa, em algum momento, enfrentará um revés. Um negócio que não decola, um investimento que não traz retorno, um projeto que fracassa ou um relacionamento que termina. Passei por todas essas situações e sei o quanto pode ser difícil se reerguer.

O fracasso pode abalar nossa motivação e nos levar à frustração, ao desânimo e, nos piores casos, a um sentimento de impotência que pode resultar em inação. Mas o fracasso não é o fim da jornada: é uma lição, uma oportunidade de crescimento. A diferença entre aqueles que se levantam e aqueles que desistem está na capacidade de recuperar a motivação e o entusiasmo para seguir em frente.

ACEITAR O FRACASSO SEM SE DEIXAR ABATER

A primeira reação após um fracasso geralmente é a culpa ou a decepção. Isso é normal, mas permanecer nessa fase por muito tempo pode nos paralisar.

Como enfrentar o fracasso de forma construtiva?

- **Aceite-o como parte do processo** – Todo grande empreendedor falhou várias vezes antes de alcançar o sucesso.
- **Evite a autocrítica excessiva** – Analise o erro com clareza, sem se martirizar.
- **Separe o fracasso da sua identidade** – Fracassar em algo não significa que você é um fracasso.

Exemplo Prático: *Se meu projeto empresarial não deu certo, posso focar no que aprendi em vez de me rotular como incapaz. Posso aprimorar minha estratégia e tentar novamente com uma abordagem diferente.*

Exercício Prático: Escreva uma carta para si mesmo descrevendo o que aprendeu com o fracasso e como usará essa experiência para crescer.

ENCONTRAR NOVA MOTIVAÇÃO: OLHAR PARA FRENTE

Depois de aceitar a situação, o próximo passo é redirecionar a energia para novos objetivos. Ficar preso no passado não muda nada – agir, sim.

Estratégias para recuperar a motivação:

- **Reavalie sua visão** – Por que você começou? Seu objetivo ainda faz sentido?

- **Crie novos estímulos** – Às vezes, mudar o ambiente, os hábitos ou a abordagem reacende o entusiasmo.
- **Cerque-se de pessoas inspiradoras** – Conversar com quem superou dificuldades pode oferecer novas perspectivas.

Exemplo Prático: *Perdi uma oportunidade de trabalho? Em vez de ficar parado, posso dedicar uma hora por dia à capacitação e procurar novas maneiras de valorizar minhas habilidades.*

Exercício Prático: Escreva um novo objetivo claro e concreto para os próximos três meses e planeje os três primeiros passos para alcançá-lo.

MUDAR A PERSPECTIVA: CADA FRACASSO É UMA LIÇÃO

Pessoas de sucesso não veem o fracasso como uma derrota, mas como uma oportunidade de aprendizado. Cada erro traz informações valiosas, se soubermos interpretá-las corretamente.

Como transformar um fracasso em uma oportunidade?

- **Analise o que funcionou e o que não funcionou** – Sem julgamentos, apenas fatos.
- **Identifique o que pode ser melhorado** – Há habilidades para desenvolver? Estratégias para aprimorar?
- **Aplique o princípio da melhoria contínua** – Fracassar hoje significa fazer melhor amanhã.

Exemplo Prático: *Se meu negócio não deu certo, posso me perguntar: foi o produto? O mercado? O modelo de negócio? Qual aspecto posso melhorar e tentar novamente?*

Exercício Prático: Após um fracasso, escreva três coisas que aprendeu e como aplicará esse aprendizado no futuro.

RECUPERAR ENERGIAS: REDESCOBRIR O ENTUSIASMO

O fracasso pode esgotar nossa motivação. Antes de recomeçar, é fundamental recarregar as energias mentais e físicas.

Como recuperar o entusiasmo e a determinação?

- **Dedique-se a algo que o apaixona** – Às vezes, uma pausa pode trazer de volta a criatividade.
- **Pratique atividades que estimulem o pensamento positivo** – Esportes, leitura, meditação, viagens.
- **Estabeleça pequenas vitórias diárias** – Conquistar metas incrementais ajuda a ganhar impulso.

Exemplo Prático: Se me sinto travado, posso tirar uma semana para me dedicar a um projeto paralelo ou a uma atividade criativa. Muitas vezes, o afastamento mental traz novas ideias.

Exercício Prático: Reserve pelo menos 30 minutos por dia para uma atividade que recarregue sua energia emocional.

AGIR: A ÚNICA MANEIRA DE SAIR DO LIMBO

Depois de refletir, recuperar energia e redefinir objetivos, chega o passo mais importante: agir. O maior risco após um fracasso é ficar esperando o momento perfeito.

Como recomeçar de forma eficaz?

- **Dê um primeiro passo, por menor que seja** – Até mesmo fazer uma ligação ou enviar um e-mail pode ser o começo.
- **Evite a armadilha da procrastinação** – O momento perfeito não existe; comece com o que tem agora.
- **Monitore seu progresso sem se cobrar excessivamente** – A melhoria é um processo gradual.

Exemplo Prático: *Se perdi um cliente importante, posso me concentrar* *imediatamente em buscar novas oportunidades, em vez de ficar preso no arrependimento.*

Exercício Prático: Defina uma ação concreta que você pode realizar hoje para se aproximar do seu objetivo.

Um fracasso não define quem você é. O que realmente importa é como você reage, o que aprende e o que faz a seguir. Encontrar motivação e entusiasmo após um momento difícil não é imediato, mas é possível.

Lembre-se: Quem sabe se reerguer após um fracasso não é apenas mais forte, mas também mais preparado para o sucesso futuro.

A IMPORTÂNCIA DA MENTALIDADE POSITIVA

A positividade não é apenas uma questão de atitude, mas uma ferramenta prática para enfrentar desafios e construir o sucesso. Ser positivo não significa ignorar os problemas, mas desenvolver a capacidade de encontrar soluções, manter a clareza e enfrentar dificuldades com determinação.

No mundo empresarial e profissional, uma mentalidade positiva não apenas ajuda a superar obstáculos, mas também atrai oportunidades, melhora a produtividade e fortalece os relacionamentos. Quem mantém uma atitude otimista tem mais chances de persistir diante das dificuldades, inspirar outras pessoas e alcançar resultados concretos.

A POSITIVIDADE COMO VANTAGEM COMPETITIVA

No mundo dos negócios e na vida, imprevistos são inevitáveis. A diferença entre quem desiste e quem tem sucesso está na reação diante dessas dificuldades.

Por que uma mentalidade positiva ajuda a vencer?

- **Melhora a capacidade de resolver problemas** – Um estado

mental aberto e confiante favorece a criatividade e o pensamento estratégico.
- **Aumenta a resistência ao estresse** – Quem é positivo lida melhor com a pressão sem se deixar dominar pela ansiedade.
- **Favorece decisões melhores** – A negatividade foca apenas nos riscos, enquanto a positividade ajuda a enxergar oportunidades.

Exemplo Prático: *Um empreendedor enfrenta um período de crise econômica: em vez de se lamentar e se deixar paralisar pela incerteza, analisa novas estratégias, diversifica as fontes de renda e transforma a dificuldade em uma oportunidade de crescimento.*

Exercício Prático: Sempre que encontrar uma dificuldade, pergunte-se: "Que oportunidade pode surgir dessa situação?"

TREINANDO A MENTE PARA A RESILIÊNCIA POSITIVA

A positividade não é um dom inato, mas uma habilidade que pode ser desenvolvida e treinada. Ser positivo não significa ignorar os problemas, mas construir força mental para enfrentá-los de forma produtiva.

Estratégias para fortalecer uma mentalidade positiva:

- **Reformular pensamentos negativos** – Em vez de dizer "Não consigo", pergunte-se "Como posso conseguir?".
- **Utilizar uma linguagem positiva** – As palavras influenciam a mente: evite expressões derrotistas e foque em afirmações construtivas.
- **Praticar a autovalorização** – Cada pequena conquista é uma confirmação das suas capacidades e fortalece a sua autoconfiança.

Exemplo Prático: *Se um projeto falhar, em vez de focar no que deu errado, analise o que você aprendeu e como pode melhorar na próxima tentativa.*

Exercício Prático: Ao final de cada dia, escreva três coisas que você fez bem e que te deixaram orgulhoso.

O PODER DA GRATIDÃO: TRANSFORMANDO SUA PERSPECTIVA

Uma das maneiras mais eficazes de manter a positividade é praticar a gratidão. Mudar o foco do que falta para o que se tem ajuda a construir uma mentalidade equilibrada e resiliente.
Benefícios da gratidão:

- **Reduz o estresse e a ansiedade** – Ser grato ajuda a deslocar a atenção das preocupações para os pontos fortes.
- **Aumenta o senso de realização** – Quando reconhecemos o valor das coisas, os desafios parecem menores.
- **Fortalece a motivação** – Focar no que é positivo dá energia para continuar trabalhando em seus objetivos.

Exemplo Prático: *Em vez de focar em um cliente que rejeitou sua oferta, pense naqueles que acreditaram em você e continue se aprimorando para atrair novos clientes.*

Exercício Prático: Todas as manhãs, escreva três coisas pelas quais você é grato, mesmo que sejam simples, como uma conversa inspiradora ou um pequeno progresso em um projeto.

A INFLUÊNCIA DO AMBIENTE E DAS PESSOAS

As pessoas com quem passamos nosso tempo têm um impacto direto em nossa mentalidade. Conviver com indivíduos negativos e pessimistas pode reduzir nossa motivação, enquanto nos cercarmos de pessoas positivas nos ajuda a manter uma atitude proativa.
Como escolher o ambiente certo?

- **Conviva com pessoas inspiradoras** – Busque mentores, colegas e amigos que transmitam energia e estímulos positivos.
- **Limite o tempo com pessoas tóxicas** – Se alguém tende a te desvalorizar ou espalhar negatividade, reduza o contato.
- **Absorva conteúdos edificantes** – Livros, podcasts e vídeos motivacionais podem influenciar seu estado mental de maneira positiva.

Exemplo Prático: *Se você percebe que uma pessoa com quem interage te transmite ansiedade ou pessimismo, pergunte-se: 'Esse relacionamento me ajuda a crescer ou está me travando?'*

Exercício Prático: Analise as pessoas com quem você convive com mais frequência e avalie quais delas têm um impacto positivo na sua vida.

TRANSFORMANDO A POSITIVIDADE EM AÇÃO

A positividade sem ação é apenas teoria. Para que a mentalidade positiva seja eficaz, ela precisa se traduzir em comportamentos concretos.
Estratégias para transformar positividade em resultados:

- **Agir ao invés de esperar** – Ser otimista não significa ser passivo, mas sim usar a energia positiva para avançar.
- **Focar nas soluções, não nos problemas** – Cada dificuldade traz consigo uma oportunidade de melhoria.
- **Criar hábitos de sucesso** – A positividade se torna um estilo de vida quando construímos rotinas produtivas.

Exemplo Prático: *Se o seu negócio está estagnado, em vez de reclamar, planeje uma estratégia para expandir seu mercado ou melhorar seu produto.*

Exercício Prático: Toda semana, escolha um desafio que esteja enfrentando e escreva três ações que você pode tomar para melhorá-lo.

Manter-se positivo não significa ignorar os problemas, mas sim enfrentá-los com um estado mental que permita encontrar soluções, gerar oportunidades e manter a motivação alta.

A positividade é uma escolha consciente, um hábito a ser cultivado e uma vantagem competitiva no trabalho e na vida.

Lembre-se: Você não pode controlar tudo o que acontece, mas pode controlar sua atitude e a forma como responde aos desafios.

REDESCOBRINDO O ENTUSIASMO: COMO REACENDER A PAIXÃO PELO QUE FAZEMOS

O entusiasmo é o motor que transforma ideias em ação, o combustível que torna o trabalho mais estimulante e a vida mais gratificante. Mas todos, em algum momento, enfrentam momentos de apatia e desmotivação. Isso é natural, mas o problema surge quando essa sensação se prolonga, apagando a paixão e tornando cada atividade um fardo.

Passei por isso diversas vezes. Houve momentos em que eu acordava de manhã e tudo ao meu redor parecia monótono, repetitivo, sem sentido. Não era preguiça, era como se minha energia tivesse se esgotado. Eu tinha certeza de que estava no caminho certo, mas algo dentro de mim parecia ter se apagado. Foi então que aprendi a reconhecer as causas e, mais importante, a encontrar estratégias para reacender essa chama.

IDENTIFICANDO AS CAUSAS DA PERDA DE ENTUSIASMO

O primeiro passo para recuperar o entusiasmo é entender por que ele se perdeu. As causas podem ser muitas, mas geralmente se resumem a alguns fatores comuns:

- **Rotina monótona** – Fazer sempre as mesmas coisas, sem estímulos novos, pode tornar tudo previsível e tedioso.
- **Falta de progresso visível** – Quando sentimos que

trabalhamos muito, mas não vemos resultados, a motivação cai drasticamente.
- **Cansaço físico e mental** – O burnout é uma das principais causas de apatia e desinteresse.
- **Falta de um objetivo claro** – Sem uma direção definida, tudo pode parecer sem propósito.

Exemplo Prático: *Percebi que, sempre que perdia o entusiasmo, havia uma dessas causas por trás. Talvez eu estivesse focado demais nos problemas em vez das soluções ou simplesmente me cobrando demais sem tempo para recarregar as energias.*

Exercício Prático: Reserve 10 minutos para refletir e escreva quais podem ser as causas da sua perda de entusiasmo.

REACENDENDO A PAIXÃO ATRAVÉS DE PEQUENOS PASSOS

Muitas vezes, procuramos soluções drásticas para recuperar a motivação, mas, na realidade, basta começar pelas pequenas coisas. Às vezes, uma pequena mudança pode fazer uma grande diferença.

Estratégias para reacender a paixão:

- **Experimente algo novo** – Mesmo uma pequena variação na rotina pode trazer uma nova perspectiva.
- **Dedique tempo ao que te faz feliz** – Redescobrir hobbies e paixões ajuda a recarregar a energia mental.
- **Torne o trabalho mais estimulante** – Introduzir novos desafios ou mudar a abordagem pode trazer de volta o entusiasmo pelo que você faz.

Exemplo Prático: *Passei por um período de estagnação. A solução? Decidi reservar pelo menos uma hora por dia para algo que realmente me apaixonava, sem me preocupar com os resultados. Aos poucos, o entusiasmo voltou.*

Exercício Prático: Faça uma lista com cinco atividades que te deixam entusiasmado e incorpore pelo menos uma na sua semana.

DEFINIR OBJETIVOS ENVOLVENTES E ALCANÇÁVEIS

O entusiasmo surge quando temos um objetivo claro que nos motiva a agir. Mas, se um objetivo for muito vago ou muito distante, pode gerar frustração em vez de energia.

Como definir metas que alimentam o entusiasmo:

- **Escolha objetivos que te apaixonam** – Eles não devem ser apenas necessários, mas também estimulantes.
- **Divida-os em etapas concretas** – Cada pequena conquista gera mais motivação.
- **Meça seu progresso** – Ver resultados, mesmo pequenos, mantém o impulso.

Exemplo Prático: *Quando começo um novo projeto, em vez de pensar 'Quero fazer isso dar certo', divido o processo: primeiro estudo o mercado, depois testo uma ideia, depois valido. Assim, cada pequena vitória me motiva a continuar.*

Exercício Prático: Escreva um objetivo importante para você e divida-o em três passos concretos e realizáveis.

REDESCOBRINDO O ENTUSIASMO ATRAVÉS DA INSPIRAÇÃO

Às vezes, o entusiasmo não surge de dentro para fora, mas precisa ser alimentado por estímulos externos. Encontrar fontes de inspiração é fundamental para manter a motivação em alta.

Onde encontrar inspiração?

- **Ler histórias de sucesso** – Saber que outras pessoas superaram momentos difíceis pode oferecer uma nova perspectiva.

- **Cercar-se de pessoas apaixonadas** – A energia de pessoas motivadas é contagiante.
- **Ouvir podcasts ou assistir a conteúdos motivacionais** – Às vezes, uma frase certa no momento certo pode fazer toda a diferença.

Exemplo Prático: *Quando me sinto bloqueado, dedico 15 minutos por dia à leitura de um livro de desenvolvimento pessoal ou a assistir a um vídeo motivacional. Funciona sempre.*

Exercício Prático: Encontre uma fonte de inspiração que te motive e dedique pelo menos 10 minutos por dia a ela.

CRIANDO UM AMBIENTE QUE FAVOREÇA O ENTUSIASMO

O ambiente em que vivemos e trabalhamos tem um enorme impacto em nosso estado emocional. Se for caótico, opressor ou sem estímulos, recuperar o entusiasmo será mais difícil.
Como otimizar seu ambiente:

- **Crie um espaço de trabalho inspirador** – Um ambiente agradável influencia seu humor.
- **Evite pessoas negativas** – A negatividade é contagiosa, prefira estar com quem te motiva.
- **Organize seu tempo estrategicamente** – Não se sobrecarregue, reserve tempo para atividades que te recarregam.

Exercício Prático: Identifique três mudanças que você pode fazer no seu ambiente para torná-lo mais estimulante.

AGIR AGORA PARA SAIR DA ESTAGNAÇÃO

O verdadeiro segredo para recuperar o entusiasmo é dar o primeiro passo. A ação, mesmo mínima, gera impulso e reacende a motivação.

Estratégias para agir sem procrastinar:

- **Comece com algo simples** – Um pequeno passo é melhor do que a inércia.
- **Crie um plano para os próximos dias** – Ter clareza sobre o que fazer mantém o foco.
- **Recompense-se pelos progressos** – Até pequenas conquistas merecem reconhecimento.

Exemplo Prático: *Sempre que me sinto bloqueado, pergunto a mim mesmo: qual é a menor e mais simples ação que posso fazer hoje para voltar a entrar em movimento? E isso sempre funciona.*

Exercício Prático: Escreva uma pequena ação que você pode realizar ainda hoje para iniciar o caminho rumo a um maior entusiasmo.

O entusiasmo não é algo que se perde para sempre. É uma chama que pode ser reacendida com pequenos passos, novos hábitos e fontes de inspiração.

Lembre-se: Não espere se sentir entusiasmado para agir. Aja, e o entusiasmo virá naturalmente.

BUSCA POR NOVAS INSPIRAÇÕES

A perda de motivação muitas vezes vem da monotonia, da falta de estímulos ou da sensação de estar preso em uma rotina repetitiva. Para reacender a criatividade e o desejo de agir, é essencial se abrir para novas fontes de inspiração. A inspiração não surge do nada; ela deve ser buscada ativamente, alimentando a mente com novas ideias, experiências e explorações.

Encontrar novas inspirações significa expandir seus horizontes, desafiar-se e buscar estímulos em lugares, pessoas e conhecimentos inesperados.

EXPANDINDO OS HORIZONTES ATRAVÉS DE NOVAS EXPERIÊNCIAS

Para sair da estagnação mental, é necessário quebrar a rotina e experimentar novas atividades. A inspiração frequentemente surge do contato com situações diferentes do habitual, forçando-nos a enxergar as coisas sob uma nova perspectiva.

Maneiras de explorar novas experiências:

- **Viaje, mesmo que para lugares próximos** – A mudança de ambiente ajuda a estimular a criatividade e a encontrar novas ideias.
- **Participe de eventos e conferências** – Ouvir especialistas e inovadores abre a mente para novas possibilidades.
- **Frequente ambientes diferentes dos habituais** – Explorar novas comunidades, setores ou disciplinas enriquece o pensamento.

Exemplo Prático: *Se me sinto estagnado no meu trabalho, posso participar de um evento em um setor diferente do meu para descobrir novas ideias e conexões.*

Exercício Prático: Busque um evento ou atividade fora da sua zona de conforto e participe ativamente nos próximos 30 dias.

BUSCANDO INSPIRAÇÃO NAS HISTÓRIAS DE OUTRAS PESSOAS

Uma das fontes mais poderosas de inspiração é ouvir as experiências de quem enfrentou desafios e os superou. Histórias de sucesso e resiliência nos lembram que as dificuldades fazem parte da jornada e que a mudança é possível.

Onde encontrar histórias inspiradoras?

- **Leia biografias de pessoas de sucesso** – Compreender sua

trajetória pode trazer novas ideias sobre como enfrentar seus desafios.
- **Assista a documentários e entrevistas** – Ouvir diretamente quem superou dificuldades pode ser extremamente motivador.
- **Converse com mentores ou pessoas que você admira** – O contato direto com quem tem mais experiência ajuda a esclarecer perspectivas.

Exemplo Prático: *Se estou passando por um momento difícil no meu negócio, posso ler a biografia de um empreendedor que enfrentou e superou obstáculos semelhantes.*

Exercício Prático: Escolha uma biografia, documentário ou entrevista de alguém que o inspire e anote pelo menos três lições aplicáveis à sua vida.

APRENDIZADO CONTÍNUO COMO FONTE DE INSPIRAÇÃO

O crescimento pessoal e profissional está diretamente ligado ao aprendizado. Quando aprendemos algo novo, nossa mente se expande e se torna mais aberta para novas oportunidades.

Como integrar o aprendizado à sua vida:

- **Inscreva-se em cursos online ou presenciais** – Mesmo uma hora por semana dedicada a um novo assunto pode fazer diferença.
- **Leia livros sobre temas que despertem sua curiosidade** – Não apenas para o trabalho, mas também pelo prazer da descoberta.
- **Participe de workshops práticos** – O aprendizado ativo estimula o cérebro mais do que o passivo.

Exemplo Prático: *Se sinto que perdi o entusiasmo pelo meu setor, posso* *me inscrever em um curso de atualização para adquirir novas habilidades e reacender minha paixão.*

Exercício Prático: Escolha um novo tema que lhe interesse e dedique 30 minutos por semana a ele, seja por meio de livros, cursos ou vídeos educativos.

O PODER DAS NOVAS CONEXÕES

Às vezes, novas inspirações vêm das pessoas que encontramos. Expandir sua rede de contatos e interagir com indivíduos que possuem ideias diferentes das suas pode abrir sua mente e trazer novas perspectivas.

Como criar conexões inspiradoras:

- **Participe de eventos de networking ou comunidades do seu setor** – Conhecer pessoas com interesses semelhantes estimula a criatividade.
- **Encontre um mentor ou torne-se um mentor** – Ensinar ou aprender com os outros gera novas ideias.
- **Junte-se a grupos de discussão ou masterminds** – Trocar ideias regularmente com outras pessoas ajuda a manter a motivação elevada.

Exemplo Prático: *Se me sinto desmotivado no meu trabalho, posso procurar um grupo de profissionais com quem trocar ideias e encontrar novos estímulos.*

Exercício Prático: Identifique uma pessoa com quem gostaria de se conectar e envie uma mensagem para iniciar uma conversa.

ESTIMULANDO A CRIATIVIDADE POR MEIO DE NOVAS EXPERIÊNCIAS SENSORIAIS

A inspiração não vem apenas do conhecimento, mas também da experiência sensorial e da expressão criativa.

Como estimular a criatividade e encontrar inspiração:

- **Ouça músicas que o inspirem** – Os sons podem influenciar o humor e a produtividade.
- **Explore diferentes formas de arte** – Fotografia, pintura, teatro ou qualquer outra expressão criativa pode ajudá-lo a enxergar as coisas de uma nova maneira.
- **Mude seu ambiente de trabalho ou de vida** – Até mesmo reorganizar os móveis ou trabalhar em um local diferente pode trazer uma nova energia.

Exemplo Prático: *Se me sinto mentalmente bloqueado, posso visitar um museu ou um ambiente natural para mudar de perspectiva.*

Exercício Prático: Encontre uma atividade criativa que você nunca experimentou antes e dedique pelo menos uma hora a ela nesta semana.

A inspiração não vem por acaso – ela deve ser buscada ativamente.
Abrir a mente para novas experiências, aprender continuamente, conectar-se com pessoas inspiradoras e cultivar a criatividade são estratégias essenciais para recuperar energia, entusiasmo e novas ideias.

Lembre-se: Quanto mais você explora o mundo ao seu redor, maiores são as chances de encontrar a inspiração que precisa para alcançar seus objetivos.

REINVENTANDO-SE: RECUPERANDO ENERGIA E CONFIANÇA

Há momentos na vida em que nos sentimos estagnados, sem energia ou estímulo. Reinventar-se não significa mudar tudo radicalmente, mas sim fazer pequenas modificações estratégicas que reacendam a confiança e o desejo de agir.

O processo de renovação não envolve apenas aparência ou motivação momentânea, mas sim um caminho de transformação interior e exterior, que nos permite recuperar impulso, segurança e determinação.

O IMPACTO DA MUDANÇA ESTÉTICA NA AUTOCONFIANÇA

Nossa aparência influencia diretamente a maneira como nos percebemos e enfrentamos o mundo. Sentir-se bem esteticamente pode ter um impacto imediato na autoconfiança e na postura diante da vida.

Como pequenas mudanças podem fazer a diferença:

- **Atualize seu visual** – Mesmo um novo acessório ou corte de cabelo pode trazer uma sensação de renovação.
- **Cuide da sua postura e linguagem corporal** – Manter-se ereto e caminhar com segurança influencia não apenas a forma como os outros o percebem, mas também como você se sente internamente.
- **Organize seu guarda-roupa** – Eliminar roupas que não representam mais sua identidade e investir em peças que o façam sentir-se confortável pode melhorar seu estado de ânimo.

Exemplo Prático: *Se quero mudar minha atitude, posso começar me vestindo de uma forma que me faça sentir seguro e preparado para enfrentar novos desafios.*

Exercício Prático: Escolha uma pequena mudança estética que você pode fazer hoje para se sentir melhor consigo mesmo e coloque-a em prática.

TOMAR INICIATIVA SOBRE O QUE VOCÊ SEMPRE ADIOU

Muitas vezes nos sentimos estagnados porque deixamos muitos projetos ou sonhos em espera. Adiar continuamente cria uma sensação de frustração e insatisfação. Em vez disso, finalmente começar algo que sempre quisemos fazer pode ser um catalisador para nossa energia e motivação.

Como se impulsionar por meio da ação:

- **Identifique um projeto que você sempre adiou** – mesmo que seja algo pequeno, mas que tenha significado para você.
- **Dê o primeiro passo, por menor que seja** – não é necessário planejar tudo de imediato, basta começar.
- **Aproveite o processo** – não pense apenas no resultado final, mas também na satisfação de fazer progresso.

Exemplo Prático: *Se sempre quis aprender um novo idioma, em vez de continuar dizendo 'um dia eu farei isso', posso começar hoje com uma simples aula online.*

Exercício Prático: Escreva um objetivo que você sempre adiou e defina uma pequena ação que você pode tomar hoje mesmo para iniciá-lo.

REDEFINIR SUA IDENTIDADE E PROPÓSITO

Às vezes, para se reerguer, precisamos redescobrir quem somos e o que realmente queremos. Isso significa dar um passo atrás e refletir sobre nossos valores, paixões e aquilo que nos faz sentir realizados.

Como redefinir sua identidade:

- **Reflita sobre o que realmente te entusiasma** – O que faz você se sentir vivo e motivado?
- **Analise experiências passadas** – Quais atividades realmente te trouxeram satisfação?
- **Escreva uma declaração de propósito** – Defina quem você quer ser e quais passos pode tomar para se aproximar dessa melhor versão de si mesmo.

Exemplo Prático: *Se estou me sentindo perdido, posso escrever uma* *declaração pessoal sobre o que quero realizar nos próximos seis meses e usá-la como referência.*

Exercício Prático: Escreva uma frase que descreva quem você deseja se tornar nos próximos meses e o que pode fazer para se aproximar dessa versão de si mesmo.

RENOVAR SEUS RELACIONAMENTOS PARA ENCONTRAR NOVA ENERGIA

As pessoas com quem nos cercamos têm um impacto enorme sobre nossa energia e motivação. Às vezes, se reerguer também significa renovar nossas conexões sociais e se afastar de quem nos impede de crescer.

Como melhorar seus relacionamentos para se revitalizar:

- **Busque novas conexões com pessoas inspiradoras** – Participe de eventos, entre para grupos ou expanda sua rede.
- **Reduza o tempo com pessoas negativas** – Se alguém constantemente mina seu entusiasmo, avalie reduzir a influência dessa pessoa em sua vida.
- **Redescubra contatos antigos** – Às vezes, uma conversa com alguém que já te inspirou pode reacender uma faísca.

Exemplo Prático: *Se sinto que preciso de nova energia, posso buscar oportunidades para conhecer pessoas com interesses semelhantes aos meus e trocar novas ideias.*

Exercício Prático: Entre em contato com alguém que já te inspirou no passado e organize um encontro ou uma conversa para compartilhar ideias e estímulos.

Se reerguer não significa revolucionar sua vida de um dia para o outro, mas fazer pequenas mudanças que nos ajudem a nos sentir mais fortes, mais motivados e mais confiantes.

Lembre-se: Toda grande transformação começa com um primeiro passo. O momento certo para se reerguer é agora.

TRANSFORMAR OBSTÁCULOS EM OPORTUNIDADES

Há momentos na vida em que os desafios parecem intransponíveis, quando tudo parece estar contra nós.

Passei por situações em que achava que tinha perdido tudo, momentos em que o fracasso parecia ser o único resultado possível. Mas, todas as vezes, descobri que por trás de cada dificuldade havia uma oportunidade que eu ainda não tinha enxergado.

ADOTAR UMA MENTALIDADE RESILIENTE

Resiliência não é apenas uma palavra da moda, mas uma verdadeira ferramenta de sobrevivência nos negócios e na vida. Ser resiliente significa aceitar que os desafios sempre existirão, mas também entender que podemos escolher como enfrentá-los.

Como fortalecer a resiliência:

- **Aceite que as dificuldades fazem parte do caminho.** Se você acha que tudo deve sempre correr perfeitamente, cada problema parecerá um desastre. Mas se souber que os desafios são normais, verá neles oportunidades de crescimento.
- **Foque nas soluções.** Sempre que passei por momentos difíceis, me perguntei: "Quais são as opções? Como posso superar esse desafio?". Buscar soluções, em vez de reclamar, muda tudo.
- **Seja flexível.** Às vezes, o caminho para o sucesso não é o que imaginamos. Precisei mudar de direção várias vezes na minha vida e, em cada uma dessas mudanças, descobri oportunidades que antes nem considerava.

Exercício Prático: Pense em um desafio recente que você enfrentou.

Escreva três maneiras pelas quais poderia tê-lo transformado em uma oportunidade.

MUDAR DE PERSPECTIVA: DO OBSTÁCULO À POSSIBILIDADE

Muitas vezes, um problema é apenas uma questão de ponto de vista. Aquilo que hoje parece uma derrota pode, no futuro, se revelar a virada da sua vida.

Como mudar de perspectiva:

- **Busque a lição oculta.** Cada obstáculo tem algo a ensinar. Aprendi mais com meus fracassos do que com meus sucessos.
- **Identifique a oportunidade escondida na dificuldade.** Uma vez, perdi um cliente importante e, no início, fiquei desanimado. Mas logo percebi que poderia aproveitar essa liberdade para focar em um projeto ainda maior.
- **Substitua o pensamento negativo por um pensamento estratégico.** Em vez de se perguntar "Por que isso aconteceu comigo?", pergunte-se "Como posso usar essa experiência para crescer?".

Exercício Prático: Pegue um obstáculo que está enfrentando e escreva pelo menos uma possibilidade positiva que pode surgir dessa situação.

USAR O FRACASSO COMO ALAVANCA PARA O CRESCIMENTO

O fracasso não é o fim do caminho, mas uma etapa essencial para o sucesso. Se você nunca falhou, significa que nunca ousou o suficiente.

Como usar o fracasso a seu favor:

- **Analise o que deu errado.** Sem se vitimizar, mas com um olhar crítico.

- **Adote uma mentalidade de experimentação.** Cada experiência é um teste, cada erro é um feedback.
- **Recomece com mais conhecimento.** Use o que aprendeu para refinar sua estratégia.

Exercício Prático: Escreva três coisas que aprendeu com um fracasso recente e como pode aplicá-las no futuro.

USAR DESAFIOS COMO MOTOR DE INOVAÇÃO

As maiores inovações surgem da necessidade de resolver problemas. Se aprendermos a ver os desafios como oportunidades de melhoria, podemos transformar dificuldades em vantagens competitivas.

Como usar os desafios para inovar:

- **Pense fora da caixa.** Se um método não está funcionando, tente outro.
- **Observe o que os outros fazem e encontre seu diferencial.**
- **Experimente.** Não espere pela solução perfeita, tente algo novo e vá ajustando ao longo do caminho.

Exercício Prático: Identifique uma dificuldade que está enfrentando e escreva uma ideia inovadora que poderia desenvolver para superá-la.

FORTALECER A DETERMINAÇÃO ATRAVÉS DOS DESAFIOS

Os desafios testam nossa determinação. Mas quem persiste, no fim, consegue transformar até mesmo as maiores dificuldades em trampolins para o sucesso.

Como fortalecer sua determinação:

- Mantenha-se fiel aos seus objetivos, mas flexível no caminho.

- **Crie uma rede de apoio.** Ter pessoas que acreditam em você pode te dar força para seguir em frente.
- **Lembre-se do seu 'porquê'.** Quando tudo parecer difícil, reconecte-se com os motivos que te fizeram começar.

Exercício Prático: Escreva seu "porquê" – a razão profunda pela qual começou sua jornada – e releia sempre que enfrentar um obstáculo.

Os obstáculos não são barreiras, mas oportunidades disfarçadas.

Se aprendermos a mudar nossa perspectiva, ver dificuldades como chances de crescimento e perseverar nos momentos difíceis, podemos transformar qualquer desafio em uma vantagem.

Lembre-se: Não pergunte *se* você superará o obstáculo, mas *como* o transformará em sua maior oportunidade.

A IMPORTÂNCIA DA MUDANÇA CONSCIENTE

A rotina oferece segurança, mas pode se tornar uma prisão invisível. Quando nossos dias começam a parecer repetitivos e sem estímulos, corremos o risco de perder o entusiasmo, a curiosidade e a vontade de crescer. É essencial introduzir novos estímulos, sair dos padrões habituais e redescobrir o prazer da descoberta.

Não é necessário transformar completamente a vida, mas abrir-se a novas experiências, mesmo pequenas, pode renovar a energia mental e permitir que vejamos o mundo com novos olhos.

Muitas vezes, a rotina se estabelece de forma gradual e inconsciente. Acostumamo-nos a fazer as mesmas coisas todos os dias porque é mais fácil e seguro, mas essa repetição pode levar ao tédio e à estagnação. Para mudar de verdade, é preciso reconhecer o quanto nossos hábitos estão limitando nosso crescimento.

Como reconhecer os sinais que indicam a necessidade de mudança:

- Você se sente entediado ou desmotivado, mesmo sem um motivo aparente.
- Seus dias passam sem momentos empolgantes ou estimulantes.
- Você percebe que está evitando novas experiências por medo ou preguiça.

Exemplo Prático: *Se percebo que cada dia parece igual ao anterior, posso começar a introduzir pequenas novidades, como um novo hobby ou uma rotina matinal diferente.*

Exercício Prático: Escreva três aspectos da sua vida que estão se tornando repetitivos e pense em como poderia modificá-los para torná-los mais estimulantes.

EXPERIMENTAR PEQUENAS MUDANÇAS PARA QUEBRAR A MONOTONIA

Não é preciso revolucionar a vida de um dia para o outro. A mudança pode começar com pequenos gestos diários que interrompem o automatismo da rotina.

Maneiras simples de trazer variedade ao seu dia:

- **Mude o caminho para o trabalho** – Você notará novos detalhes e quebrará a monotonia do trajeto.
- **Modifique seus hábitos matinais** – Tente acordar mais cedo, dedicar-se a uma nova atividade ou mudar a ordem do que faz ao levantar-se.
- **Escolha uma nova atividade toda semana** – Da culinária à leitura de um novo gênero, qualquer novidade estimula a mente.

Exemplo Prático: *Se todas as manhãs começo o dia da mesma maneira, posso tentar introduzir um novo hábito, como escrever um pensamento positivo ou fazer uma caminhada curta.*

Exercício Prático: Escolha um hábito que possa modificar em sua rotina diária e experimente essa mudança por uma semana.

SAIR DA ZONA DE CONFORTO E ABRAÇAR A INCERTEZA

A verdadeira mudança acontece quando nos aventuramos além do que já conhecemos. Sair da zona de conforto significa enfrentar novas experiências sem medo do fracasso, aceitando a incerteza como parte do crescimento pessoal.

Como sair da sua zona de conforto:

- **Aceite novos desafios sem medo de errar** – Cada erro é uma oportunidade de aprendizado.
- **Diga "sim" a experiências inesperadas** – Aceite convites, experimente coisas que nunca teria considerado antes.
- **Faça algo que lhe assusta, mas desperta curiosidade** – Superar pequenos medos fortalece a autoconfiança.

Exemplo Prático: *Se sempre evitei falar em público por medo de errar, posso começar com uma pequena apresentação diante de um grupo reduzido.*

Exercício Prático: Identifique uma experiência que você tem evitado por medo ou insegurança e planeje uma forma de enfrentá-la nos próximos dias.

EXPANDIR PERSPECTIVAS POR MEIO DE NOVAS EXPERIÊNCIAS

Experiências diferentes ampliam nossa visão de mundo e nos ajudam a descobrir talentos e paixões desconhecidos. Explorar novos ambientes, culturas e disciplinas abre a mente e enriquece nossa perspectiva.

Maneiras de expandir seus horizontes:

- **Viaje, mesmo que seja perto** – Visitar novos lugares, mesmo

dentro da sua cidade, pode fazer você enxergar as coisas sob uma nova perspectiva.
- **Conheça pessoas com interesses diferentes dos seus** – Ouvir experiências diversas pode trazer novos estímulos.
- **Aprofunde-se em temas desconhecidos** – Ler, fazer cursos ou conversar com especialistas em áreas diferentes da sua amplia a visão de mundo.

Exemplo Prático: *Se sempre li livros de um determinado gênero, posso tentar explorar um tema completamente diferente para estimular novas ideias.*

Exercício Prático: Escolha uma atividade, um livro ou uma experiência fora da sua zona de interesse habitual e comprometa-se a explorá-la nesta semana.

RESERVAR MOMENTOS DE REFLEXÃO E REGENERAÇÃO

Para manter a motivação e a energia, é essencial dedicar um tempo para si mesmo, recarregar as energias e refletir sobre os próprios avanços.

Atividades para recarregar a mente e o corpo:

- **Meditação ou mindfulness** – Mesmo poucos minutos por dia ajudam a reduzir o estresse e a melhorar a concentração.
- **Caminhadas na natureza** – Andar em um ambiente diferente do habitual ajuda a clarear a mente.
- **Momentos de desconexão das redes sociais e da tecnologia** – Desligar o celular por algumas horas permite reconectar-se consigo mesmo.

Exemplo Prático: *Se me sinto sobrecarregado pela rotina e pela correria do dia a dia, posso reservar 15 minutos diários apenas para mim, sem distrações.*

Exercício Prático: Planeje um momento do seu dia para relaxar e refletir, sem estímulos externos.

Cada pequeno passo fora da zona de conforto é um avanço em direção a uma vida mais rica e estimulante.

Lembre-se: Abandonar a rotina não significa transformar completamente sua vida, mas sim introduzir mudanças graduais que tragam nova energia e estímulos positivos.

RESUMO

Renovar-se, encontrar motivação e entusiasmo pela vida exige compromisso e constância. Não é um caminho linear, mas, com determinação e a aplicação dessas estratégias, você pode superar a negatividade, encontrar inspiração e se reinventar.

Lembre-se de que você é o diretor da sua vida e tem o poder de criar o seu próprio sucesso. Encare cada dia com positividade, gratidão e mente aberta, deixando que o entusiasmo guie seu caminho rumo ao sucesso e à realização pessoal.

CONCLUSÃO

Tudo o que compartilhei nestas páginas, cada lição, cada erro e cada vitória, é fruto da minha experiência no campo de batalha, e espero que possa te ajudar na sua jornada. Cada obstáculo superado é um passo à frente, uma oportunidade para crescer, aprender e evoluir.

Se há algo que quero que você lembre depois de ler este livro, é que o sucesso não é apenas uma questão de dinheiro ou ideias brilhantes, mas de mentalidade, ação e perseverança.

Abra sua mente, desafie as regras que te ensinaram e comece a construir o seu negócio, o seu futuro, do seu jeito. E, acima de tudo, não espere pelo momento perfeito... porque o momento perfeito é agora.

Se você acha que é muito jovem para iniciar um projeto, deixe-me te dizer algo: não existe idade certa para começar. E se pensa que já passou do tempo, saiba que muitos empreendedores encontraram seu caminho depois dos 40, 50 ou até 60 anos.

Ray Kroc tinha 52 anos quando transformou o McDonald's em um gigante global. Colonel Sanders fundou a KFC aos 65 anos. Sam Walton criou o Walmart aos 44 anos. Vera Wang iniciou sua carreira como estilista aos 40 anos, e Arianna Huffington fundou o Huffington Post aos 55 anos.

Por outro lado, há jovens que fizeram fortuna antes dos 20 anos, simplesmente porque nunca acreditaram na desculpa do "não estou pronto". O tempo vai passar de qualquer jeito, quer você faça algo ou não. E essa é a verdade: se você não começar hoje, provavelmente nunca começará.

Não importa de onde você está partindo, o que realmente importa é partir. O mundo está cheio de oportunidades, mas nenhuma delas virá bater à sua porta. Se existe uma ideia que tem rondado sua mente há algum tempo, pare de pensar e dê o primeiro passo.

O sucesso pertence a quem age, não a quem procrastina.

**Não é um sonho inalcançável:
cabe a você transformá-lo em realidade!**

www.ingramcontent.com/pod-product-compliance
Lightning Source LLC
Chambersburg PA
CBHW051604010526
44119CB00056B/781